누구나 쉽게 배우는
주짓수 입문

누구나 쉽게 배우는
주짓수 입문

초판 1쇄 인쇄 2016년 8월 22일
초판 6쇄 발행 2025년 9월 15일

지은이 한진우

펴낸이 심세은
펴낸곳 (주)세영출판
브랜드 G-BOOK

사 진 정성욱
디자인 디자인상상

주   소 서울 종로구 필운대로56 1층
대표전화 (02)737-5252(代) 팩 스 (02)359-5885
전자우편 g-book@naver.com

등록번호 제300-2015-27호
ISBN 979-11-86641-24-8   03690

ⓒ 한진우

책값은 뒤표지에 있습니다.
이 책은 (주)세영출판이 저작권자와의 계약에 따라 발행한 것이므로 본사의
서면 허락 없이 어떠한 형태나 수단으로 이용할 수 없습니다.
파본이나 잘못 인쇄된 책은 구입하신 서점에서 교환해드립니다.

누구나 쉽게 배우는
주짓수 입문

한진우 (런 주짓수 체육관 관장) 지음
정성욱 (Rank5 편집장) 사진

G-BOOK

책을 펴내며

2005년은 저자에게 특별한 해이다. 그때 일생의 전환기라 할 수 있는 일이 벌어졌다. 당시 권투를 수련하던 저자는 체육관에서 신입관원과 스파링을 할 기회가 있었다. 스파링에서 가볍게 승리한 후였다. 상대 선수가 링 아래로 내려가면서 "무규칙으로 하면 내가 이기는 건데……"라는 얘기를 흘리듯이 던졌다. 그래서 사람들 다 나가고 아무도 없었을 때 다시, 그 상대 선수와 이른바 '무규칙'으로 스파링을 했다. 결과는 패배였다.

서서 싸우는 상황에선 문제가 없었는데 상대가 저자를 눕히고 난 다음부터가 문제였다. 바닥에 깔리니 아무 것도 할 수가 없었다. 마치 물에 빠진 심정이랄까?(참고로 저자는 물을 무서워한다) 당시로선 매우 신기했던 기술을 쓰기에 그것이 뭐냐고 물어보니 '주짓수(Brazilian Jiu-Jitsu)'라고 했다.

이것이 주짓수와의 첫 만남이었다. 저자는 정말 모든 것이 새로웠다. 암바(Armbar: 팔가로 누워꺾기)라는 기술을 처음 배웠을 때 그 감동이란 마치 신세계를 보는 듯했다. 그 전까지 배웠던 모든 무술들은 기술을 열심히 연습해도 막상 대련을 할 시에는 나보다 덩치가 큰 상대를 만나면 움츠러드는 저자를 발견하게 되었는데 주짓수를 수련한 다음부터는 상대의 체격과 관련없이 제압할 수 있다는 자신감을 갖게 되었다.

그 이유는 왜일까? 주짓수는 그 기술을 모르는 상대와의 대련 시에 엄청난 위력을 발휘한다. 특히 상대의 힘과 체중을 역이용하면 체구가 작고 약한 사람도 힘이 세고 무거운 사람의 공격을 방어하고, 더 나아가 상대를 제압할 수 있게 해주는 최강의 호신술이다.

지금은 전세계적으로 유명해진 UFC(Ultimate Fighting Championship)도 브라질 그레이시 가문에서 주짓수의 강함을 홍보하기 위하여 개최된 경기였는데, 약해 보이던 '호이스 그레이시'라는 선수가 주짓수 기술을 사용하여 쟁쟁한 경쟁자들을 물리치고 1회, 2회, 4회 대회를 우승함에 따라 그 명성을 더하게 되었다. 그 이후로 주짓수는 종합격투기를 수련하는 선수라면 필수로 익혀야 할 무술로 인정받게 되었다.

주짓수를 배운다고 모든 사람이 '호이스 그레이시'가 될 수는 없겠지만, 이 책을 보는 분들 모두 주짓수라는 무술을 통해 약한 사람도 강해질 수 있다는 자신감과 용기를 가질 수 있게 되기를 바라는 마음으로 이 책을 펴낸다.

2016년 8월 한진우

추천사 [1]

"뭐 하시는 분이세요?" 절 처음 만나는 분들이 종종 묻는 질문입니다. 하긴 의아하기도 할 겁니다. 몇 권의 책을 낸 작가이기도 하고 동시에 프로 복서이기도 하니까요. 어린 시절부터 여러 운동을 했습니다. 그때마다 사범님, 관장님들에 대한 아쉬움이 하나 있었습니다. 그건 자신이 잘 알고 있는 운동을 잘 설명하지 못 한다는 것이었습니다. 그럴 만도 했습니다. 운동이란 게 몸으로 익혀야 하는 것입니다. 그러니 자신이 익혔던 것을 언어로 표현하는 것에 익숙하지 않은 것은 어쩌면 당연한 일이었을 겁니다. 격투기를 누구보다 좋아하고, 또 글 쓰는 것을 누구보다 좋아하는 제게 그런 아쉬움은 지금도 여전합니다.

어느 날 신문 기사에서 삼성전자를 그만두고 주짓수 체육관을 열었다는 분의 기사를 보았습니다. 한진우 관장이었지요. 동병상련, 비슷한 처지여서 더욱 관심이 갔습니다. 시간을 내어 한진우 관장을 만났습니다. 그때 그런 생각을 했습니다. "이런 사람한테 배우면 주짓수가 정말 빨리 늘겠구나!" 어린 시절부터 전업 운동선수가 아니란 건, 지도자로서 단점이자 장점일 수 있습니다. 여러 일을 경험하며 다양한 사람들을 만나는 것은 누군가에게 무엇인가를 가르쳐야 하는 사람에게는 큰 강점입니다. 결국 무엇인가를 가르친다는 것도 결국 관계 속에서 이뤄질 수밖에 없으니까요.

한진우 관장님이 세계 레벨의 주짓떼로인지는 잘 모르겠습니다. 하지만 이건 분명히 알고 있습니다. 그가 주짓수를 매우 잘 가르칠 수 있는 지도자라는 것 말입니다. 그 와의 만남에서 대화를 나누며 알게 되었습니다. 제가 만약 주짓수를 배운다면, 아마 '런 주짓수'의 한진우 관장에게 배우고 싶습니다. 주짓수를 한 권의 책으로 익힐 수는 없을 겁니다. 하지만 이 한 권의 책으로 주짓수 체육관 문을 여는 용기를 얻을 수 있을 겁니다. 많은 운동을 했지만, 주짓수만큼 매력적인 운동도 드뭅니다. 그 매력적인 무술을 이 책을 통해 시작할 수 있기를 바랍니다. 주짓수를 시작하려는 분도 한진우 관장님도 모두 건투를 빕니다.

황진규
《우리는 모두 파이터다》 저자

추천사 [2]

우리나라에 주짓수가 시작된 지 15년 정도가 지났지만 아직까지도 한국어로 된 주짓수 교재를 찾아보기 어려운 게 사실입니다.
그 동안 인터넷으로 주짓수 그랜드마스터들의 주옥 같은 기술들을 찾아볼 수 있었지만 그 깊은 곳의 디테일한 부분까지 배우기에는 언어의 벽이 있음을 절감하고 있던 중 가뭄 끝에 단비 같은 소식이 찾아왔습니다. 국내 주짓수 수련자가 집필한 교재가 출판된다는 소식이었습니다.

《누구나 쉽게 배우는 주짓수 입문》은 주짓수의 역사, 주짓수를 배우는 이유와 목적, 주짓수를 시작할 때 필요한 준비동작 및 스포츠 주짓수의 중요한 포지션 등을 세분화해서 자세하게 설명한 책입니다.
이 책의 덕목은 주짓수를 시작하려는 입문자들에게는 교과서 같은 책이라는 점입니다. 물론 인터넷에서 멘데스, 코브링야 같은 월드챔피언들의 강좌도 쉽게 접할 수 있지만 그 강좌들은 어느 정도 주짓수를 수련한 분들에게만 그 가치가 있을 듯하며, 이제 막 주짓수를 시작하려는 분들에게는 어렵고 막연하기만 할 거라 생각되기 때문입니다.
주짓수를 수련한 지 15년이 되었고, 현재 블랙벨트인 본인도 주짓수를 시작했을 때 이런 책이 있었으면 하는 아쉬움이 들었는데, 이 책으로 말미암아 대한민국 주짓수의 대중화가 이루어지길 바라는 마음으로 이 책을 추천합니다.

최오태
동천백산/BTO 주짓수 관장
주짓수 블랙벨트
스파이더 프로주짓수 심판위원장
SGAA 심판위원장
한국주짓수협회 심판 부위원장

추천사 [3]

개인적으로 주짓수를 시작한 지 10여 년이 훌쩍 넘었습니다.
주짓수가 곧 이종격투기이던 시절부터 현재까지 한국 주짓수는 엄청난 질적 양적 향상을 이루어왔고 매년 성장하는 모습에 놀라움을 금치 못했습니다. 초창기 해외여행을 다녀온 관원들이 사온 주짓수 교본들을 서로 돌려보며 영어가 되는 관원들이 번역하여 내용을 공유하던 시절이 있었는데 이제는 유튜브만 열어 봐도 수많은 자료가 있어 어떤 것을 봐야 할지 고민에 빠지게 되는 시대이지만 수많은 자료 중 주짓수 수련에 필수적인 자료들을 초보자들이 구별하기가 어렵고 디테일한 설명을 영어로 이해하기에는 큰 장벽이 있습니다.

이번 한진우 관장님의 《누구나 쉽게 배우는 주짓수 입문》은 주짓수를 막 수련하는 분들뿐만 아니라 중·상급자들도 타 수련생을 지도할 때 참조할 수 있는 기술들로 충실하게 이루어진 책입니다.

현역 지도자 입장에서도 주짓수가 무엇인지, 어떤 것부터 연습해야 좋을지 설명하는데 많은 어려움이 따르는데, 이 책이 개인적으로 주짓수 입문자를 위한 가이드북이 되지 않을까 하는 생각이 듭니다.

초창기 원고작업부터 사진 촬영 등에 함께 참여하면서 저자의 꼼꼼함과 정성이 가득 담긴 책을 보고 있자면 주짓수에 막 입문한 사람들에게 이 책이 큰 도움이 되리라 믿어 의심치 않습니다. 기술 하나하나가 소중하던 옛시절이 지나고 지금은 누구나 쉽게 주짓수 기술 자료를 접할 수 있는 시절이 왔지만 주짓수 입문자들에게 올바른 방향을 제시해주는 것은 결코 쉬운 일이 아닐 것입니다. 제가 그동안 느껴왔던 주짓수 수련의 감동을 더 많은 분들이 이 책과 함께 느낄 수 있었으면 합니다.

박기훈
체크맷/러쉬클랜 주짓수 MMA 관장
주짓수 브라운벨트

추천사

주짓수는 무엇인가?

이 책에는 기본적인 내용들부터 시합에서 쓸 수 있는 기술까지 친절하게 설명 되어 있습니다. 이것은 마치 살아있는 교과서 같기도 합니다.

주짓수에 막 입문한 분들을 주 독자층으로 저술되어 있으며, 저자의 경험에서 우러나온 기본이지만 필수적인 주짓수 정보 및 기술을 아낌없이 담은 책입니다.

저는 체크맷 팀의 일원으로서 한국 및 브라질의 수많은 국내대회나 세계대회에서 경쟁해왔고 다양한 월드 클래스 선수들과 주짓수 수련을 해오며 해외의 주짓수 입문 교본들을 많이 접해보았습니다. 하지만 국내에는 주짓수 입문자를 위한 교본이 없어 안타까웠는데, 드디어 《누구나 쉽게 배우는 주짓수 입문》이 출간되어 무척 기쁩니다.

현재 주짓수 블랙벨트인 저로서도 초보시절 한국어로 설명된 이런 좋은 교재가 있었더라면 더 빨리 실력 향상이 되지 않았을까 생각합니다.

이 책이 주짓수를 시작하려는 분이나 이미 수련하고 있는 분들에게 좋은 선물이 될 것이라 믿습니다.

김민규
체크맷 코리아 대표
현 코리아 프로 주짓수 대표
현 대한주짓수회 이사

CONTENTS

책을 펴내며 _4
추천사 _6

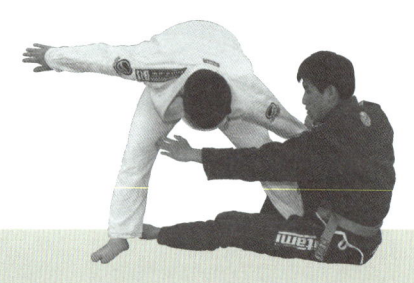

PART 1 주짓수를 모르고 호신술을 말하지 마라

1. 최강의 자기방어 무술, 주짓수란? — 18
- 현대판 다윗의 돌팔매 '주짓수' — 18
- 주짓수의 기원 — 20
- Jiu-Jitsu? Ju-Jitsu? — 21
- 종합격투기에서의 주짓수 — 22
- 호신술로서의 주짓수 — 22
- 스포츠로서의 주짓수 — 23

2. 주짓수의 기본 상식 — 24
- 예의범절 — 24
- 도복(GI) 주짓수와 노기(No GI) 주짓수 — 27
- 도복(GI) — 28
- 노기(NO-GI) 복장 — 31
- 벨트 매는 법 — 33
- 주짓수 손 그립 — 34
- 승급(벨트)체계 — 37
- 시합 시간 규정(IBJJF 룰) — 37
- 시합 금지기술(IBJJF 룰) — 38
- 주짓수 수련 시 발생할 수 있는 부상 — 47

PART 2 기초 체력 및 주짓수 기본 움직임을 위한 드릴(Drill)

1. 애니멀 워킹   68
- 새우걸음(Shrimp Drill)   68
- 곰걸음(Bear Drill)   69
- 악어걸음(Crocodile Drill)   69
- 표범걸음(Leopard Drill)   69
- 물개걸음(Seal Drill)   70
- 거미걸음(Spider Drill)   70
- 캥거루걸음(Kangaroo Drill)   71
- 개구리걸음(Frog Drill)   71
- 닭걸음(Chicken Drill)   72
- 침팬지걸음(Chimpanzee Drill)   72
- 고릴라걸음(Gorilla Drill)   73
- 전갈걸음(Scorpion Drill)   73
- 귀뚜라미걸음(Cricket Drill)   73

2. 낙법   74
- 전방낙법   74
- 측방낙법   75
- 후방낙법   75
- 전방회전낙법   76

3. 스프롤   77
- 정면 스프롤   77
- 좌·우측 스프롤   78

4. 브릿지 (Bridge) — 79
- 숄더 브릿지 Ⅰ (Shoulder Bridge) — 79
- 숄더 브릿지 Ⅱ (Shoulder Bridge, Side to Side) — 80
- 렉 브릿지 (Leg Bridge) — 81

5. 앞·뒤 구르기 (Forward/Backward Rolling) — 82
- 플랫 롤 드릴 (Flat Roll Drill) — 82

6. 인버티드 드릴 (Inverted Drill) — 83
- 인버티드 드릴 Ⅰ — 83
- 인버티드 드릴 Ⅱ — 84
- 인버티드 드릴 Ⅲ — 85
- 인버티드 드릴 Ⅳ — 86

7. 가드 패스 드릴 (Guard Pass Drill) — 87
- 가드 패스 드릴 (Guard Pass Drill) — 87
- 고릴라 패스 드릴 (Gorilla Pass Drill) — 88
- 렉 드래그 드릴 (Leg Drag Drill) — 89
- 롱 스텝 드릴 (Long Step Drill) — 89

8. 그밖의 드릴 — 91
- 더블 렉 테이크다운 드릴 (Double Leg TakeDown Drill) — 91
- 스프롤 방어 드릴 (Sprawl Defense Drill) — 92
- 싯팅 힙 이스케이프 (Sitting Hip Escape) — 92
- 힙 이스케이프 (Hip Escape Tuning) — 93
- 삼각조르기 드릴 (Triangle Set Up Drill) — 93
- S 마운트 드릴 (S Mount Drill) — 94
- 렉 오버 드릴 (Leg Over Drill) — 94
- 힙 드라이브 드릴 (Hip Drive Drill) — 95
- 로프 풀 힙 롤 드릴 (Rope Pull Hip Roll Drill) — 96
- 푸시 힙 롤 드릴 (Push Hip Roll Drill) — 97

PART 3 주짓수 기술체계

1. 포지션(Position) — 100
- 스탠딩-스탠딩(Standing vs Standing) — 100
- 스탠딩(탑)-가드(Standing or Top vs Guard) — 101
- 가드-가드(Guard vs Guard) — 101

2. 그라운드-포지션(Ground Position) — 102
- 사이드 마운트(Side Mount) — 102
- 노스 사우스(North South) — 106
- 니온 더 벨리(Knee on The Belly) — 107
- 풀 마운트(Full or Front Mount) — 109
- 백 마운트(Back Mount) — 113
- 그밖의 중립 상태의 포지션 — 116

3. 가드(Guard) — 118
- 클로즈드 가드(Closed Guard) — 118
- 슬리브 & 칼라 가드(Sleeve & Collar Guard) — 121
- 하프 가드(Half Guard) — 122
- 스파이더 가드(Spider Guard) — 125
- 데라히바 가드(De La Riva Guard) — 127
- 리버스 데라히바 가드(Reverse De La Riva Guard) — 130
- 버터플라이 가드(Butterfly Guard) — 132
- X가드(X Guard) — 134
- 싯업 가드(Sit-up Guard) — 135
- 인버티드 가드(Inverted Guard) — 137
- 50/50가드(Fifty Fifty Guard) — 138
- 그외 가드(Rubber, Worm, Turtle, Octopus) — 139

4. 리커버리, 리텐션 & 이스케이프 (Recovery, Retention & Escape) — 141

    가드 패스(Guard Pass)를 방어하는 기본 동작 — 141

    터틀 포지션(Turtle Position)에서 리커버리(Recovery) — 151

    마운트(Mount)를 뺏기고 난 후 이스케이프(Escape) — 153

5. 스윕 (Sweep) — 165

    클로즈드 가드에서 스윕 — 165

    슬리브 & 칼라 가드에서 스윕 — 171

    하프 가드에서 스윕 — 174

    스파이더 가드에서 스윕 — 186

    데라히바 가드에서 스윕 — 199

    리버스 데라히바 가드에서 스윕 — 214

6. 테이크다운 (Takedown) — 216

    더블 렉 테이크다운(Double Leg Takedown) — 216

    싱글 렉 테이크다운(Single Leg Takedown) — 218

    앵글 픽 테이크다운(Ankle Pick Takedown) — 221

7. 가드 패스 (Guard Pass) — 226

    압박형 가드 패스 — 226

    타이밍형 가드 패스 — 232

8. 서브미션 (Submission) — 240

    상체 관절기(Arm Lock & Shoulder Lock) — 240

    하체 관절기(Leg Lock) — 251

    조르기(Choke) — 256

PART 4 유소년을 위한 주짓수

1. 유소년이 주짓수를 수련할 때의 장점 — 280
- 안전하며 강력한 호신술 — 280
- 우수한 신체 능력 향상 — 281
- 강인한 정신력 배양 — 281
- 사회성 강화 — 281

2. 주짓수 수련을 통해 학교폭력 극복 — 282
- 학교폭력이란? — 282
- 학교폭력의 유형별 정의 — 284
- 1차 언어폭력 상황에서 극복 방안 — 285
- 2차 물리적 충돌 상황에서 주짓수를 이용한 극복 방안 — 286

3. 아빠와 함께하는 주짓수 — 287
- 몸으로 놀며 배우는 '아빠와 주짓수' — 287
- 드릴(Drill) — 289
- 테크닉(Technic) — 295
- 아빠와 함께하는 주짓수 프로그램 — 295

주짓수를 모르고
호신술을 말하지 마라

01 | 최강의 자기방어 무술, 주짓수란?

주짓수는 레슬링, 권투, 무에타이와 같이 수많은 실전 격투 및 스포츠 시합에서 그 위력이 증명된 무술로서 상대를 바닥으로 끌어들인 후 상대의 힘과 체중을 역이용하여 상대를 제압하는 싸움의 기술이다. 모든 기술들은 과학적으로 설명이 가능하며 최소한의 힘으로 상대를 제압하기에 적합하게 되어 있다.

현대판 다윗의 돌팔매 '주짓수'

'다윗과 골리앗'의 얘기는 기독교를 믿지 않고 구약성경을 잘 모르는 사람도 잘 알고 있다. 서로 대치하던 고대 이스라엘과 블레셋 군대가 각 진영에서 선발된 대표 간 전투로 전쟁의 승패를 결정하게 되었는데, 맨몸에 돌팔매만을 들고 나온 이스라엘 소년 다윗이 키가 3미터가 넘고 완전무장을 한 블레셋 거인 골리앗을 쓰러트렸다는 이야기이다.
조그만 소년이 거대한 거인을 물리친 얘기가 워낙 극적이어서 현대까지도 약자가 불리함을 딛고 강자를 이긴 기적적인 사례에 대한 비유로 많이 인용된다.

격투기 중에서 현대판 '다윗과 골리앗'의 대결로 비유할 수 있는 종목은 현존 최고의 자기방어 무술로 인정받은 주짓수(Brazilian Jiu-Jitsu)이다.
이제는 메이저 스포츠로 발돋움한 종합격투기 대회인 'UFC' 1회 대회에서 덩치가 큰 무시무시한 상대들을 차례로 물리치고 우승한 선수는 마르고 약해 보이는 '호이스 그레이시'였다.

'다윗과 골리앗'의 대결이나 '호이스 그레이시'와 막강한 상대의 시합에서 예상을 깨고 '다윗'과 '호이스 그레이시'가 승리할 수 있었던 것은 우연한 결과가 아니다. 그들은 이길 수밖에 없는 공통점을 지니고 있었다.

첫번째 '다윗'과 '호이스 그레이시'는 적을 연구하여 약점을 공격할 전략을 세웠다.

다윗은 칼과 갑옷으로 무장한 싸움에서는 골리앗을 이길 수 없다는 점을 인지하고 갑옷을 벗어 스피드를 높인 후 갑옷으로 보호되지 않는 골리앗의 얼굴 부분을 원거리에서 돌팔매로 타격하여 승리를 거두었다.

'호이스 그레이시'는 거구의 선수를 상대로 타격과 힘 대결로는 승산이 없다고 판단, 자신에게는 익숙하지만 상대에게 낯선 바닥으로 상대를 끌어들인 후 상대의 관절에 힘을 집중하여 항복을 받아냈다.

다윗과 골리앗의 대결

두번째 '다윗'과 '호이스 그레이시'는 뛰어난 제압기술이 있었다. 다윗이 쓴 돌팔매(Sling)는 고대 중동에서부터 양치기들이 맹수들을 제압하기 위해 쓰던 호신기술로서 물리학의 구심력과 원심력을 통해 상대를 타격하는 것으로 현대의 총과 같은 힘을 지녔으며, 특히 잘 다듬어진 돌멩이로 날릴 경우 더욱 위력적인 공격력을 갖게 된다. 한편 '호이스 그레이시'는 상대의 킥과 펀치를 피해 상대를 바닥으로 끌어들인 후 지렛대의 원리를 이용하여 상대를 꺾거나 조르는 주짓수의 기본 전술을 구사하여 거구의 상대들을 제압했다.

세번째 '다윗'과 '호이스 그레이시'는 자신에 대한 믿음이 있었다.

아무리 뛰어난 돌팔매질 기술을 지녔더라도 중무장한 거구의 골리앗 앞에서 정확히 머리를 향해 돌팔매를 날리는 용기를 가지기란 쉽지 않다. 미루어 짐작하건대 다윗은 목동시절 양들을 지키기 위하여 수많은 맹수의 공격을 돌

[UFC1] 호이스 그레이시 VS 켄 샴락 경기

팔매질로 막아내면서 '자신의 기술이 강한 상대에게도 통할 수 있다'는 자신감을 갖고 있었던 듯하다. 또한 '호이스 그레이시'도 오랜 기간 주짓수를 수련하면서 타 무술 수련자들과의 대결을 통해 어떠한 강한 상대를 만나더라도 주짓수로 상대를 제압할 수 있다는 확고한 신념이 있었다.

그럼 '약한 자가 강한 자를 이기게 해주는' 주짓수에 대해 좀 더 알아보자.

주짓수의 기원

최근 가장 관심도가 높아지고 있는 무술을 꼽는다면 단연 주짓수(Jiu-Jitsu, 柔術)이며, 이때 주짓수는 보통 '브라질리언 주짓수(Brazilian Jiu Jitsu)'를 의미한다. 주짓수의 기원에 대한 다양한 의견들이 있으나 일본 전국시대에 탄생했다고 보는 것이 일반적이다. 모든 역사의 발전이 그러하듯 치열한 내전 속에 검술을 포함한 무술들이 개발되고 단련되며 실전무술의 체계가 잡혀갔다.

당시 사무라이(일본의 무사)들끼리 전투가 벌어지면 교전거리에 따라 활, 창, 칼 등으로 접전을 벌이다가 무기를 놓치거나 상대와 엉겨붙는 경우 타격에 비해 빠르고 효과적으로 상대를 제압할 목적으로 창안된 기술이 주짓수의 기원인 '고류 유술'이다. 이러한 탄생 배경으로 인하여 고류 유술은 하체 관절기가 없다. 만약 하체 관절기로 상대를 제압하려 할 경우 상대에게 무기로 등을 공격당할 위험이 있기 때문이다.

이 고류 유술은 문파의 비전으로 각기 계승되었는데, 19세기 말 일본 강도관의 가노 지고로(일본 및 아시아 최초 IOC위원 역임)가 각 문파별 기술 중 스포츠화 시킬 수 있는 기술을 집대성하여 '유도(Judo, 柔道)'를 창시하였다.

고류 유술은 전투시 상대를 제압하거나 살상할 목적으로 만들어진 만큼 위험한 기술들이 많았는데 가노 지고로는 이런 위험한 기술들을 제외하고 스포츠로서 적합한 기술만으로 유도를 만들었다. 고류 유술이 스포츠로 변모하는 시대적 흐름과는 달리 실전성을 유지하려는 움직임도 있었는데, 그중 '마에다 미츠요(콘데 코마)'가 브라질로 건너가 그레이시 가문에 전파한 것이 현대 '주짓수(Brazilian Jiu-Jitsu, 브라질리언 주짓수)'의 기원이다.

Jiu-Jitsu? Ju-Jitsu?

주짓수가 대중적으로 알려지기 시작한 것은 UFC가 처음 열린 1993년부터이며 그 이전까지 브라질 바깥에는 알려지지 않았다. 아시아에서는 프라이드(Pride), 미국에서는 UFC 등의 종합격투기 대회가 세계적으로 인기를 얻게 되면서 주짓수가 널리 보급되었다. 국내에서는 브라질리언 주짓수 외에 일본 주짓수(Japanese Jiu-Jitsu), 유러피언 주짓수(European Ju Jitsu) 등이 서로 성격이 다름에도 구분 없이 호칭되고 있는데, 이들은 아래와 같은 차이점이 있다.

'Jiu-Jitsu(주짓수)'는 '유술(柔術)'의 일본식 발음 '쥬즈츠'를 브라질 사람들의 발음대로 표기한 것이다. 브라질리언 주짓수는 일본의 유술가 마에다 미츠요가 브라질에 정착한 후 그레이시 가문에 유술을 전수한 것에서 그 기원을 찾을 수 있으며, 국제브라질유술연맹(International Brazilian Jiu-Jitsu Federation, IBJJF)이라는 국제 단체를 가지고 있다. 이 책에서 소개하는 기술들은 브라질리언 주짓수를 기반으로 소개하였다.

일본 주짓수(Japanese Ju-Jitsu)는 일본 전국시대의 유술 계파들이 유도에 흡수되지 않고 현재까지 일본에서 계승되고 있는 주짓수를 말하며, 유러피언 주짓수는 유럽에 전수된 전통 일본식 유술을 말한다. 점차 유러피언 주짓수의 수련 인구도 늘고 있으며, 주짓수국제연맹(Ju-Jitsu International Federation, JJIF)이라는 국제 단체를 중심으로 활동하고 있다. JJIF의 경기는 겨루기(Fighting),

시범(Duo), 네와자(Newaza)로 구분되는데, 겨루기와 시범은 한국의 합기도와 상당히 흡사하며, 네와자는 브라질리언 주짓수와 유사하다. 최근에는 유러피언 주짓수가 아시안게임 정식 종목으로 채택되어 주목을 받고 있다.

종합격투기에서의 주짓수

왼손에 두 개의 손가락만 있는 장애를 극복하고 주짓수계 전설 중 하나로 불리는 장 자크 마차도(Jean Jacques Machado)는 'The Ground is my ocean, I'm the shark and most people don't even know how to swim.'이란 유명한 말을 남겼다. 해석하자면 '나는 그라운드라는 바다에 사는 상어이며 대부분 사람들은 그 바다에서 헤엄치는 것조차 모른다.'는 의미일 것이다.

이처럼 그라운드에서 상대를 제압하는 주짓수는 그 기술을 알지 못하는 자에게는 공포의 대상이다. 주짓수가 전세계적으로 각광받게 된 것은 UFC 1회 대회 때 거구의 경쟁자들을 마르고 약해 보이는 '호이스 그레이시'가 물리치고 우승을 차지하고 부터이다. 현재는 주짓수를 배우지 않고 종합격투기 시합에 나가는 것은 자살행위로 여기질 정도로 종합격투기(MMA)를 준비하는 선수들의 필수 수련 무술로 자리잡았다.

호신술로서의 주짓수

주짓수가 종합격투기에서 위력을 떨친 것처럼 주짓수는 '실전무술'의 대명사로 통할 만큼 호신술로서도 효용도가 큰 무술이다. 순수 스포츠로서의 주짓수에 비해 타격기에 대한 대비 및 실전환경(길거리의 딱딱한 콘크리트 바닥 등)을 고려한 기술 등을 배우는 주짓수 형태로 올드스쿨(Old School) 주짓수라고도 불린다. 이러한 주짓수를 추구하는 계파로는 그레이시 주짓수가 대표적이다.

스포츠로서의 주짓수

스포츠 주짓수는 주짓수 분야에서 가장 큰 비중을 차지하고 있으며, 일반인들이 생활체육으로서 주짓수를 수련하는 데 수월하게 접근할 수 있는 형태이다. 스포츠 주짓수는 룰에 근거하여 진행되므로 체육관 환경(안전한 매트, 경기시간 및 위험한 기술 제한 등)에 특화된 기술로 겨룬다. 실전성에 대한 논란이 일고 있지만 전세계적으로 각광을 받으며 주짓수 대중화에 일등공신으로 떠오르고 있다.

이런 스포츠 주짓수에 특화된 기술을 사용하는 주짓수 계파를 모던(Modern) 주짓수라 하는데, 대표적인 모던 주짓수 선수로는 AOJ의 멘데스 형제 등이 있다.

MMA 스토어 김종원 사장과 AOJ수장 길헤르미 멘데스

02 주짓수의 기본상식

예의범절

주짓수는 무도로서 아무리 시대가 변해도 타 운동종목과는 다른 최소한으로 지켜야 하는 기본 룰 혹은 예의란 것이 있다. 주짓수 도장은 피트니스 센터 같은 서비스업소가 아니라 무도수련을 위한 아카데미로 세계 어느 곳에서나 크게 다르지 않는 예의의 일반적인 내용에 대해서 살펴보자.

지도자 및 수련 상대 혹은 대회 상대에 대한 예의

주짓수에는 타 무술의 스승과 제자의 관계인 지도자와 수련생이 있다. 지도자나 수련생 모두 상호간에 예의를 지키는 것이 중요하며, 지도자는 특정인을 편애하지 않고 수련하는 모든 관원에 대해 성심성의껏 지도를 해야 하며 수련생은 지도자에게 존경심을 가지고 지도에 잘 따라야 한다.

또한 주짓수는 상대를 제압하는것을 최우선으로 하는 무술이지만, 수련 시에는 항상 상대방을 존중하는 마음으로 예의를 표해야 한다.

수업시간 예의

기본적으로 수업시간에는 지도자 외에는 말을 하지 않는 것이 예의이다. 같이 수련하는 상대가 자신보다 실력이 떨어진다고 여유를 부리거나 연습 도중 상대를 지도하는 것은 지도자에 대한 예의가 아니다. 또한 상대방이 묻지 않았는데 조언을 하는 것 또한 예의에 어긋난 행동이다.

수업 도중 몸이 불편하여 휴식이 필요하거나 상대가 위험한 동작 혹은 반칙 기술 등을 사용할 때는 상대에게 짧게 말하고 지도자에게 알려주면 된다. 그리고 정해진 수업시간 전에 아카데미에 도착하여 수업을 준비하는 것은 비단 주짓수 수련뿐만 아니라 삶에서도 가장 기본이되는 예절이다.

개인 위생에 관한 예의
주짓수는 기본적으로 상대와 몸을 맞대고 수련하는 운동으로 위생에 문제가 있거나 피부 및 전염성 질환이 있는 사람은 수련할 수 없으며, 항상 몸을 깨끗이 하고 옷차림을 단정하게 유지하는 것이 예의이다. 찢어진 도복을 입을 경우 연습이나 스파링 도중 손가락이나 발가락이 구멍에 끼어 골절을 당할 수도 있고 세탁이 안 된 도복을 입거나 몸을 깨끗이 씻지 않을 경우 냄새로 상대를 불쾌하게 만들 수 있으며, 자신도 모르게 기피 대상이 될 수 있다.
또한 손톱과 발톱을 깎지않은 상태로 연습이나 스파링을 할 경우 상대 피부를 긁을 수 있기에 항상 짧게 자른 상태를 유지해야 한다.

스파링 혹은 시합에서 상대에 대한 예의
스파링 혹은 시합에 앞서 서로의 손바닥을 가볍게 마주친 후 주먹인사(Bump)를 실시하며 목례는 별도로 하는 것이 기본적인 예의다.
또한 대회에 참가할 시에는 시합을 위해 매트로 입장하는 순간 차렷자세로 90도 목례를 실시한 후 심판에게도 목례 혹은 악수로 인사를 하는 것이 바람직하다. 특히 유소년 주짓수를 지도하는 지도자는 이러한 예의범절을 제자들에게 엄격하게 준수시킬 필요가 있다.

스파링 시 안전에 대한 예의
시합은 상대와 승패를 겨루는 상황으로 반칙동작이 나오지 않더라도 불가피하게 부상이 발생할 경우가 있다. 하지만 스파링은 어떠한 상황에서도 부상방지를 위한 안전이 최우선이다.
상대의 목을 조르거나 관절을 꺾을때 상대가 힘을 주어 방어한다면 적당한 상황에서 기술을 푸는 게 바람직하며 상대방과 사전에 협의되지 않은 위험한 기술(점핑 가드, 플라잉 암바, 메치기 등)은 사용하지 않는다. 또한 매트에서 스파링을 하던 도중 다른 수련자들과 부딪힐 상황이 발생할 경우 하급자가 먼저 스파링을 중단한 후 자리를 옮겨서 스파링을 하는 것이 예의다.

여성과 수련할 시 예의
주짓수 체육관은 일반적으로 남성 회원이 많으나 최근 많은 여성 회원과도 같이 수련을 하게 된다. 이런 경우 남성과 여성의 신체적 차이를 반드시 인지하고 스파링을 해야 한다.
여성 회원이 부상당하는 많은 경우는 남성 수련자가 본인보다 기술 수준이 우위에 있는 여성 수련자를 상대로 무리하게 힘을 쓸 때임을 명심하여야 한다.

타 체육관 방문 시 예의
수련하는 회원의 입장에서는 주짓수 체육관을 '서비스 업소'라 생각하고 타 종목 체육관을 다니 듯 본인이 지불한 만큼 '지도 서비스'를 제공받아야 한다고 생각할 수 있다. 그러나 이런 생각은 일견 맞기도 하지만 틀리기도 하다. 자신의 체육관을 다니는 관원들의 실력 및 수련 환경 향상에 체육관을 운영하는 관장들이 끊임없이 노력해야 하나 옛날 '도장', '문파'라는 정서가 남아있는 주짓수 체육관내에서 갖추어야 할 예의가 많다. 또한 주짓수를 수련하는 체육관이 본인한테 정말 맞지 않거나, 유학 및 이사와 같이 생활범위가 바뀌는 경우는 지금 수련하는 체육관 관장에게 상황을 설명한 후 다른 체육관으로 옮기는 것이 바람직하다.
지인의 초청, 세미나 참가, 일시적으로 수련 등으로 다른 체육관을 방문할 경우에도 현재 수련하는 체육관 관장에게 양해를 구하는 것이 좋다. 이러한 예의를 무시한 채 다른 체육관을 방문하다가는 난처한 상황에 빠지게 될 확률이 높아진다.

유선생(?)의 짝퉁 조언을 조심하라!

2000년대 초반에는 암바 기술 하나를 배우기 위해 제주도에서 서울로 상경하는 사례가 있을 정도로 기술이 소중하였으나 요즘은 인터넷의 발달로 유튜브에 엄청난 양의 주짓수 기술 동영상들이 넘쳐나고 있다.

유튜브가 선생님이라는 뜻의 '유선생'이란 신조어가 생길 정도로 파급효과가 대단하며, 특히 유명선수들의 기술 동영상도 있어 매우 유용하게 사용될 수 있다. 하지만 검증되지 않은 지도자의 주짓수 영상으로 잘못된 수련을 할 수 있고, 핵심이 빠져 있는 주짓수 영상으로 인해 화려함만이 있고, 실제 스파링이나 대회 때는 사용할 수 없는 기술들도 많이 있기에 유튜브로 보는 기술 영상은 참조만 하는 것이 바람직하다.

지도 경험이 적고 주짓수 기술을 스파링이나 시합 때 써본 적 없이 지식만, 타이틀만 내세우는 이들의 조언은 무의미할 수 있다. 대회에 관련된 조언은 대회에 참가해 본 경험이 있는 사람들에게 받아야 하고 주짓수 기술 지도는 수련을 하면서 많은 성공과 실패를 겪어 본 사람들에게 받아야 한다.

도복(GI) 주짓수와 노기(NO-GI) 주짓수

GI는 일본어 KIMONO에서 유래한 단어인데 '도복'을 의미한다. GI는 일반적으로 도복을 입고 상대 소매, 목깃, 바짓깃 등 옷을 잡을 수 있는 상태로 겨루는 방식을 말하며, NO-GI는 도복을 입지 않고 몸에 달라붙는 상의나 바지를 입은 상태로 상대 옷을 잡지 않고 레슬링과 동일한 방식으로 상대 몸을 잡고 겨루는 방식이다.

노기 주짓수 복장은 상의의 경우 상체 탈의, 타이트한 반팔 또는 긴팔 래쉬가드를 입고 하의의 경우 벨트, 주머니, 지퍼가 없는 웨이크보드 스타일 반바지 또는 반바지/긴바지 타이즈를 입는다.

도복(GI)

주짓수 도복은 유도 도복과 유사하지만 유도 도복에 비해 전반적으로 품이 좁은 형태이다. 또한 전통을 중시하는 유도 도복(화이트와 블루 색상 도복만 착용 가능)과는 다르게 다양한 색깔을 입을 수 있다.

단, 시합에서는 화이트, 로열블루, 블랙 색상의 도복만 착용이 가능하며, 도복에 팀을 상징하는 패치(Patch)나 협찬을 받는 브랜드 상표 등은 부착할 수 있으나, 성별, 성적 취향, 민족성, 정치이념, 특정 문화 및 종교에 대해 공격적인 문구나 심볼은 부착할 수 없다.

일반적으로 도복 상의나 바지는 시합 규정에 벗어나지 않는 한 짧고 몸에 붙는 것을 주로 착용한다. 스파링이나 시합 시에 손목깃, 바짓깃, 무릎깃 등이 계속 잡히면 플레이에 지장이 많기 때문이다.

주짓수를 시작하고 재미를 느끼다 보면 주변 동료들의 화려하고 멋진 도복들에 눈길이 가게 된다. 자유로운 브라질의 문화에서부터 유래된 만큼 주짓수 도복의 개성은 심플함의 정점인 유도복과 큰 차이를 보인다. 특히 주짓수는 매번 수련할 때마다 격렬한 스파링을 동반함에 따라 바꾸어 입을 수 있는 여벌의 도복은 필수이다. 도복 구매시에 고려할 사항을 알아보자.

도복 소재 규정(IBJJF 룰)
- 도복은 반드시 면 또는 면과 유사한 직물이어야 한다.
- 상대가 움켜잡는 걸 방해할 목적으로 두껍거나 단단한 소재의 직물로 된 도복은 금한다.
- 유소년부, 성인부, 마스터, 장년부에서 직물소재 도복은 필수이다.
- 사이즈와 각도가 IBJJF 룰북을 준수하는 경우 EVA(발포고무원단) 혹은 유사한 재질을 깃 안에 넣는 것은 허용된다.

도복 색상 및 패치 규정(IBJJF 룰)
- 시합용 도복은 화이트, 로열블루 와 블랙 색상만 허용된다.

- 도복 상·하의 색깔이 다른 것은 허용되지 않으며, 상의 색과 다른 깃 색깔이 들어 있는 도복들도 허용되지 않는다.
- 아카데미나 스폰서 로고 혹은 허용된 위치의 패치 외에 페인트로 색칠된 도복은 허용되지 않으며, 허용된 경우에도 색칠된 도복이 상대방의 도복을 물들일 경우 도복을 교체해야 한다.
- 패치들은 반드시 IBJJF 룰북에 허용된 도복 위치에 부착해야 하며 면 소재로 재봉이 되어 있어야 한다.
- 재봉이 안 되어 있거나 허용된 위치가 아닌 곳에 부착된 모든 패치들은 도복 검사관에 의해 제거된다.

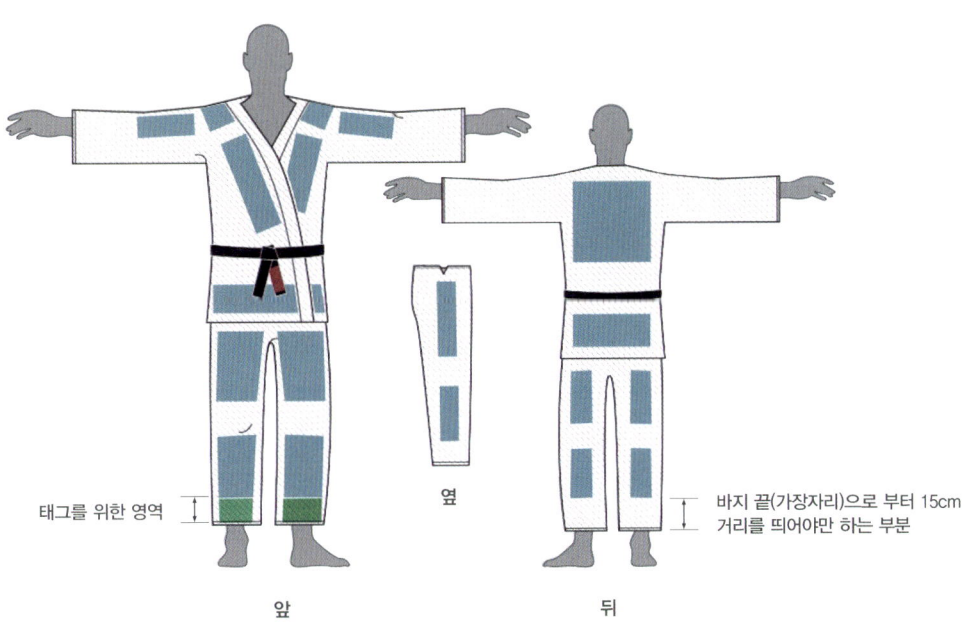

도복 벨트 규정(IBJJF 룰)

- 대회 참가자들은 참가 신청한 벨트 색깔에 내구성이 좋은 4~5센티미터 폭의 벨트를 둘러야 한다 (끝에 검은색 천이 둘러져 있어야 함).

- 블랙벨트의 경우 끝에 검은색 혹은 붉은색 천이 둘러져 있어야 한다.
- 벨트는 상의를 두번 감아야 하며, 상의가 벗겨지지 않게 이중매듭으로 묶는다. 이중매듭으로 묶고 난 후벨트가 20~30센티미터 정도 남아야 한다.

도복 사이즈 규정(IBJJF 룰)

- 도복 상의는 허벅지까지 닿아야 하며 소매는 두팔을 양쪽으로 평행하게 폈을 때 손목에서 5센티미터 이상 떨어지면 안 되며, 도복 하의는 복숭아뼈로부터 5센티미터 이상 떨어지면 안 된다.

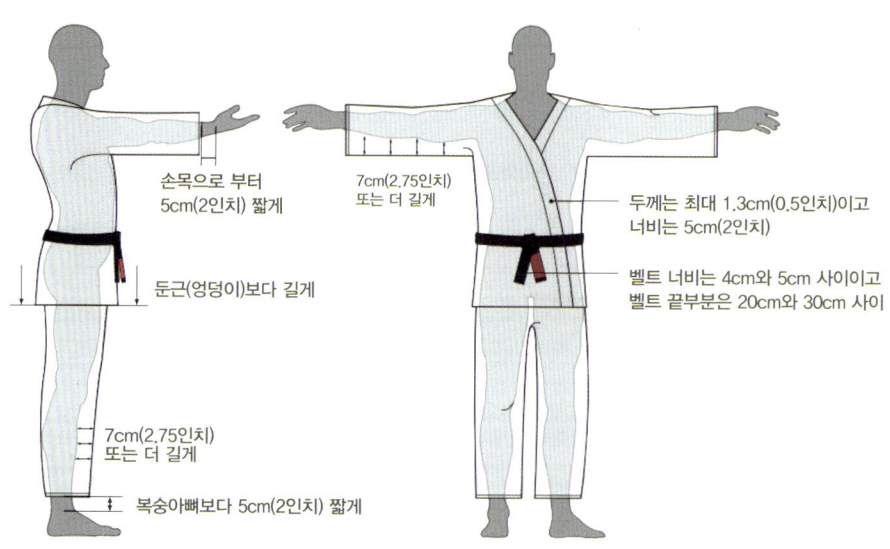

도복 기타 규정(IBJJF 룰)

- 도복 상의 안에 셔츠를 입는 것은 금지된다(여성 제외).
- 여성은 상의 안에 몸을 감싸주는 신축성 있는 소재의 반팔 또는긴팔 셔츠를 입어야 한다(색깔 규정 없음). 또한 원피스로 된 수영복 타입이나 체조용 상의도 착용이 가능하다.

- 어떤 종류의 바지도 도복 하의 안에 입을 수 없다. 단, 여성인 경우 신축성있는 소재의 바지를 도복 하의 속에 입을 수 있으나 도복 하의보다는 짧아야 한다.
- 대회 출전자는 반드시 속옷을 입어야 하는데, 삼각형의 팬티만 가능하며 끈 팬티는 입을 수 없다.
- 도복들이 수선되었거나, 찢어지거나, 젖었거나, 더럽거나 혹은 불쾌한 냄새가 나면 안 된다.

노기(NO-GI) 복장

노기 사이즈 규정(IBJJF 룰)

평상시 연습일 경우와 다르게 IBJJF에서 인증하는 노기 대회에 출전하기 위해서는 아래와 같은 규정의 노기 복장을 착용해야 한다.

남자/여자

- 하의는 보드 반바지 스타일이며 무릎에서 15센티미터 이상 올라가면 안 된다.
- 색깔은 블랙, 화이트 혹은 블랙과 화이트가 섞인 색깔만 허용되며 참가자 본인의 벨트 색이 포함되어야 한다(전체 색깔의 50퍼센트까지 허용).
- 하의에 주머니가 없거나 완벽하게 봉해져야 한다.
- 상대를 다치게 할 수 있는 어떠한 금속이나 플라스틱 재질의 부착물을 바지에 붙이는 것을 금한다.
- 규정된 바지 안쪽에는 검정색의 신축성있는 팬츠나 반바지, 트렁크만을 입을 수 있다.
- 상의는 블랙, 화이트 혹은 블랙과 화이트가 섞인 색깔만 허용되며 허리까지 감쌀 수 있는 신축성 있는 소재로 참가자 본인의 벨트 색이 포함되어야 한다(최소 10퍼센트 이상).
- 상의는 참가자 본인의 벨트 색 100퍼센트로 되어 있는 것도 허용된다.
- 속옷은 반드시 착용하여야 하며, 끈팬티 종류는 허용되지 않으며 삼각형 속옷만 허용된다.

- 여성 경기에서는 몸에 붙는 검은색 타이즈 팬츠가 허용된다.

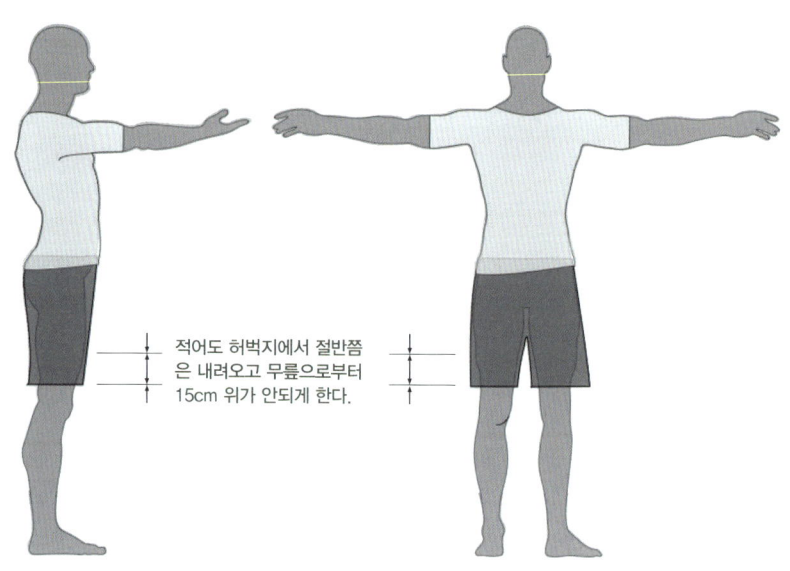

적어도 허벅지에서 절반쯤은 내려오고 무릎으로부터 15cm 위가 안되게 한다.

주짓수를 배워야 하는 5가지 이유

1. 몸의 중심 근육(코어)을 강화한다.
   다양하고 복잡한 움직임과 빈번한 체중 이동, 그리고 자세 변환으로 몸의 중심 (코어) 근육이 자연스럽게 강해진다.

2. 운동량이 많아서 칼로리 소비량이 많다.
   1시간 동안 주짓수 대련을 하면 탈진할 정도로 에너지 소비량이 많다. 격한 운동인 축구보다 무려 2배이상 소모된다고 하면 쉽게 이해가 가능하다.

3. 전신 스트레칭으로 유연성을 강화시킨다.
   자세를 낮추고 누워서 하는 수련이 많은 만큼 전신 기술을 사용하다보니 신체 미세한 곳까지 근육이 사용되어 체력과 유연성이 커진다.

4. 자기 방어 무술의 최고다.
   여성이 남성을 제압할 수 있는 유일한 무술이라고 평가하고 있다. 그 만큼 체력이 떨어져 극한 상황에서도 한순간에 상대를 역전시킬 수 있는 기술이 있다.

5. 정신수양 강화에도 좋다.
   상대를 재기불능의 상태로 만들 수 있는 치명적인 무술이기 때문에 자기제어를 위한 정신 수양을 최우선으로 한다(승단 조건이 엄격함).

벨트 매는 법

벨트 묶는 위치는 본인이 편안한 위치로 매는 것이 우선이나 너무 올려 매는 경우 모양새가 안 나는 경우가 많다. 아래 사진을 참조하여 적절한 위치에 매도록 한다.

벨트를 너무 올려 맨 모습

벨트를 허리에 맨 모습

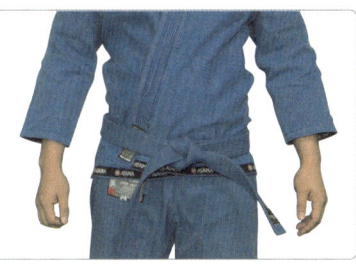
벨트를 골반에 맨 모습

벨트 묶는 법 I

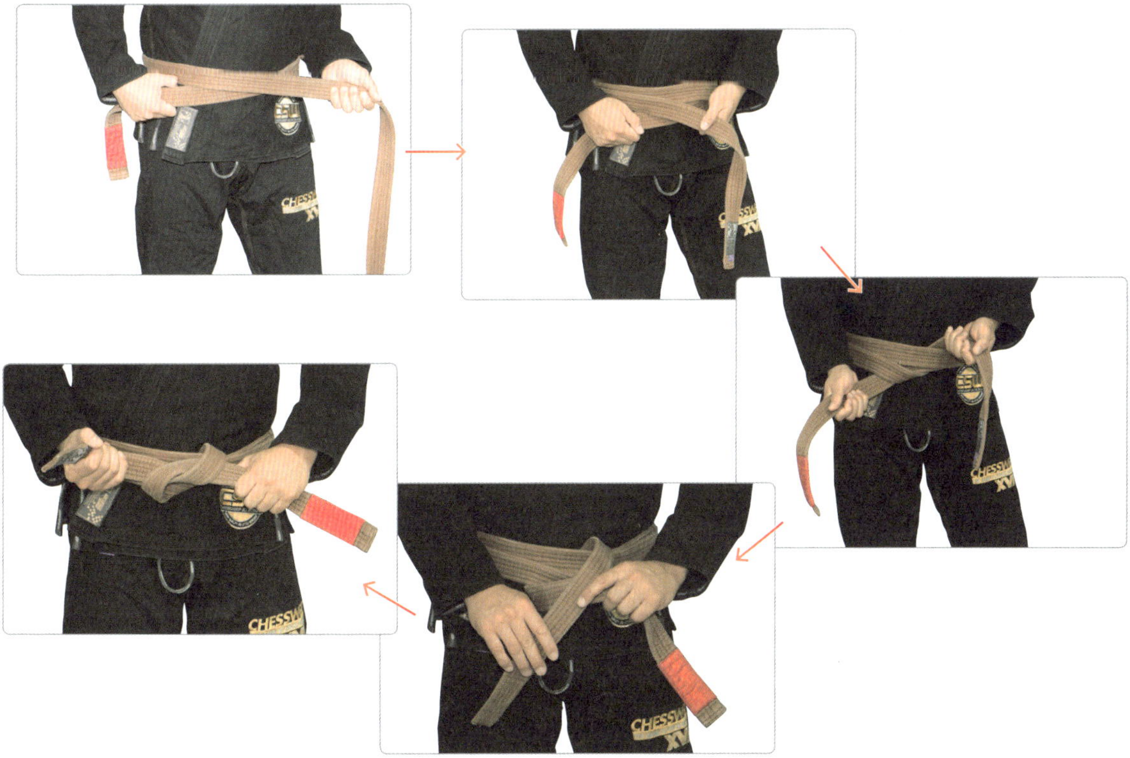

PART 1 주짓수를 모르고 호신술을 말하지 마라

벨트 묶는 법 II

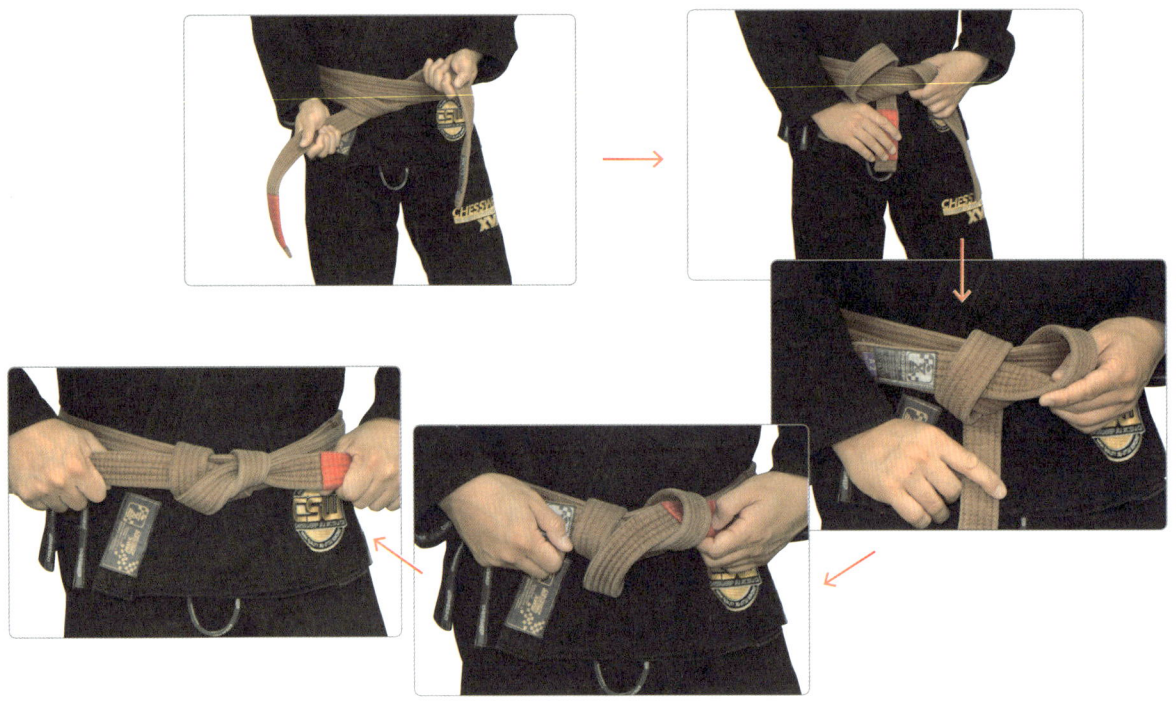

주짓수 손 그립

게이블 그립(레슬러즈 그립)

두 손바닥을 마주보게 잡고, 엄지는 사용하지 않고 손가락으로 다른 손을 감아쥐는 그립법이다.

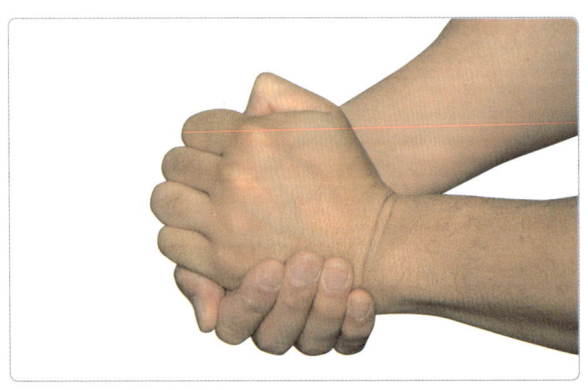

피스톨 그립
상대방의 도복 소매 혹은 바지를 다섯손가락으로 말아쥐는 그립법이다.

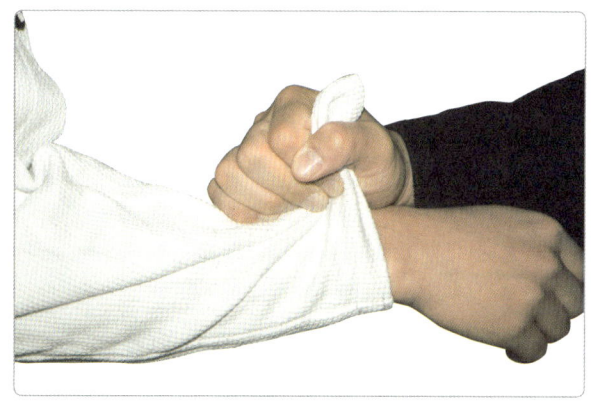

스파이더 그립
손가락으로 상대 도복을 안쪽으로 말아 쥔 후 엄지를 제외한 손가락만을 사용하는 그립법이다.

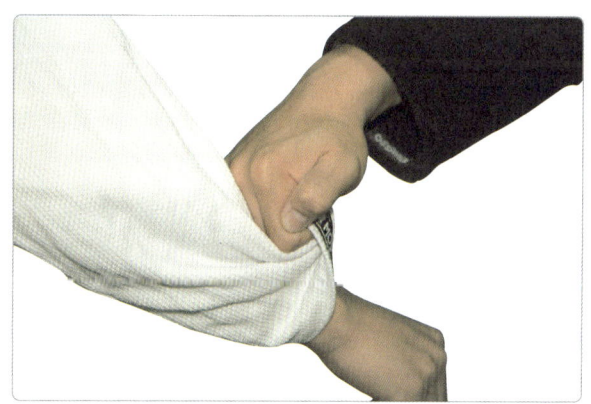

그레코로만 그립
손가락을 서로 맞잡을 때 구부려 갈고리 모양으로 만들어 잡는 그립법이다.

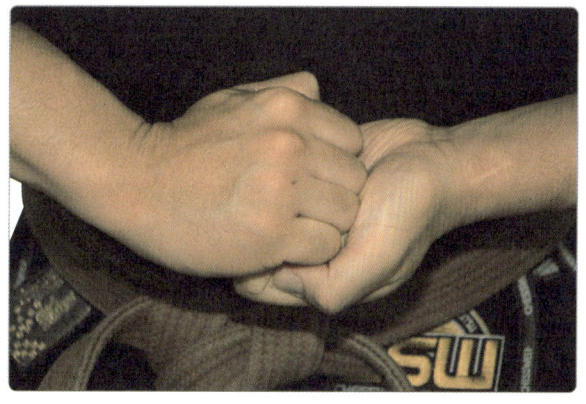

칼라 그립

상대방 목 깃 안을 손가락으로 감아쥐고 바깥쪽으로 엄지를 써서 말아쥐는 그립법이다.

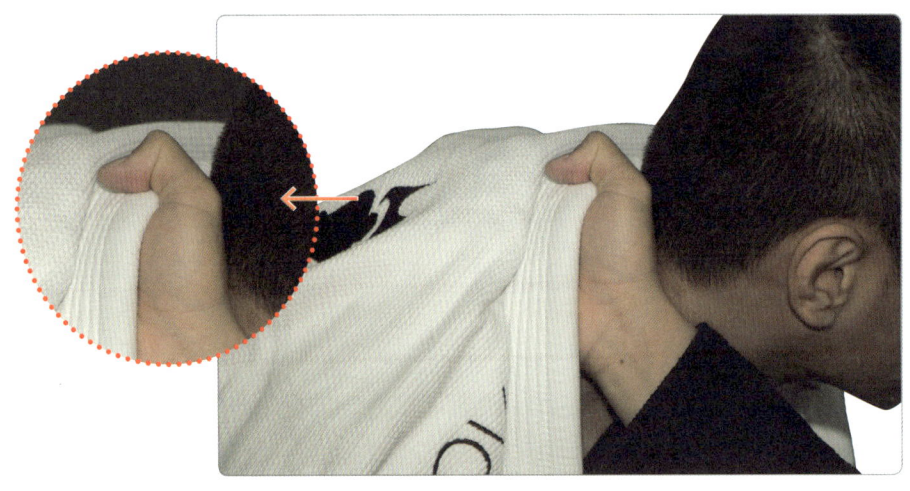

썸인 그립

엄지를 상대방 목깃 안으로 넣고 네 손가락으로 바깥을 쥐는 형태의 그립법이다.

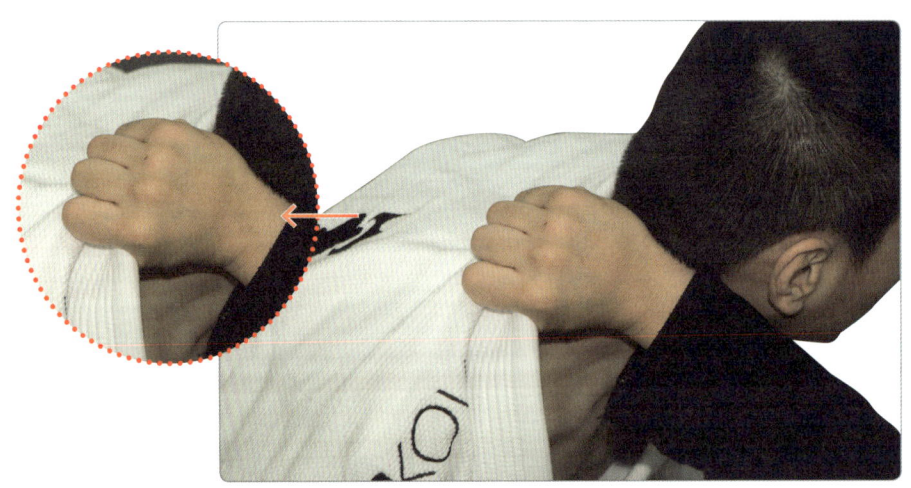

승급(벨트)체계

주짓수의 승급시기는 수련자마다 다르다. 각 벨트에는 그레이드를 표시할 수 있는 부분이 있는데, 그레이드는 4줄까지 표시되며, 4줄 다음에는 상위 벨트로 승급된다.

벨트 체계

화이트 벨트 → 그레이/화이트 벨트 → 그레이 벨트 → 그레이/블랙 벨트 → 옐로우/화이트 벨트 → 옐로우 벨트 → 옐로우/블랙 벨트 → 오렌지/화이트 벨트 → 오렌지 벨트 → 오렌지/블랙 벨트 → 그린/화이트 벨트 → 그린 벨트 → 그린/블랙 벨트(미국 나이 15세 이하, IBJJF 권고 승급 연한은 각 벨트별 수련기간 1년).

화이트 벨트 → 블루 벨트 → 퍼플 벨트 → 브라운 벨트 → 블랙벨트
(미국 나이 16세 이상, IBJJF 권고 승급 연한은 블루 벨트 → 퍼플 벨트 최소 2년, 퍼플 벨트 → 브라운 벨트 최소 1.5년, 브라운 벨트 → 블랙벨트 최소 1년)

블랙 벨트 이후에 수여 받을 수 있는 명예 벨트로는 레드/블랙 벨트, 레드/화이트 벨트, 레드 벨트 가 있다.

시합 시간 규정(IBJJF 룰, 미국 나이 기준)

나이 = 현재 연도 - 탄생 연도

6세 이하 : 2분

9세 이하 : 3분

15세 이하 : 4분

16세~17세 : 5분

18세 이상 성인부 : 5분(화이트 벨트), 6분(블루 벨트), 7분(퍼플 벨트), 8분(브라운 벨트), 10분(블랙 벨트)

30세 이상 : 5분(화이트, 블루 벨트), 6분(퍼플, 브라운, 블랙 벨트)
36세 이상 : 5분(전 벨트)

시합 금지기술(IBJJF 룰)

4세~12세(미국 나이 기준) 금지기술
다리를 벌려 꺾는 기술

4세~15세(미국 나이 기준) 금지기술
척추를 압박하는 조르기 기술

스트레이트 풋락(앵클락) : 상대방의 아킬레스 건 부위를 팔로 감싸고 압박하는 하체 관절기

이제퀴엘 초크 : 소매를 이용하여 누르는 조르기

프론트 길로틴 초크 : 상대의 목을 정면으로 감고 들어올려 조르는 기술

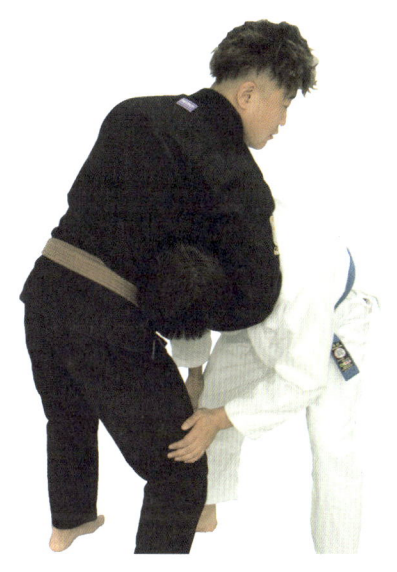

숄더락(오모플라타) : 자신의 다리로 상대방의 어깨를 감아 꺾는 관절기

트라이앵글 초크 중 머리당기기(트라이앵글 초크는 가능) : 트라이앵글 초크 중 상대방 머리를 당겨 압박을 가중시키는 행위

암트라이앵글 : 두팔로 상대방의 목과 겨드랑이를 감싸 조르는 기술

4세~17세(미국 나이 기준) **및 화이트 벨트 성인부, 마스터, 시니어 금지기술**
클로즈가드에서 상대 옆구리나 신장을 압박하는 조르기 기술

리스트락 : 상대방의 손목을 꺾는 기술

 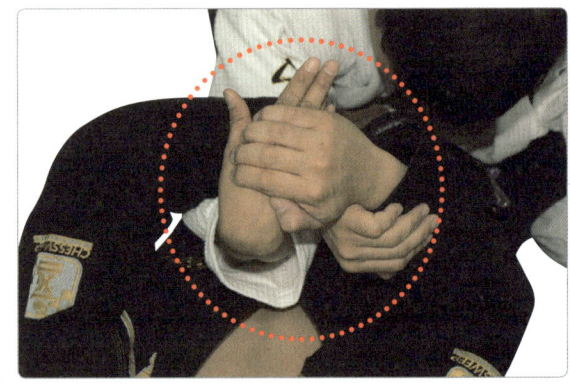

싱글렉 테이크다운 시도 중 머리가 밖으로 나오는 경우

4세~17세(미국 나이 기준) 및 화이트, 블루, 퍼플 벨트 성인부, 마스터, 시니어 금지기술

바이셉 슬라이서(이두박근 조르기)　　　　　　　　**카프 슬라이서**(종아리 조르기)

니바 : 상대방의 무릎을 몸쪽으로 꺾는 하체 관절기

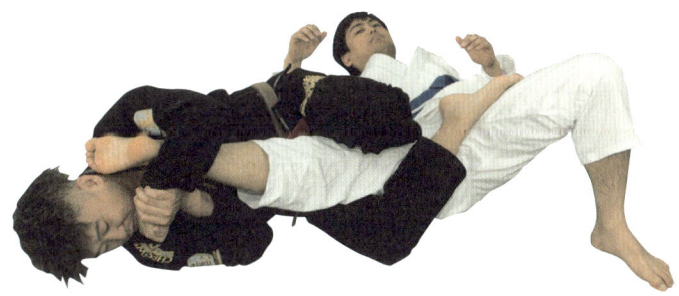

토홀드 : 상대방의 발목을 꺾는 하체 관절기

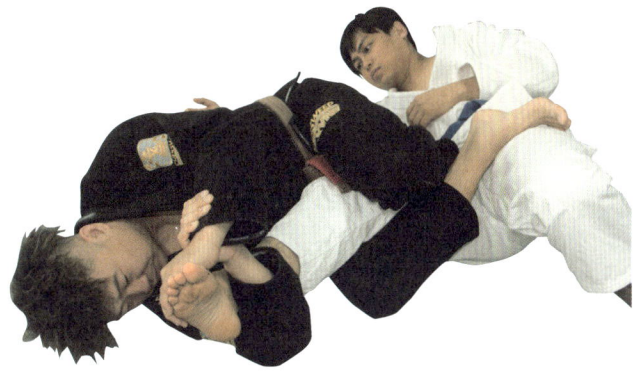

전 부문 금지기술 (IBJJF 룰)

슬램 : 바닥에 있는 상대방을 들어올렸다가 바닥으로 내려치는 행위

조르기 없는 척추 압박

힐훅 : 상대방의 발 뒷꿈치를 돌려 무릎 인대를 압박하는 하체 관절기

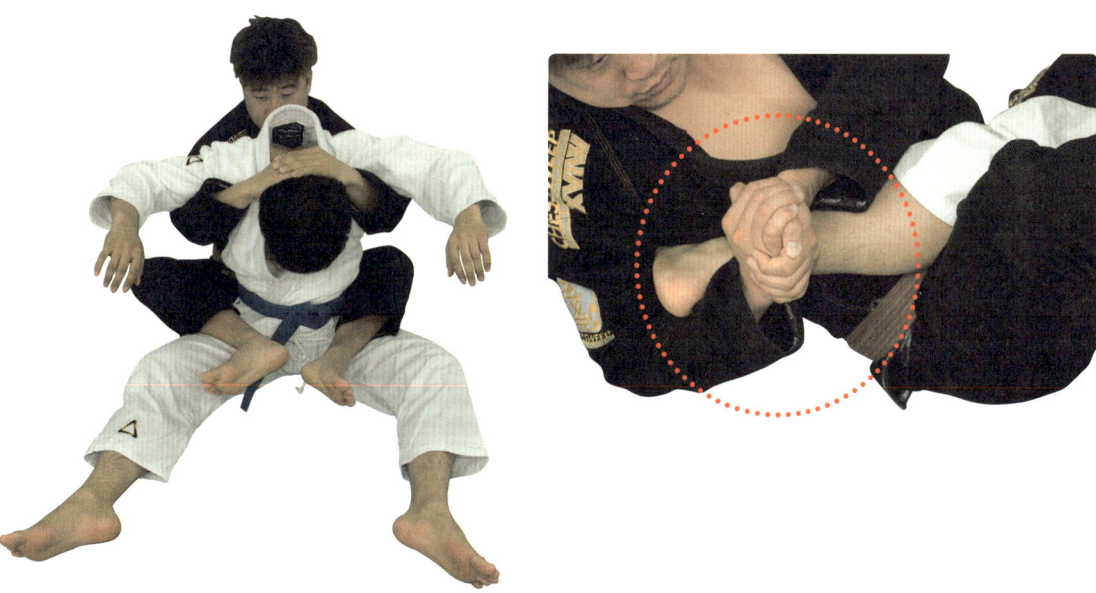

뒤에서 무릎을 뒤트는 관절기

니 리핑(발목이 상대방 다리 엉치 바깥쪽에서 안쪽으로 넘어가는 것)

시서 테이크다운(가위차기)

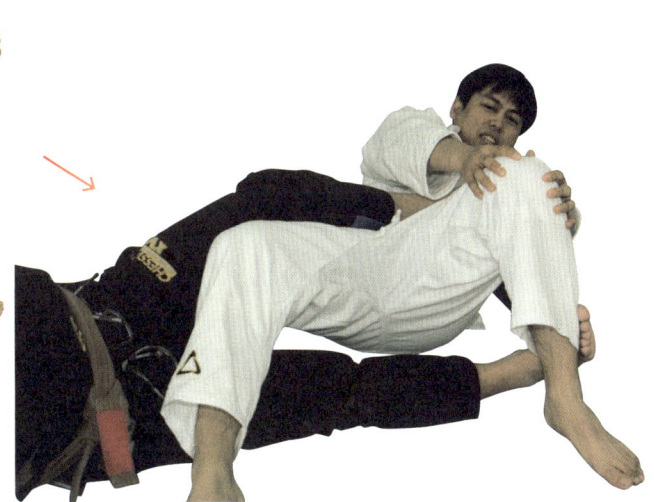

스트레이트 풋락(앵클락)을 공격이 허용되는 방향 반대로 꺾는 것

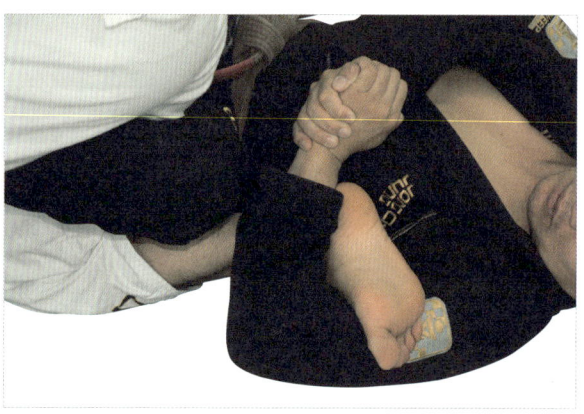

토홀드 락이 걸리는 방향(발 바깥쪽) 반대로 꺾는 것

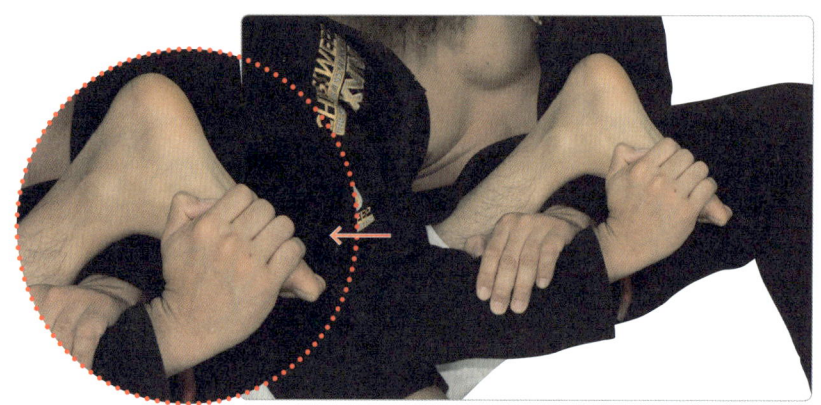

손가락 꺾기

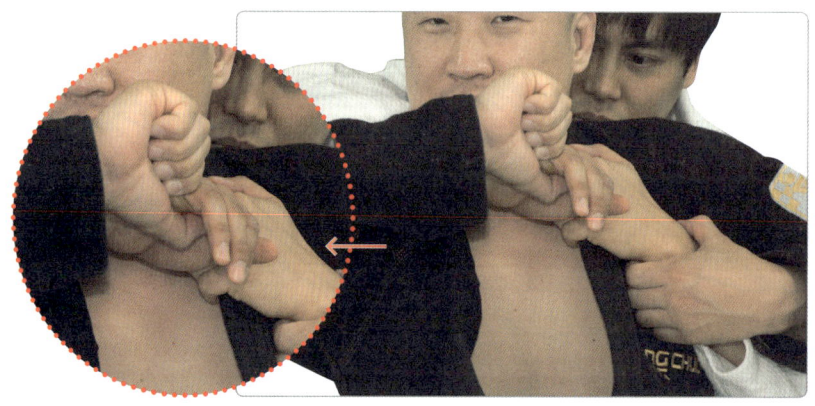

싱글렉 테이크다운을 시도 중 머리가 밖으로 나오는 경우에 상대의 벨트를 잡아당겨 상대방의 머리를 바닥에 부딪히게 하는 경우

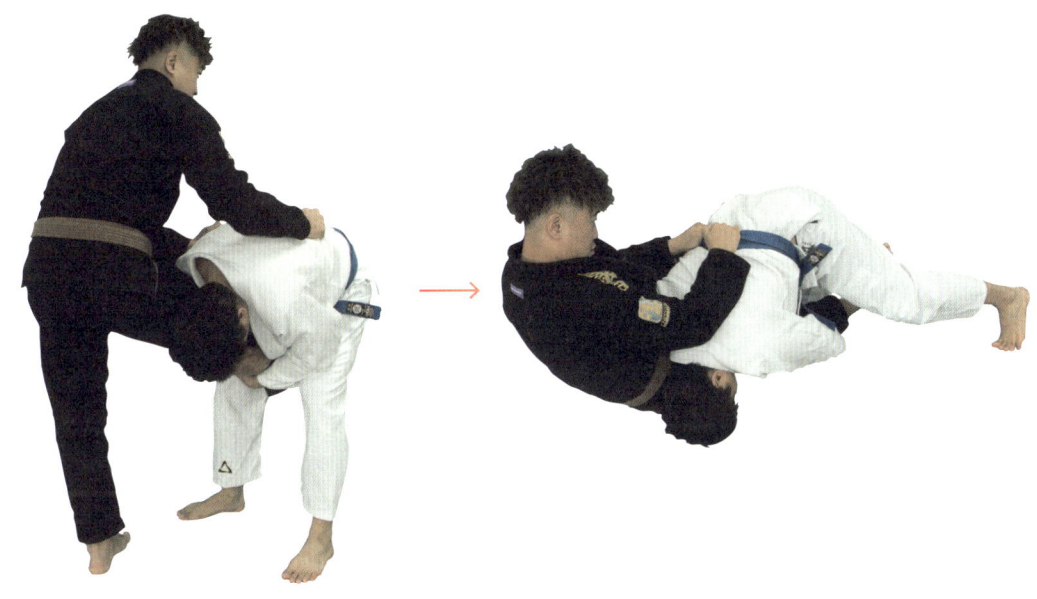

상대를 들어올려 넘기는 테이크다운(수플렉스)시 상대방의 머리나 목쪽을 바닥에 닿게 하는 경우

대회에서 니 립핑(Knee Reaping) 관련 규정

Normal Situations : 발이 상대의 몸 중앙선을 넘지 않는 경우, 대회에서 허용

Serious Foul : 발이 상대의 몸 중앙선에 닿은 경우, 심판이 즉각 경기를 중지시키고 패널티를 준 후 경기재개

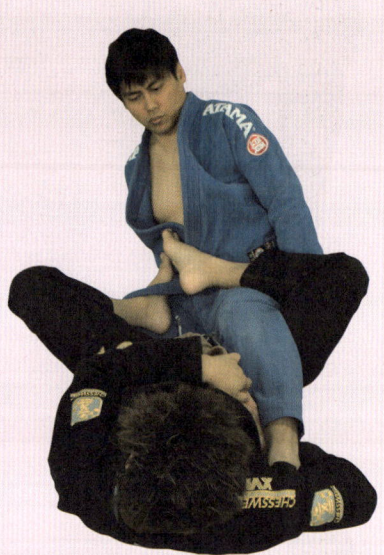

Severe Foul: 발이 상대의 몸 중앙선을 완전히 넘은 경우, 심판이 경기를 즉각 중지시키고 실격패 선언

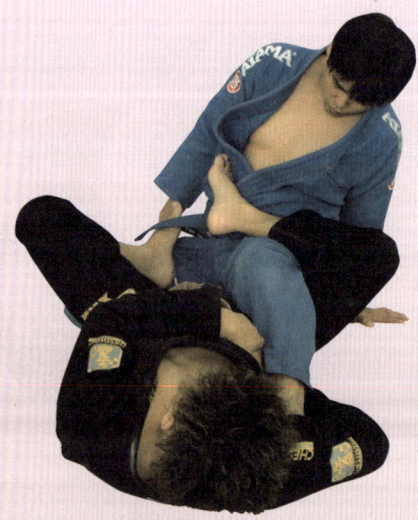

주짓수 수련 시 발생할 수 있는 부상

스포츠 활동 중 중요한 것은 부상을 예방하는 것이다. 주짓수 수련 중에 부상을 유발할 수 있는 동작을 사전에 파악하고 있다면 부상을 줄일 수 있다.

머리

슬램으로 머리가 바닥에 부딪히는 경우

버팅으로 인해 상대의 머리와 머리가 부딪히는 경우

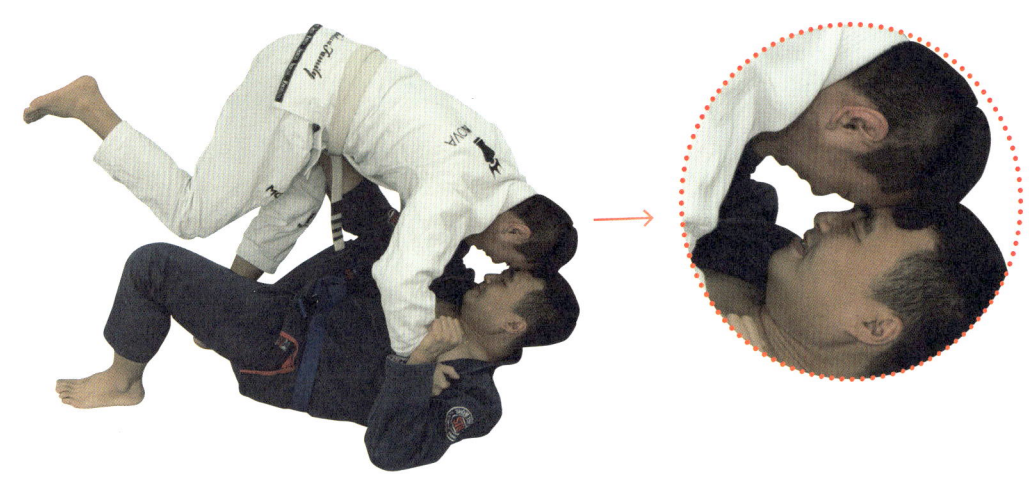

아웃사이드 테이크다운 시에 상대가 당겨서 머리가 바닥에 닿는 경우

치아

1 상대의 머리와 부딪힐 때

2 팔꿈치에 부딪힐 때

3 무릎과 부딪힐 때

귀

상대 도복과 마찰

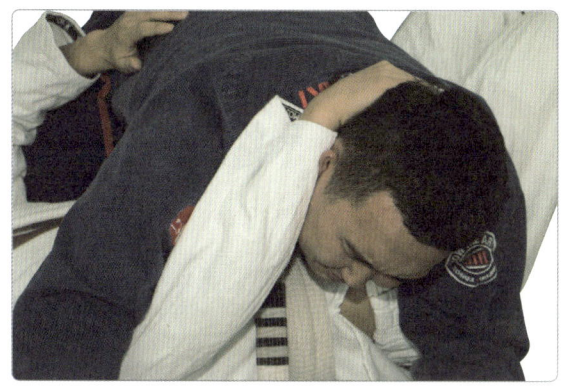

바닥과 마찰

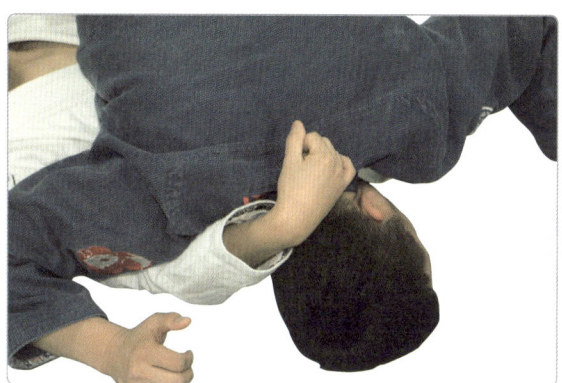

목

더블언더 가드패스할 때 압박

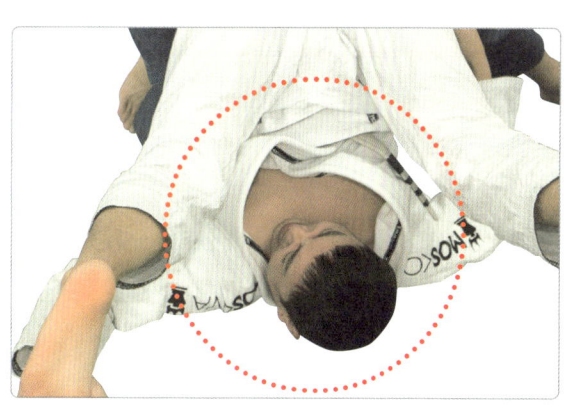

슬램에서 바닥으로 부딪혀 부상

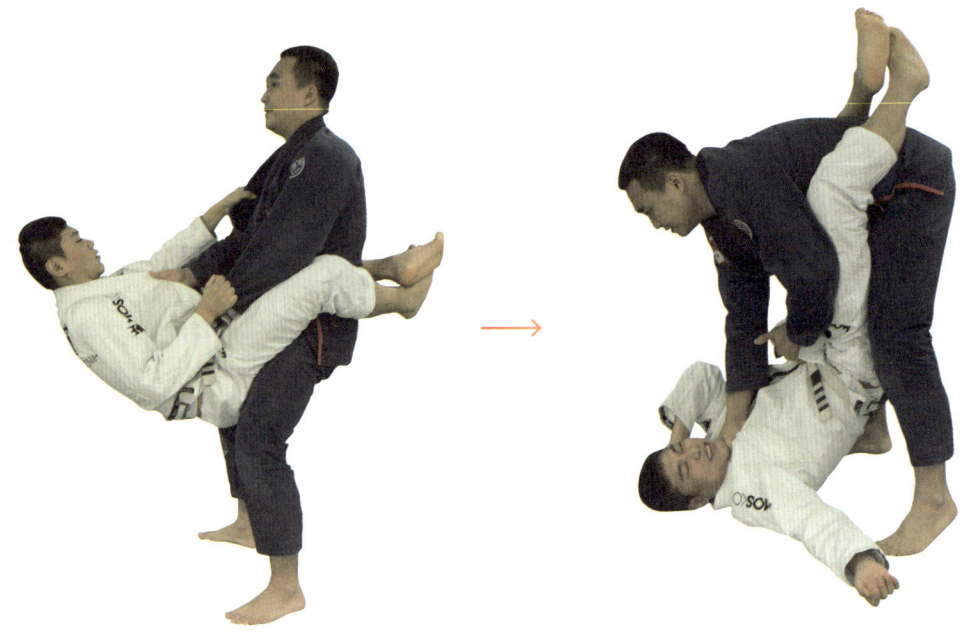

길로틴 초크에서 넥크랭크

풀 마운트에서 넥크랭크

사이드에서 넥크랭크

숄더롤링시에 상대가 압박

테이크다운시(수플렉스 동작)

터틀에서 리커버리하려다 상대에게 깔리는 경우

인버티드 가드 상태인데 상대가 탑에서 압박할 경우

트위스터
(경추와 척추 손상, 반칙기술)

롤링 암바 중
(경추 손상, 디스크 발생 위험)

어깨

숄더락(오모플라타)

키락에서 부상(회전근개 부상)

키락에 걸리지 않기 위해 오금에 손넣고 버틸 때(어깨 인대 손상)

상대가 메치기 할 때 어깨로 떨어지는 경우

테이크다운 혹은 스윕을 당할 때 어깨부상이나 탈구

PART 1 주짓수를 모르고 호신술을 말하지 마라

테이크다운을 당할 시에 낙법을 잘못할 경우

손목

1 **리스트락** : 상대방의 손목을 꺾는 기술
2 바닥에 손목이 꺾이는 경우
3 상대가 테이크다운을 시도할 때 손을 짚고 떨어지는 경우

손가락

도복 소매 안쪽에 손가락이 들어가 말리는 경우

바지 안쪽으로 말리는 경우

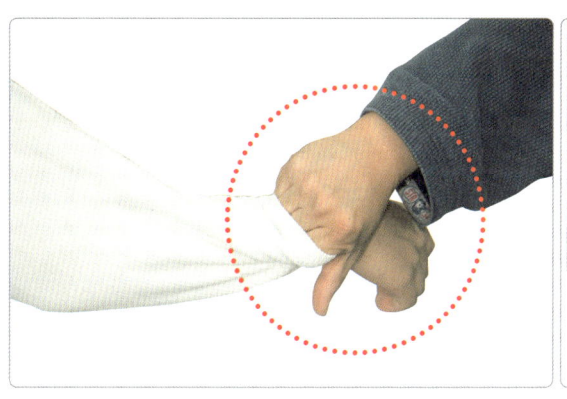
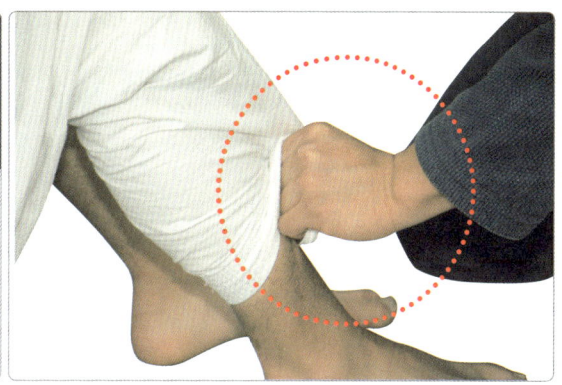

넘어질 때 손가락 일부가 바닥에 닿는 경우

깍지를 끼고 있다가 손가락이 깔리거나 비틀리는 경우

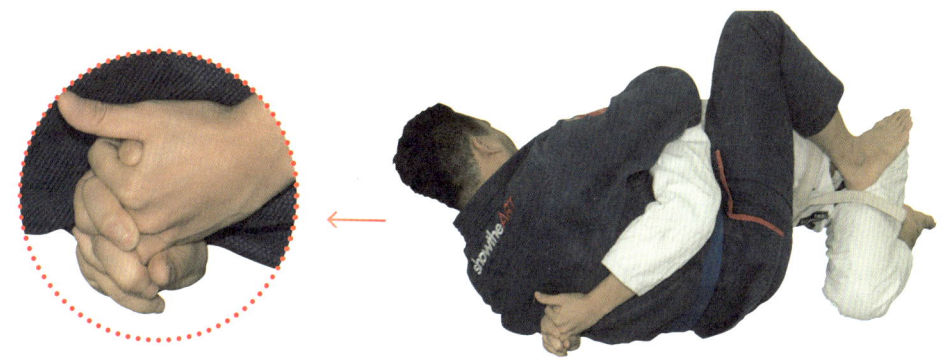

상대가 압박할 때 손가락이 꺾이는 경우

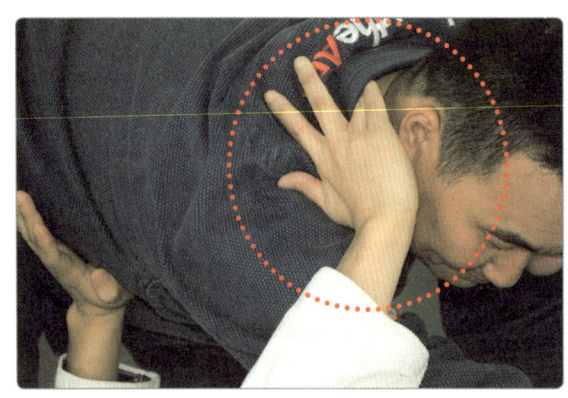

팔꿈치

암바가 걸렸을 때 과도하게 꺾이는 경우

리버스 암바가 걸렸을 때 과도하게 꺾이는 경우

키락이 걸렸을 때 어깨는 고정되고 팔꿈치가 과도하게 꺾이는 경우

넘어질 때 손바닥으로 바닥을 짚었으나 팔꿈치가 꺾이는 경우

옆구리

니온더벨리 : 상대방의 배꼽 부위에 무릎을 얹고 복부를 압박하는 행위

풀마운트에서 탈출을 위해 숄더 브릿지를 과도하게 하는 경우

상체, 하체를 반대 방향으로 과도하게 비트는 경우

가드패스하는 상대가 팔꿈치나 무릎으로 압박하는경우

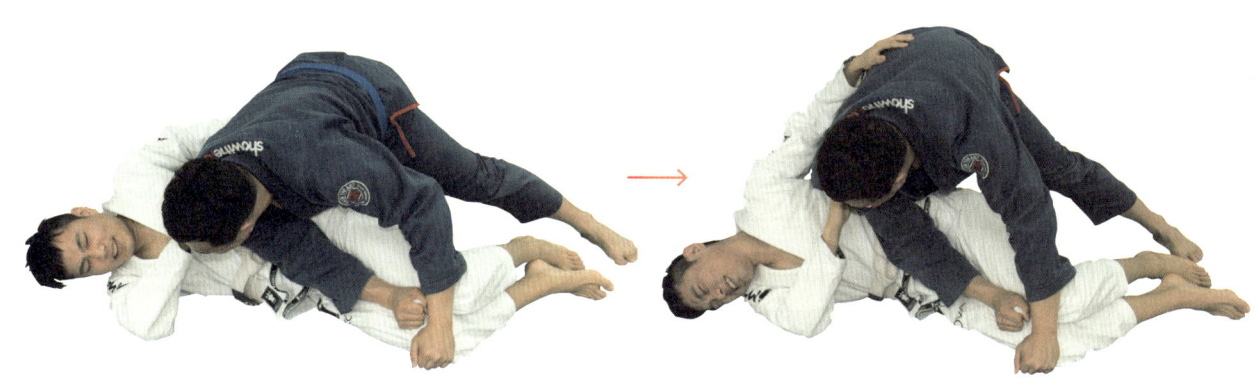

클로즈 가드나 백마운트에서 바디 트라이앵글을 시도하는 경우

허리

1. 터틀에서 리커버리하려다 상대에게 깔리는 경우
2. 상대가 더블언더 패스를 시도할 경우
3. 허리가 구부러진 채로 압박당한 상태에서 상대가 가드패스를 시도할 경우

인버티드 가드 상태인데 상대가 탑에서 압박할 경우

고관절

1 상위에서 압박을 당할 경우(일렉트릭 체어)

2 **바나나 스플릿** : 상대방의 양다리를 옆으로 넓게 벌려 찢는 하체 관절기

무릎

1 **니 리핑** : 상대방의 무릎 밖에서 안쪽으로 다리를 꼬아 무릎을 다치게 하는 행위

2 **후방 니 리핑** : 상대방의 뒤쪽 무릎 안에서 바깥쪽으로 다리를 꼬아 무릎을 다치게 하는 행위

3 니바에 걸렸을 때 상대방 무릎이 과도하게 꺾일 경우 후방십자인대 손상 발생

1 데라히바 그립이 무릎에 걸릴 때 무릎을 안쪽으로 돌릴 경우
2 터틀포지션에서 눌릴 때 발이 밖으로 향할 경우
3 힐훅(통증을 느끼기 전에 전방십자 인대가 끊어지므로 기술이 걸린 경우 즉시 탭을 쳐야 한다)
4 무릎 꿇은 상태에서 바닥으로 떨어지는 경우

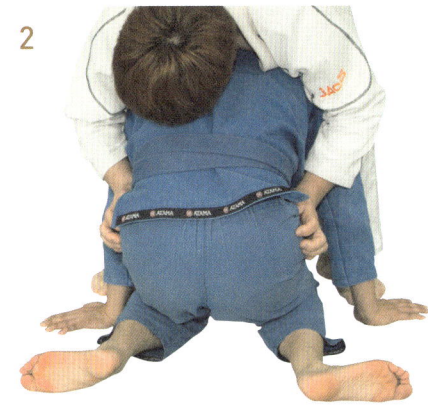

테이크다운 시 무릎이 상대 몸 안 쪽에서 꺾일 때

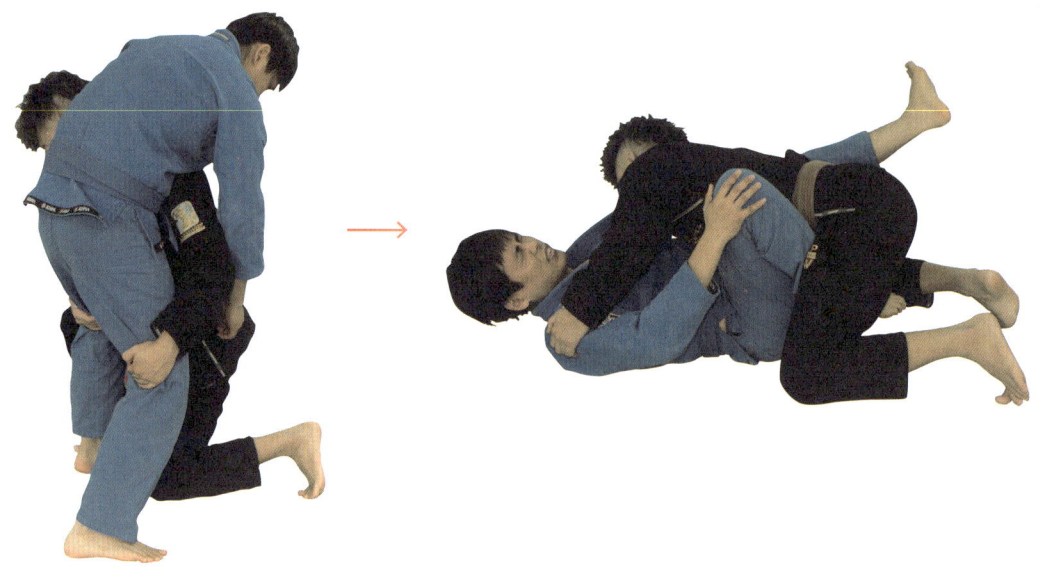

발목

1 **토홀드** : 상대방의 발목을 꺾는 하체 관절기

2 **에스티마 락** : 상대방의 발목을 두손으로 감싸고 발등을 배로 밀면서 발을 꺾는 하체 관절기

3 바닥에 발을 딛을 때 바깥 면이 안쪽으로 꺾이면서 접히는 경우

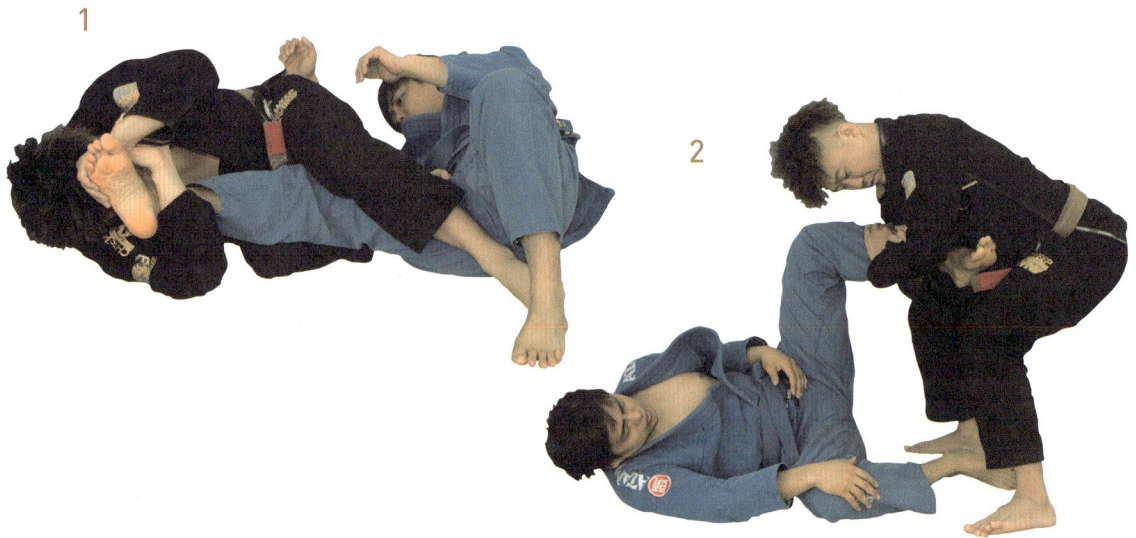

발가락

1 발가락이 바닥에 꺾이는 경우(테이크다운을 버티다 발을 헛딛는 경우)
2 발가락이 도복에 사이에 끼이는 경우
3 상대가 발가락을 손으로 꺾는 경우

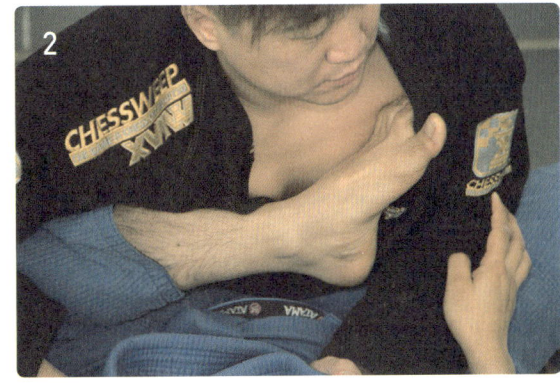

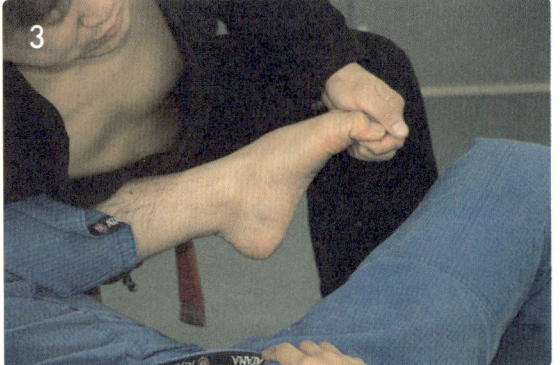

PART 1 주짓수를 모르고 호신술을 말하지 마라

부상 방지를 위한 손가락 테이핑

손가락 테이핑은 손가락이 손등 쪽으로 과도하게 꺾이는 것을 사전에 방지해주어 주짓수 수련자들이 많이 애용하는 부상 방지 방법이다.
손가락 부상 방지 혹은 부상 입은 손가락을 보호하기위해 사용해주면 좋다.

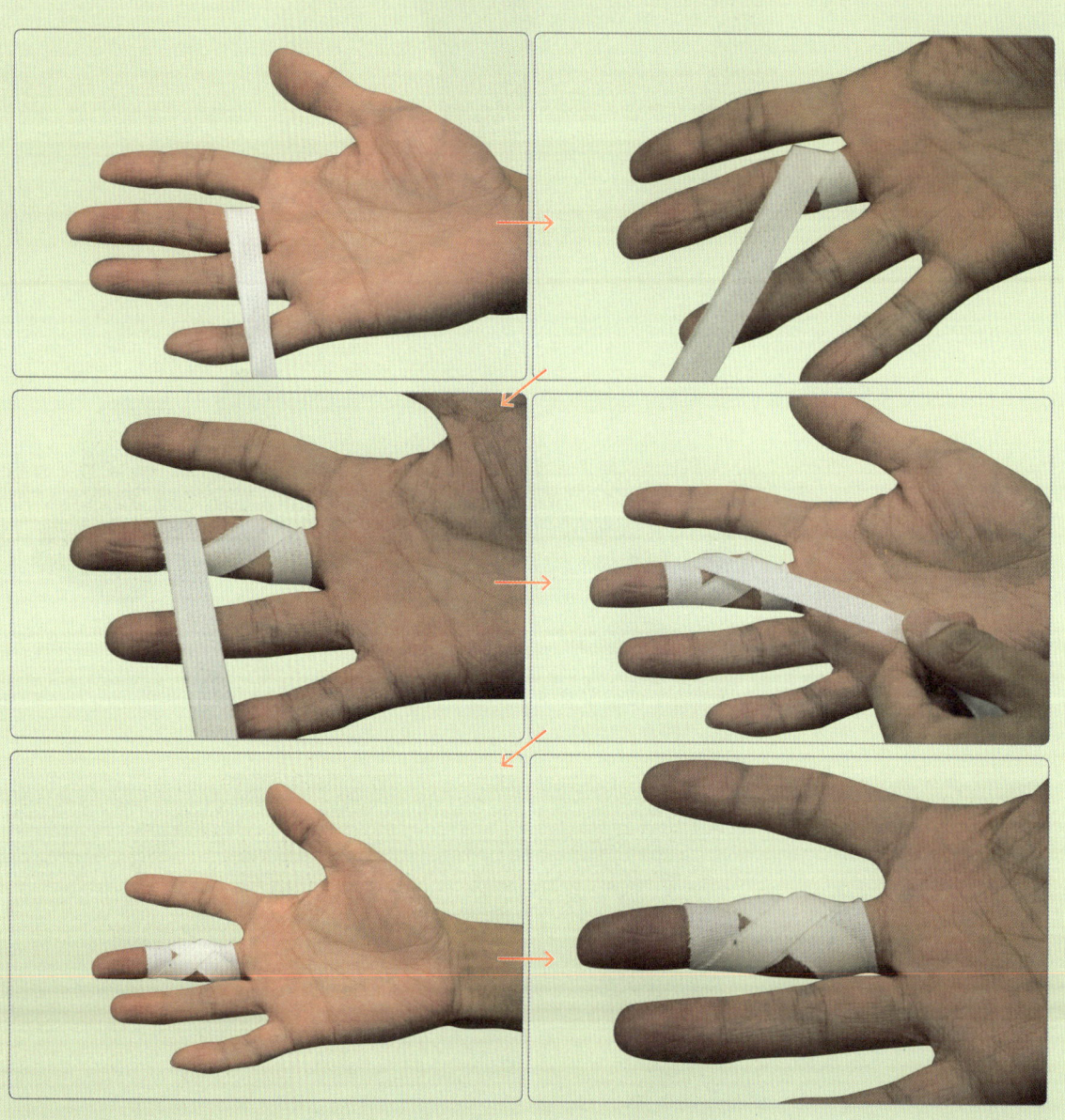

도복 정리하는 방법

주짓수 수련 후 또는 세탁 후에 곤란한 것이 도복 정리다. 주짓수를 오랫동안 수련한 수련자도 도복 정리법을 정확히 모르는 경우가 많다. 대부분 나름의 정리, 보관법을 숙지하고 있지만, 여기서는 초보자도 쉽고 빠르게 정리할 수 있는 도복 정리법을 소개한다.

1. 도복 상의를 곧게 편다.

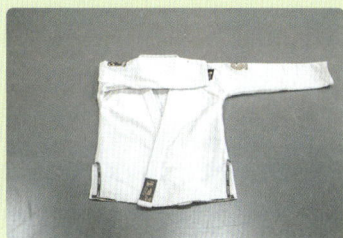

2. 도복의 오른쪽 팔 부위를 안쪽으로 접는다.

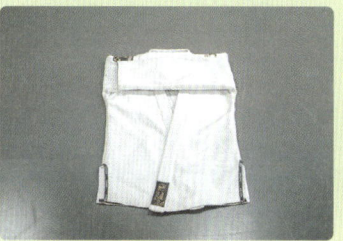

3. 도복의 왼쪽 팔 부위도 안쪽으로 접는다.

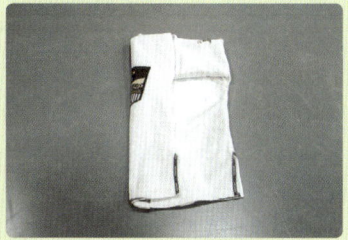

4. 눈가늠으로 3등분하여 한번 더 안쪽으로 접는다.

5. 왼쪽도 4번처럼 한번 더 안쪽으로 접는다.(10번으로)

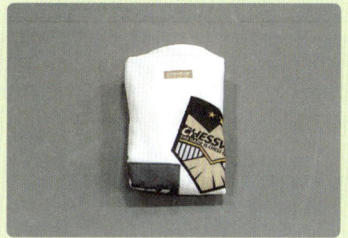

6. 윗아래 2등분하여 아랫부분을 위로 올려 반으로 접는다.(상의 완성)

7. 도복 하의를 곧게 편다.

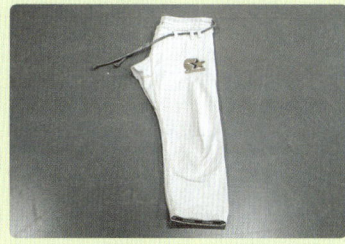

8. 도복 바지를 반으로 반듯하게 접어 포갠다.

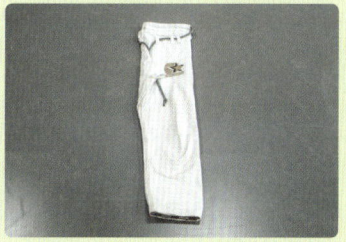

9. 튀어나온 부분을 접어서 일자모양으로 만든다.

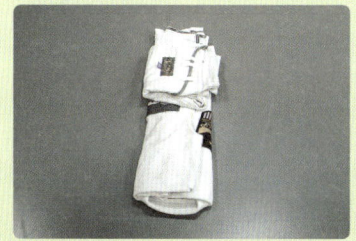

10. 5번 모양의 상의에서 9번의 하의를 반으로 접어 상의에 포갠다.

11. 상의 아랫부분을 위로 접어 뒤집어 놓으면 한벌이 깔끔하게 정리된다.

12. 도복끈으로 예쁘게 동여 매어 최종 완성한다.

PART 2

기초체력 및 주짓수 기본 움직임을 위한 드릴(Drill)

01 | 애니멀 워킹

인간이 두발로 걷기 시작하면서부터 동물에게는 없는 척추질환이 생겼다는 말이 있듯이 두발로 서고 걷기 위해 신체에 주어지는 부하는 상당하다.
옛 중국무술에서는 동물의 움직임 및 걸음걸이를 무술 수련의 일환으로 삼았는데 바닥에서의 움직임을 중시하는 주짓수로서는 동물의 걸음걸이를 이용한 훈련이 큰 도움이 된다. 최근에는 무술의 수련을 위해서가 아닌 건강과 체력 향상을 위해 애니멀 워킹만을 응용하여 운동을 하기도 한다.

새우걸음(Shrimp Drill)

몸을 바닥에서 45도 비스듬하게 누운 후 바깥쪽 다리의 발바닥으로 바닥을 지탱 후 상체를 접으면서 엉덩이를 앞으로 움직인다.

곰걸음(Bear Drill)

손과 발로 바닥을 짚고 걸어간다. 이때 무릎과 팔꿈치는 곧게 펴고 손바닥과 발바닥 또한 바닥에 밀착시키며 걸어간다.

악어걸음(Crocodile Drill)

팔꿈치와 무릎이 몸 바깥쪽으로 나가게 기어가며 손가락은 몸 안쪽을 향하게 한다. 최대한 낮게 움직인다.

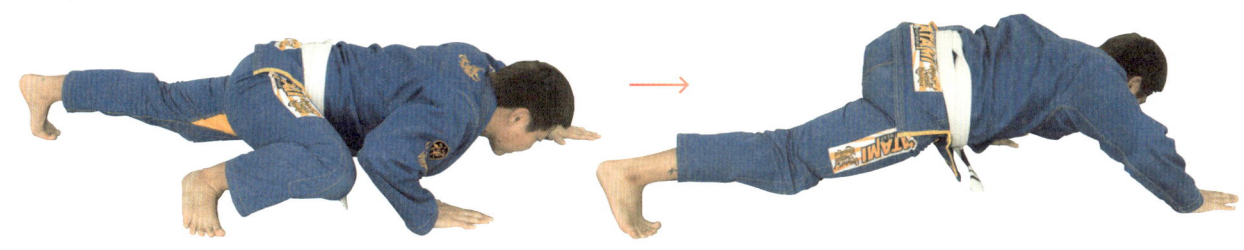

표범걸음(Leopard Drill)

팔꿈치와 무릎이 몸 바깥쪽으로 나가지 않게 기어간다. 바닥에 낮게 갈수록 좋으나 팔꿈치와 무릎은 바닥에 닿지 않는다.

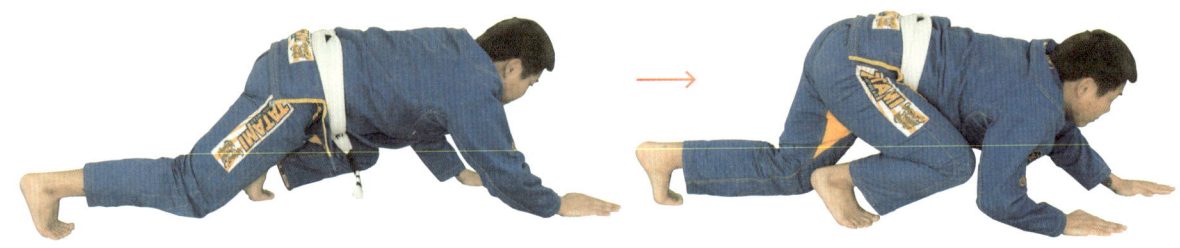

물개걸음(Seal Drill)

몸을 곧게 피고 바닥에 누운 후 팔꿈치를 몸에 붙이고 두손을 밀면서 앞으로 나간다.

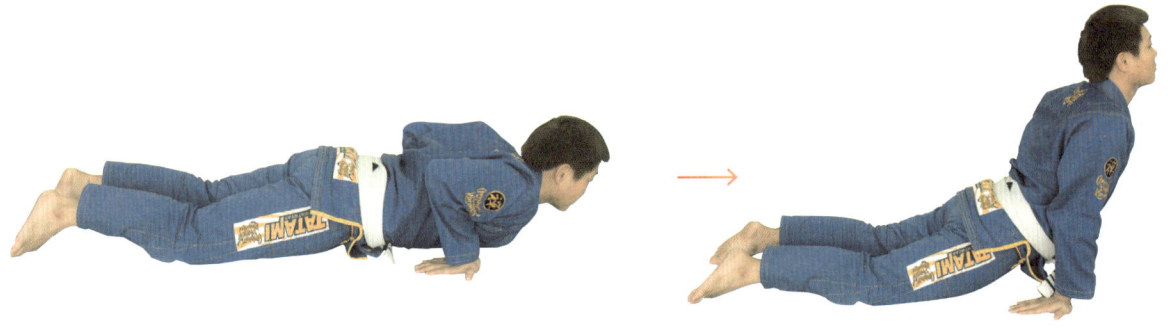

거미걸음(Spider Drill)

앞뒤로 방향을 바꿔주며 네발로 기어간다.

캥거루걸음(Kangaroo Drill)

머리에 손을 얹고 상체를 꼿꼿이 세우고 쪼그려 앉아 점프한다. 점프할 때 앞 발바닥으로 땅을 밀어주도록 한다.

개구리걸음(Frog Drill)

쪼그려 앉은 상태에서 앞으로 점프한다. 점프한 후 손바닥이 먼저 바닥에 닿고 발이 땅에 살며시 닿도록 한다.

닭걸음(Chicken Drill)

머리에 손을 얹고 상체를 꼿꼿이 세우고 쪼그려 앉아 걷는다. 무릎은 몸 밖으로 나가지 않게 나란하게 유지하며 가능한 몸을 낮춘다.

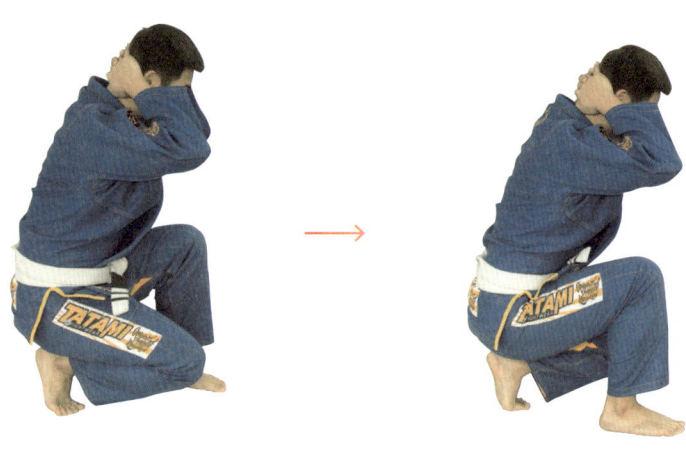

침팬지걸음(Chimpanzee Drill)

가상의 중앙선에 몸을 180도 비틀어 두 주먹을 중앙선에 나란히 닿게한 후에 두다리가 따라가는 동작을 반복한다.

고릴라걸음(Gorilla Drill)

주먹으로 바닥을 짚으며(손등이 앞을 향하게) 기어간다.

전갈걸음(Scorpion Drill)

엎드린 상태에서 한쪽 다리를 가능한 높게 올려주며 두 손을 동시에 움직이며 기어간다.

귀뚜라미걸음(Cricket Drill)

팔을 몸 옆에 붙인 채로 주먹으로 바닥을 짚고 발가락으로 바닥을 짚어 몸을 지탱한 후 주먹과 발가락으로 튕기면서 이동한다.

02 | 낙법(Break Fall)

낙법은 넘어질 때 몸을 보호하기 위한 기술로 배워두면 주짓수 수련뿐만 아니라 일상생활에서도 큰 도움이 된다. 특히 테이크다운 연습 전 낙법을 숙지하는 것은 필수사항이라 할 수 있다.

전방낙법

어깨 넓이로 발을 벌리고 서 있는 상태에서 두 손을 모은 상태로 양팔을 90도 각도로 벌린다. 이후 바닥으로 떨어지며 손과 팔꿈치로 바닥을 지지한다. 이때 얼굴은 옆으로 돌려 안면 부상을 방지한다. (초심자나 어린이의 경우 무릎을 바닥에 대고 전방낙법을 실시한다.)

측방낙법

무릎을 꿇고 앉아 누울 방향의 손은 가슴에 대고 다른 쪽 손은 벨트를 잡는다. 이후 누울 방향의 다리를 몸 안쪽으로 뻗으며 자신의 중심을 무너뜨리면서 눕는다. 이때 머리는 들고 누운 방향 쪽 팔은 겨드랑이와 45도 각도로 바닥을 치며 충격을 완화한다.

후방낙법

무릎을 꿇고 두 손으로 가슴을 감싼 후 뒤로 눕는다. 이때 머리는 들고 양팔은 겨드랑이와 45도 각도로 바닥을 치며 충격을 완화한다.

전방회전낙법

어깨 넓이로 발을 벌리고 서 있는 상태에서 한 쪽 다리를 앞으로 내밀고 같은 쪽 팔은 최대한 몸 쪽으로 넣는다. 다른 쪽 팔은 바닥을 짚으며 머리는 몸 쪽으로 최대한 숙인다. 이후 몸 쪽으로 집어넣은 팔 쪽 어깨를 이용하여 앞으로 구른다. 구른 후 머리는 들고 누운 방향쪽 팔은 겨드랑이와 45도 각도로 바닥을 치며 충격을 완화한다.

> **Point!**
> 낙법 연습시 다소 자세가 불안정하고 틀리더라도 머리가 땅에 닿아 충격을 받는 것을 방지하는데 최우선 목표로 삼는다.

03 | 스프롤(Sprawl)

스프롤은 상대가 허리 혹은 하체를 잡고 넘어뜨리려 할 때 두 다리를 뒤로 뻗으며 방어하는 자세의 일환으로 테이크다운 방어를 위해서는 필수적인 드릴이다.

정면 스프롤

상대가 자신의 양쪽 다리를 잡으려 한다고 상상하며 두 다리를 최대한 뒤로 빼면서 하체를 바닥에 밀착시킨다.

좌 · 우측 스프롤

상대가 자신의 왼쪽 또는 오른쪽 다리 하나를 잡는다는 상상을 하며 잡히려는 다리를 최대한 반대쪽으로 빼면서 하체를 바닥에 밀착시킨다.

> **Point!**
> 시합에서는 상대가 테이크다운을 시도할 때 전력을 다해 넘어뜨리려 하기 때문에 단순히 다리를 뒤로 혹은 좌/우로 빼기만 하면 안되고 몸을 뒤로 날리면서 스프롤을 해준다.

04 브릿지(Bridge)

브릿지는 몸통 전체의 힘을 사용하는 주짓수에서 기본적인 동작으로 수많은 기술에서 사용되기에 항상 수련해야 한다.

숄더 브릿지 I (Shoulder Bridge)

양다리를 접고 바닥에 누운 후 엉덩이를 들면서 좌·우측 어깨 너머로 팔을 뻗는다.

숄더 브릿지 Ⅱ (Shoulder Bridge, Side to Side)

양다리를 접고 바닥에 누운 후 엉덩이를 들면서 좌측 어깨 너머로 오른팔을 뻗는다. 이후에 왼쪽 발을 오른쪽으로 뻗으며 거북이 자세로 움직인다.

거북이 자세에서 오른쪽 다리를 앞으로 세운다. 왼쪽 다리를 앞으로 내밀고 상체를 뒤로 누우며 엉덩이가 바닥에 닿게 누운다. 이때 머리는 최대한 왼쪽으로 눕히며 회전한다.

렉 브릿지(Leg Bridge)

4점 포지션 자세(두 손과 두 발로 매트 위를 딛고 버티는 자세)에서 오른쪽 다리를 왼쪽 앞으로 왼쪽 다리를 오른쪽 앞으로 반복하여 내민다.

05 | 앞 · 뒤 구르기(Forward/Backward Rolling)

주짓수에서 앞·뒤 구르기는 여러 상황에서 자주 쓰이는 동작으로 꼭 숙달되게 익히는 것이 중요하다. 특히 주짓수 앞·뒤 구르기는 머리를 이용하지 않고 어깨를 이용하여 구르는 점을 명심하자.

플랫 롤 드릴(Flat Roll Drill)

배를 바닥에 대고 누운 후 상체를 접으면서 앞·뒤로 구른다. 상체를 접을 때 어깨를 이용한다.

06 | 인버티드 드릴(Inverted Drill)

주짓수에서는 등과 어깨를 바닥에 대고 두발을 머리 뒤로 넘기는 인버티드(Inverted) 자세가 많이 사용된다. 특히 중·고급 기술일수록 인버티드 자세를 사용하기에 주짓수을 수련하는 경우 필수로 연습을 해야 하는 드릴이다. 유연하지 않은 경우 목과 허리에 많은 부담이 갈 수 있으므로 충분한 스트레칭과 단계별 충분한 연습이 필요하다.

인버티드 드릴(Inverted Drill) Ⅰ

머리를 몸 안으로 숙인 상태에서 팔을 몸 안으로 넣으며 어깨만을 이용하여 몸을 좌우로 움직인다. 이때 등이 바닥에 닿으면 안 되며 처음에는 좌우로 번갈아 움직이고 숙련될 경우 한 쪽 방향으로 계속 움직여준다.

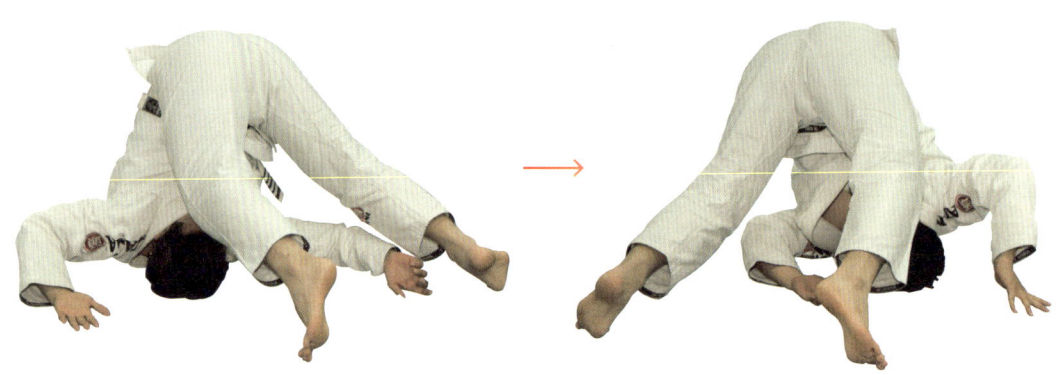

인버티드 드릴(Inverted Drill) Ⅱ

다리를 곧게 뻗고 팔은 뒷짐을 진 상태로 상체를 다리로 최대한 숙인 후 옆으로 몸을 굴려 이동한다. 이때 어깨만 바닥에 닿아야 하며 옆으로 몸을 굴려 처음 상태로 가기 전까지 상체를 펴거나 다리를 굽히면 안 된다.

인버티드 드릴(Inverted Drill) Ⅲ

엉덩이를 바닥에 대고 누워서 바닥과 45도 각도로 누운 다음 위쪽 다리를 몸 안으로 이동한 후 상체를 다리 쪽으로 접으며 어깨를 이용하여 옆으로 돌아간다. 이러한 동작은 가드 포지션에서 상대의 가드패스를 방어하며 가드를 복구하는 방어동작으로 유용하다.

인버티드 드릴(Inverted Drill) Ⅳ

엉덩이를 바닥에 대고 누워서 바닥과 45도 각도로 누운 다음 위쪽 다리를 몸 안으로 이동한 후 상체를 다리 쪽으로 접으며 어깨를 이용하여 옆으로 반쯤 돌다가 일어나며 앉는다.

07 | 가드 패스 드릴(Guard Pass Drill)

스탠딩 상태에서 상대를 넘어뜨린 후 혹은 가드 플레이를 펼치는 상대로부터 유리한 포지션을 확보하기 위해서는 가드 패스 기술이 필요하다. 이러한 가드 패스 기술을 원활히 사용하기 위하여 기본적인 가드 패스 드릴을 연습하면 도움이 된다.

가드 패스 드릴(Guard Pass Drill)

누워 있는 상대 무릎을 두 손으로 잡고 다리를 밀치면서 패스하려는 방향 반대쪽 발이 상대 골반 옆으로 이동한 후 다른 쪽 발이 상대 겨드랑이로 이동한다. 드릴을 원활히 하기 위하여 양발은 어깨보다 더 넓게 벌려준다.

고릴라 패스 드릴(Gorilla Pass Drill)

누워 있는 상대 오른쪽에서 왼쪽 무릎을 오른손으로 잡고 왼손은 바닥을 짚으며 상대의 왼쪽으로 이동한다. 같은 동작을 왼쪽 오른쪽 번갈아 가며 실시한다.

렉 드래그 드릴(Leg Drag Drill)

상대의 두 발을 자신의 골반에 올린 후 엉덩이를 앞으로 밀면서 상대방의 한쪽 다리를 들어옆으로 당긴다. 이 동작을 좌우로 번갈아 진행한다.

롱 스텝 드릴(Long Step Drill)

양손으로 상대 양 무릎을 잡고 상대의 오른쪽으로 두다리를 누르면서 이동 후에 왼손으로 상대 오른쪽 목깃을 잡는다. 그리고 몸을 오른쪽으로 더 이동하면서 오른쪽 다리를 스위치하면서 패스한다.

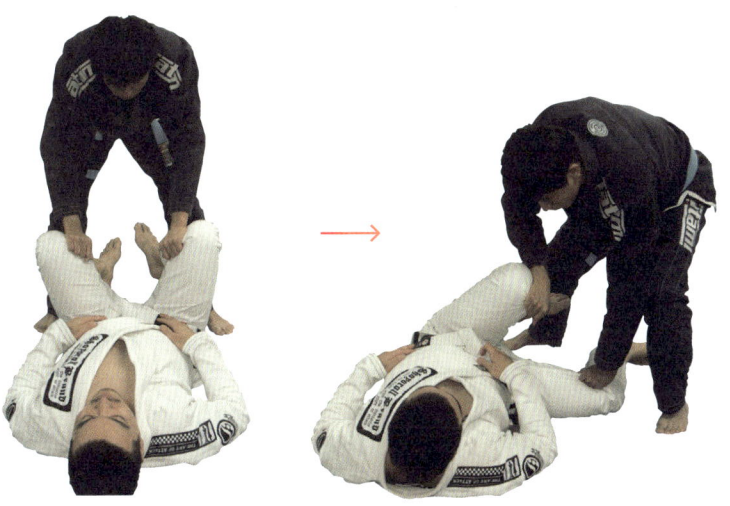

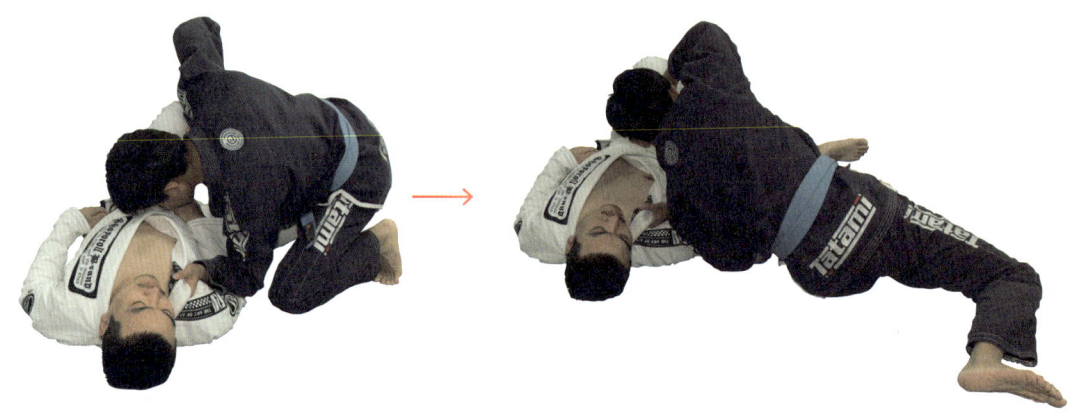

> **Point!**
> 가드 패스 드릴 특징상 힘을 주며 빠르게 움직일 경우 드릴을 받아주는 상대방이 부상당할 우려가 있다. 가드 패스 드릴을 연습할 때는 동작이 부드럽게 막힘 없이 움직이는 데 중점을 두는 것이 바람직하다.

08 | 그밖의 드릴

더블 렉 테이크다운 드릴(Double Leg TakeDown Drill)

스탠딩 자세로 서 있다가 한 발을 내디딘 후 무릎을 바닥에 닿게 꿇는다. 이후 다음 다리가 따라온 후 스쿼트 자세로 선다.

스프롤 방어 드릴(Sprawl Defense Drill)

팔꿈치와 무릎을 땅에 대고 있다가 한쪽 다리를 안쪽 대각선 방향으로 뻗으며 허리를 편다. 이후 다른 쪽 다리가 따라 돌며 시작자세로 돌아간다.

싯팅 힙 이스케이프(Sitting Hip Escape)

앉은 상태에서 한쪽 손을 바닥에 대고 반대쪽 무릎을 세우고 엉덩이를 들면서 뒤로 움직인다. 이 동작을 왼쪽 오른쪽 번갈아 실시한다.

힙 이스케이프(Hip Escape Tuning)

누운 상태에서 새우걸음으로 움직이다 다리를 뒤로 빼면서 한 번에 거북이 자세로 이동한다.

삼각조르기 드릴(Triangle Set Up Drill)

누운 상태에서 바닥에 어깨만 닿을 때까지 다리를 들어올린 후 피겨-4(Figure-4)자세로 다리를 얽어매는 동작을 반복한다.

S 마운트 드릴(S Mount Drill)

앉은 상태에서 한 쪽 다리를 바닥에 닿게 앞으로 굽혀 내밀며 다른 쪽 다리는 뒤로 바닥에 닿게 하면서 S자 형태를 만든다. 이후 앞·뒷다리를 번갈아 움직이며 자세를 바꾼다.

렉 오버 드릴(Leg Over Drill)

팔꿈치와 무릎을 땅에 대고 있다가 한 쪽 다리를 반대쪽 바깥 방향으로 뻗으며 자세를 스위치해준다.

힙 드라이브 드릴(Hip Drive Drill)

바닥에 등을 대고 누운 후 몸을 일으켜 앉은 앞쪽 무릎이 바닥에 닿을 때까지 허리를 세워주며 몸을 밀어준다. 이와 같은 동작은 싱대를 스윕하는 움직임 등에 도움이 된다.

로프 풀 힙 롤 드릴(Rope Pull Hip Roll Drill)

엉덩이를 바닥에 대고 앉은 후 로프를 잡은 듯 상상하고 잡아당기면서 엉덩이를 움직여 앞으로 움직인다.

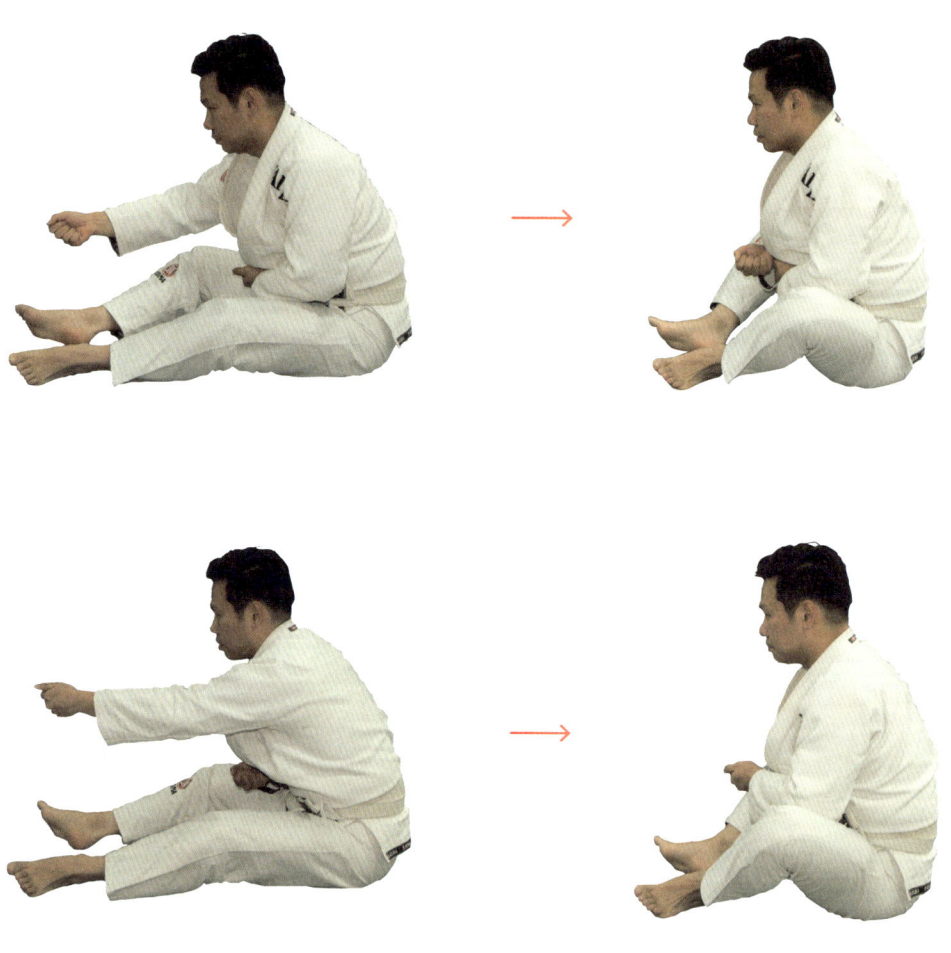

Point!
책에서 소개된 드릴 외에 주짓수 수련에 도움이 되는 드릴이 많으므로 본인이 수련하고 있는 체육관 지도자에게 지도를 받거나 유명 선수의 드릴 동영상 등을 찾아 보면서 연습하기를 추천한다.

푸시 힙 롤 드릴(Push Hip Roll Drill)

엉덩이를 바닥에 대고 앉은 후 상대를 미는 듯 상상하면서 엉덩이를 움직여 뒤로 움직인다.

도복 원단 알아두기 -1

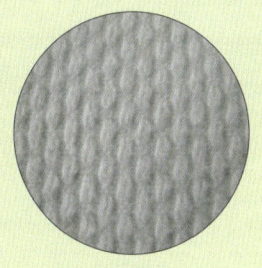

■ **싱글 위브**(Single Weave)

일단 베이스가 되는 평직 원단이 한겹(Single)이며, 내구성을 위해 굵은 실로 엮어진 원단(Weave)이다. 매우 부드러우며 다(多)겹원단에 비해 가볍고, 빠르게 건조되는 장점이 있다. 반면 원단의 촘촘함은 떨어져서 단단하지 못한 느낌을 주는 단점이 있다. 연습용 (유)도복 및 입문용 주짓수 도복 등에 많이 사용된다.

- **장점** : 부드럽고 가볍다.   • **단점** : 낮은 조밀도로 내구성이 낮다.

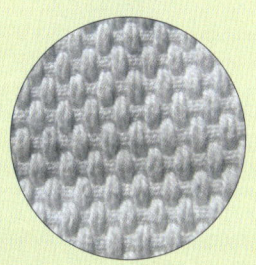

■ **더블 위브**(Double Weave)

싱글 위브와 다르게 베이스가 되는 평직 원단이 두겹이며, 굵은 실로 엮어진 원단이다. 매우 견고하며 튼튼하다. 도복을 잡고 있을 경우 그립 유지가 어려울 정도로 튼튼하나 상대적으로 무거운 편이며, 땀 배출이 용이하지 않아 운동 후에 더욱 무거워진다. 선수형 유도복 혹은 단단한 컨셉의 주짓수 도복에 사용된다. 유도의 경우 도복을 입지 않고 계체를 할 수 있어 두껍고 무거운 도복을 선호하는 경향이 있으나 주짓수의 경우 도복을 입고 계체한다는 점에서 가벼운 도복을 선호하는 차이가 있다.

- **장점** : 튼튼하다.   • **단점** : 무겁고 잘 안 마른다. 원단 가격이 비싸다.

PART
3

주짓수 기술체계

01 포지션(Position)

주짓수에서 나올 수 있는 포지션은 스탠딩-스탠딩, 스탠딩(탑)-가드, 가드-가드 세 가지 상황이 있다.

스탠딩-스탠딩(Standing vs Standing)

서로 서서 상대를 넘기기(테이크 다운) 위해 공방을 벌이는 자세이다.

스탠딩(탑)-가드(Standing or Top vs Guard)

엉덩이나 등을 바닥에 대고 하위 포지션(가드)에 있는 사람이 서 있는 상대방과 공방을 벌이는 자세이다.

가드-가드(Guard vs Guard)

둘이 동시에 엉덩이나 등을 바닥에 대고 서로 상대방의 백 마운트 포지션이나 풀 마운트 포지션을 잡기 위해 공방을 벌이는 자세이다.

02 | 그라운드-포지션(Ground Position)

처음 주짓수를 접했을 때는 화려한 암바 혹은 조르기에 매혹될 수 있으나 주짓수를 수련할수록 '그라운드 포지션' 싸움의 격렬함이 주는 매력에 빠지게 된다. 상대방을 그라운드로 끌어들인 후 '유리한 포지션을 확보하는 것이 주짓수의 모든 것'이라 할 수 있을 정도로 주짓수에서 자신에게 유리한 그라운드 포지션을 확보하는 것은 매우 중요하다.

스파링이나 스포츠 시합 상황이 아닌 호신의 상황이 발생할 경우에도 상대방에게 상해를 입히지 않고 안전하게 제압할 수 있는 방법이다.

뒤에 소개할 리커버리 & 이스케이프 기술은 자신이 불리한 그라운드 포지션에 취했을 때 이를 탈출하는 방법이며, 스윕과 가드패스 기술은 자신에게 유리한 그라운드 포지션을 만들기 위한 방법으로 모두 포지션과 연관된 기술이다.

특히 스포츠 대회에서 점수를 획득할 수 있는 그라운드 포지션을 '마운트'라 하는데, 사이드 마운트, 노스 사우스, 니온 더 벨리, 풀 마운트, 백 마운트가 여기에 속한다.

그럼 각각의 마운트 자세에 대해 알아보자.

사이드 마운트(Side Mount or Side Control)

대회에서 마운트 포지션을 확보했을 때는 점수(풀 마운트 4점, 백 마운트 4점)를 획득하나 사이드 마운트는 포지션을 확보했다 하더라도 반드시 점수를 얻지는 못한다.

상대로부터 사이드 마운트 포지션에 대한 점수(3점)를 확보하기 위해서는 상대의 가드를 패스하여 사이드 마운트 혹은 노스 사우스 자세를 취한 후 3초간 굳혀야만 점수를 얻을 수 있으며 가드 패스를 동반하지 않은 사이드 마운트 혹은 노스 사우스 자세는 점수를 얻지 못한다. 예를 들어 상대를 스탠딩에서 테이크다운시킨 후 바로 사이드 마운트 자세를 확보한 경우 테이크다운 점수 2점은 인정받으나 사이드 마운트에 대한 점수는 인정받지 못한다.

위와 같은 이유로 사이드 마운트를 사이드 컨트롤로 부르는 것이 더 정확한 표현이라 할 수 있으나 이 책에서는 기존 표현과 같이 사이드 마운트로 총칭해서 표현하기로 한다.

사이드 마운트 자세

사이드 마운트(Side Mount) 자세　　　　　　**크루서픽스**(Crucifix) 자세

암언더(Arm Under) 자세

포어암 브레이스-암캐치(Forearm Brace-Arm Catch) 자세

포어암 브레이스-암언더(Forearm Brace-Arm Under) 자세

포어암 브레이스(Forearm Brace) 자세

기-랩핑(Gi-Wrapping) 자세

프레이어(Prayer) 자세

펌믈드-암캐치(Pummeled-Arm Catch) 자세

펌믈드-암언더(Pummeled-Arm Under) 자세

힙 스위치(Hip Switch) 자세

스카프 홀드(Scarf Hold) 자세

사이드 테크니컬(Side Technical) 자세

트위스터-오버암(Twister-Over Arm) 자세

트위스터-언더암(Twister-Under Arm) 자세

노스 사우스(North South)

사이드 마운트의 일환으로 누워 있는 상대의 하체 쪽으로 자신의 상체를 향하게 하고 누르고 있는 포지션이다.

상대 몸 옆쪽을 누르다 상대방이 탈출을 시도할 때 계속해서 사이드 컨트롤을 하기 위해 많이 전환되는 포지션으로 서브 미션 혹은 백마운트 자세로 연결이 용이하다.

노스 사우스 자세

더블 오버(Double Over) 자세

더블 언더(Double Under) 자세

엘보우 프레임(Elbow Frame) 자세

오버 언더(Over Under) 자세

필로우 스카프 홀드(Pillow Scarf Hold) 자세 　　리버스 스카프 홀드(Reverse Scarf Hold) 자세

니온 더 벨리(Knee on The Belly)

상대의 복부에 한쪽 다리를 얹고 제압하는 자세로 대회에서는 3초간 자세를 유지할 경우 2점, 자세를 3초간 유지하지 못하였거나 자세가 불안정하게 시도된 경우 어드벤테이지 1 이 부여된다.
시합에서 상대방과 현격한 실력 차가 발생하지 않을 경우 상대방의 탈출이 용이하기에 자주 발생하는 포지션은 아니다.

니온 더 벨리 자세

니온 더 벨리(Knee on The Belly) 자세　　리버스 니온 더 벨리(Reverse Knee on The Belly) 자세

PART 3 주짓수 기술체계

대회 출전시 알아두면 좋은 팁!

상체를 숙이더라도 대회에서 포인트 획득 가능!

뒷다리 무릎이 바닥에 닿은 채 누르면 대회에서는 어드벤티지만 인정!

몸 방향이 상대 다리를 향하는 리버스 니온 더 벨리 경우 포인트 얻지 못함!

풀 마운트(Full or Front Mount)

상대의 몸통 위에 올라타고 있는 상태로 풀 마운트 혹은 프론트 마운트라고도 하며 상대를 완벽히 제압한 상태로서 자신에게 유리한 포지션으로 대회에서는 3초간 상대방의 움직임을 봉쇄하고 바닥에 누르고 있을 경우 4점의 점수를 얻는다. 풀 마운트를 잡은 경우 무게중심을 낮추어 상대방이 탈출하지 못하도록 하기 위해 상체를 낮추는 것이 용이하며 다양한 조르기 및 관절기 시도가 가능하다. 호신술 측면에서 시비가 붙은 상대방을 제압할 때 가장 선호하는 포지션이기도 하다.

풀 마운트 자세

기본 풀 마운트 자세

풋업(Foot Up) 자세

하이-원사이드(High-One Side) 자세

하이 마운트(High Mount) 자세

로우 마운트(Low Mount) 자세

몽키(Monkey) 자세

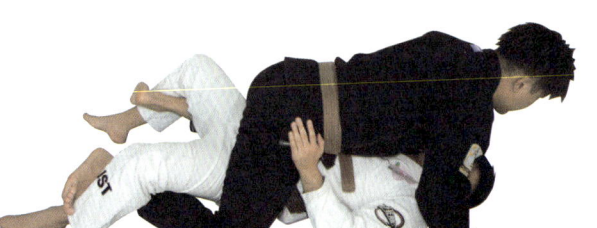

리버스(Reverse) 자세

S 마운트(S Mount) 자세

싯 아웃(Sit Out) 자세

테크니컬(Technical) 자세

대회 출전시 알아두면 좋은 팁!

상대의 팔 밑 겨드랑이 밑으로 상체를 제압하는 경우 대회에서 포인트 획득 가능!

상대의 움직임을 제압하기 위해 발이 바닥에 닿지 않더라도 대회에서 포인트 획득 가능!

상대의 한 쪽 팔이 자신의 다리 밑에 있어도 대회에서 포인트 획득 가능!

자신의 한 쪽 다리를 세우고 있어도 대회에서 포인트 획득 가능!

상대가 방어를 위해 몸을 굴려 옆으로 누워도
대회에서 포인트 획득 가능!

상대의 양팔이 자신의 다리 밑에 있을 경우 대회에서
어드벤티지만 획득 가능!

상대와 반대의 방향으로 상체를 제압한 경우 어드벤티지 및 포인트 없음

백 마운트(Back Mount)

상대의 등에 매달려 있는 자세로 상대의 등을 완벽하게 제압한 상태로서 자신에게 유리한 포지션으로 대회에서는 3초간 상대의 등을 잡고 있을 경우 4점의 점수를 얻는다.

백 마운트 자세의 경우 무제한급 경기에서 경량급 선수들이 중량급 선수들을 상대할 때 가장 선호하는 자세로 상대에게 사이드 마운트나 풀 마운트를 확보할 경우 중량급 선수들이 탈출을 위해 사용하는 강한 힘을 직접 받기 때문에 유지가 어려운 경우가 많으나 백 마운트는 상대적으로 그러한 힘을 덜 받기 때문이다.

백 마운트 자세

기본 백 마운트 자세　　　　　　　**바디 락**(Body Lock) **자세**

니 라이드(Knee Ride) **자세**

블랭크(Blank) 자세

터틀 백(Turtle Back) 자세

싱글렉 락(Single Leg Lock) 자세

도복 세탁법과 유의사항

■ 세탁법
도복은 가능하면 뒤집어서 찬물에 단독세탁하여야 한다. 가슴 깃이 고무로 제작된 경우가 많기 때문에 삶거나 드라이크리닝은 절대금지입니다. 액체용 세제와 섬유유연제 사용을 적극 추천하며 가루세제 이용 시 가루세제를 물에 먼저 풀은 후 사용하면 도복 원단수명에 매우 좋다.

■ 유의사항
도복의 원단과 브랜드, 세탁기, 체육관매트의 종류와 관리 상태에 따라 초기세탁 후 도복의 보풀이 일어날 수 있으며, 세탁방법만 잘 관리해도 이 부분은 손쉽게 해결된다.

대회 출전시 알아두면 좋은 팁!

상대의 겨드랑이를 최소한 한쪽이라도 팔로 잡고 두 발이 상대 허벅지 안 쪽으로 들어가면 포인트 획득 가능!

상대의 한 쪽 팔을 다리로 끼고 허벅지 안 쪽에 발을 넣는 경우도 포인트 획득 가능!

발을 꼬아서 백포지션을 잡고 있는 경우 어드벤티지만 획득 가능!

바디락으로 백포지션을 잡고 있는 경우 어드벤티지만 획득 가능!

백마운트를 잡힐 경우

백 마운트 자세 시에 상대 체중을 적게 받는 자세(상대가 엎드린 자세 사진)

백 마운트 자세 시에 상대의 체중을 많이 받는 자세(상대가 뒤로 누르고 있는 자세 사진)

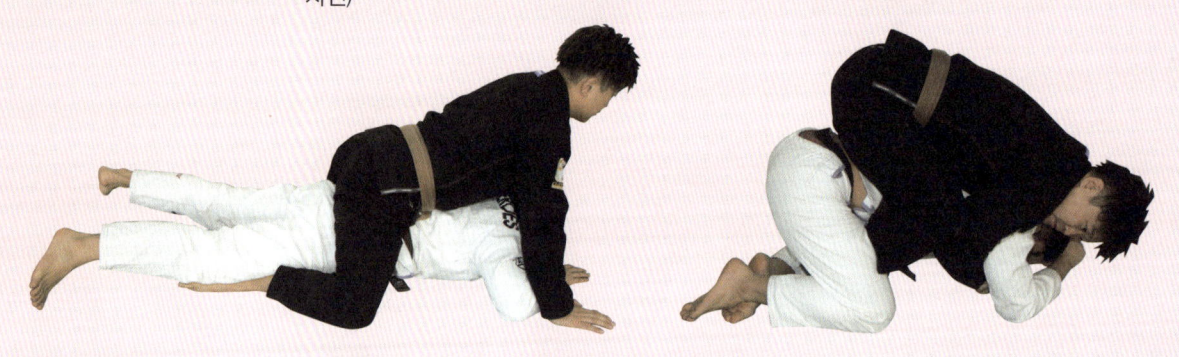

그밖의 중립(Intermediate) 상태의 포지션

그라운드 공방 중 누구에게도 유리하거나 불리하지 않은 자세가 자주 발생한다. 이에 대해 알아보자.

베림보로(Berimbolo) 중간 자세

도그파이트(Dog Fight) 자세

레그 드레그(Leg Drag) 중간 자세

하이 로우 가드(High Low Guard) 자세

50-50(Fifty-Fifty) 중간 자세

니 파이팅(Knee Fighting) 자세

04 가드(Guard)

주짓수 기술의 핵심으로 자신보다 크고 강한 상대를 안전하게 바닥으로 유도한 다음 스윕 혹은 서브미션으로 상대를 제압하기 위한 준비단계라 할 수 있다. 가드는 곧잘 '악어가 상대를 물로 끌어들이는 것에'와 비유되는데 지상에서 크고 강한 동물이라도 악어가 상대를 물로 끌어들이는 순간 입에 물고 물속에서 빙글빙글 돌면서 먹이감을 사냥하는 것처럼 주짓수에 대해 지식이 전무한 상대라면 가드 플레이에 큰 곤란을 겪게 된다.

클로즈드 가드(Closed Guard)

자신의 등을 바닥에 붙이고 상대의 몸을 자신의 두다리로 얽어매는 가드로 주짓수 가드 중 가장 기본이 되는 가드. 가장 기본이 되는 가드라서 주짓수 숙련자들은 잘 사용치 않게 되나 상대방의 공격을 거의 완벽하게 차단할 수 있어 위기 상황에서는 탈출을 위해 클로즈 가드를 잡아야 하는 상황이 자주 발생하기 때문에 반드시 연습해

야 하는 가드로서 호신술 혹은 올드 스쿨 주짓수에서는 가장 중요하게 생각하는 가드이다.

클로즈드 가드 자세

암핏 클린치(Armfit Clinch)

벨트 클린치(Belt Clinch)

벨트 클린치 크로스 바디(Belt Clinch-Cross Body)

더블 언더훅(Double Underhooks)

허그(Hug)

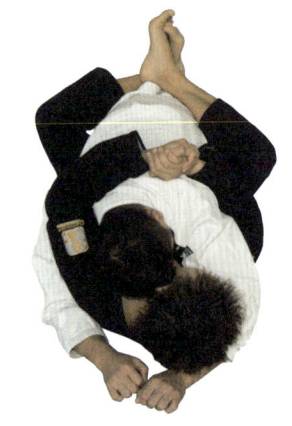

넥 클린치(Neck Clinch)

오버훅(Overhook)

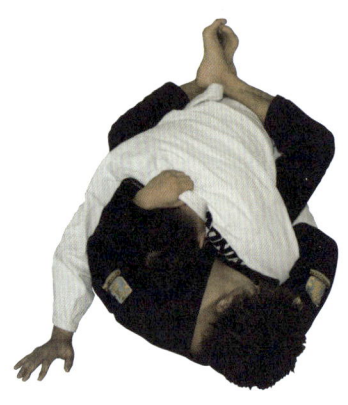

언더훅 클린치(Underhook Clinch)

크로스 칼라(Cross Collar)

세임 사이드 칼라(Same Side Collar)

슬리브 & 칼라 가드(Sleeve & Collar Guard)

상대의 도복 소매와 목깃을 잡고 발이나 무릎으로 상대의 골반이나 오금에 붙이는 가드로서 상대의 상체를 지속적으로 당겨주며 다리나 무릎으로 상대의 골반이나 오금을 밀어주거나 걸어주어 스윕을 시도하는 것을 목표로 한다.

슬리브 & 칼라 가드 자세

크로스 슬리브(Cross Sleeve)

시서(Scissor)

슬리브 & 크로스 칼라(Sleeve & Cross Collar)

슬리브 & 세임 사이드 칼라 (Sleeve & Same Side Collar)

하프 가드(Half Guard)

하프 가드는 상대의 한쪽 다리를 자신의 양쪽 다리로 묶는 것을 기본으로 하며 다른 가드로 전환을 위해서 중간단계(Transaction)에서 자주 나오는 가드이나 하프 가드 자체로도 적극적으로 스윕 혹은 서브미션을 노리는 경우도 많다.

하프 가드는 초창기 주짓수에서는 불리한 포지션으로 인식되어 빨리 벗어나야 하는 포지션이었으나 스포츠 주짓수에서 하프 가드 기술들이 각광을 받으며 많은 변형 하프 가드들이 개발되었다.

특히 딥 하프 가드는 상대의 다리 하나에 자신의 두 다리와 팔로 감싸안는 형태의 가드로서 하프 가드 기술에서 따로 분류될 정도로 자주 사용되는 기술이다.

하프 가드 자세
암 프레임(Arm Frame)

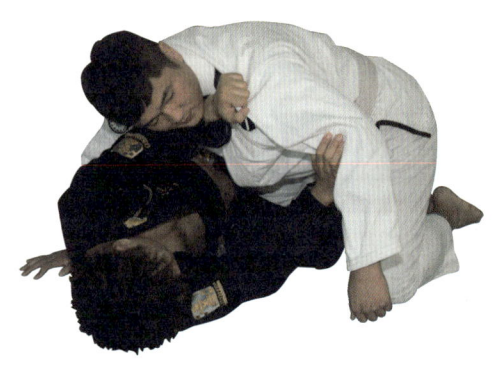

버터플라이(Butterfly)

딥 버터플라이(Deep Butterfly)

딥 하프가드(Deep Halfguard)

딥 하프가드-레그 리버스(Deep Halfguard-Leg Reverse)

딥 하프가드-리버스 버터플라이(Deep Halfguard-Reverse Butterfly)

딥 하프가드-웨이터(Deep Halfguard-Waiter)

니 실드(Knee Shield)

니 실드-버터플라이 스파이더(Knee Shield-Butterfly Spider)

니 실드-풋 클램프(Knee Shield-Foot Clamp)

니 실드-오버훅(Knee Shield-Overhook)

라소(Lasso)

락다운(Lockdown)

옥토퍼스(Octopus)   리버스 옥토퍼스(Reverse Octopus)

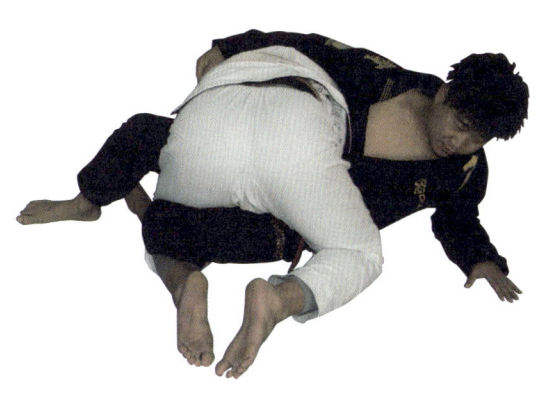

스파이더 가드(Spider Guard)

상대 도복 양 소매를 잡고 상대의 어깨, 팔꿈치, 골반을 다리로 밀어 스윕 혹은 서브미션을 시도하는 가드. 스파이더 가드에서 다양한 기술로의 전환이 용이하여 모던 주짓수에서 각광받는 가드 중 하나이다. 다만 노기에서는 활용하기 어려운 단점이 있다.

스파이더 가드 자세
버터플라이(Butterfly)

칼라 그립(Collar Grip)   딥(Deep)

더블 바이셉(Double Bicep)   핏 온 힙(Feet On Hips)

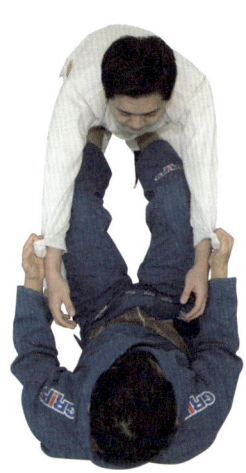

라소(Lasso)

싱글 바이셉(Single Bicep)   스파이더 X(Spider X)

데라히바 가드(De La Riva Guard)

브라질의 히카르도 데라히바가 사용하여 유명해진 기술로 기무라와 같이 사용한 사람의 이름이 붙여진 시그니처 테크닉(Signature Technic)으로 상대방의 다리 하나를 자신의 다리로 바깥 쪽에서 안 쪽으로 얽어맨 후 같은 쪽 손으로 상대의 발목을 잡아 상대의 다리 움직임을 봉쇄하는 기술이다.

데라히바 가드의 장점은 상대의 한 쪽 다리에 완벽하게 매달려 자신의 전체 힘으로 상대의 한 쪽 다리를 완벽하게 제압하며 상대의 밸런스를 흔들어 자신보다 강한 힘을 가진 사람을 제압할 수 있어 스파이더 가드와 더불어 모던 주짓수 가드의 양대 산맥이라 할 수 있다.

데라히바 가드 자세

벨트(Belt)

크로스 칼라(Cross Collar)

크로스 슬리브(Cross Sleeve)

더블 슬리브(Double Sleeve)

파 슬리브(Far Sleeve)

파 슬리브 & 칼라(Far Sleeve&Collar)

라펠(Lapel)

라쏘(Lasso)

노 그립즈(No Grips)

세임 사이드 칼라(Same Side Collar)

스파이더(Spider)

맨티스(Mantis)

리버스 데라히바 가드(Reverse De La Riva Guard)

리버스 데라히바 가드는 데라히바 가드와 반대로 상대 다리의 안쪽에서 바깥쪽으로 얽어 맨 후 같은쪽 손으로 상대 발목을 잡는 기술로 상대의 다리 안쪽으로 파고드는 것을 특기로 한다. 기뿐만 아니라 노기에서도 효과적으로 사용된다.

리버스 데라히바 가드 자세

풋 온 힙(Foot On Hip)

풋 온 숄더(Foot On Shoulder)

인버팅(Inverting)

니 실드(Knee Shield)

라소(Lasso)

렉 아웃(Leg Out)

아웃사이드 앵클 그립(Outside Ankle Grip)

스파이더(Spider)

버터플라이 가드(Butterfly Guard)

상대의 양 다리 다리에 자신의 발을 끼우는 가드로 강한 압박에도 유용하게 대처하는 가드이다. 그뿐만 아니라 노기에서도 효과적으로 사용되며 하프가드, X가드와도 호환이 잘 되는 가드이다. 버터플라이 가드 특성상 상대의 상체를 제압하면서 등을 바닥에 붙이지 않고 움직이는 것이 중요하다.

버터플라이 가드 자세

암 드래그(Arm Drag)

벨트 그립(Belt Grip)

크로스 칼라(Cross Collar)

크로스 슬리브 드래그(Cross Sleeve Drag)

더블 언더훅(Double Underhooks)

플랫튼(Flattened)

허그(Hug)

넥 클린치(Neck Clinch)

오버훅-벨트 그립(Overhook-Belt Grip)

언더훅(Underhook)

X가드(X Guard)

파비오 구젤에 의해 개발되고 마르셀로 가르시아라는 전설적인 주짓수 선수가 사용하여 유명해진 X가드는 상대 무릎 오금에 자신의 한 쪽 발목을 걸고 다른 쪽 발목을 상대 골반에 건 후 다른 쪽 다리를 팔을 이용해 어깨 위로 감싸는 형태이다. 상대와 체격차가 크더라도 사용하기 용이하고 기와 노기 모두 효과적으로 사용할 수 있는 기술이다.

X가드를 창시한 파비오 구젤은 자동차 수리를 위해 정비소에 들렀을 때 유압펌프로 자동차를 들어올리는 모습을 보고 영감을 얻었다는 일설이 있다.

X가드 자세

노말(Normal)  오버훅(Overhook)

싱글렉 X가드(Single Leg X Guard)

싯업 가드(Sit-up Guard)

엉덩이를 바닥에 붙인 상태로 앉아 상대 다리나 팔 목깃 등을 잡는 가드. 등이 바닥에 닿지 않은 가드로서 상대방을 붙잡고 일어나면서 스윕시키는 기술에 적합한 가드이다. 특히 버터플라이 가드나 X가드와 컴비네이션으로 사용되면 효과가 좋은 가드이다.

싯업 가드 자세

바깥쪽 다리로 상대 다리를 얽은 상태에서 **벨트 or 라펠**(Belt or Lapel)

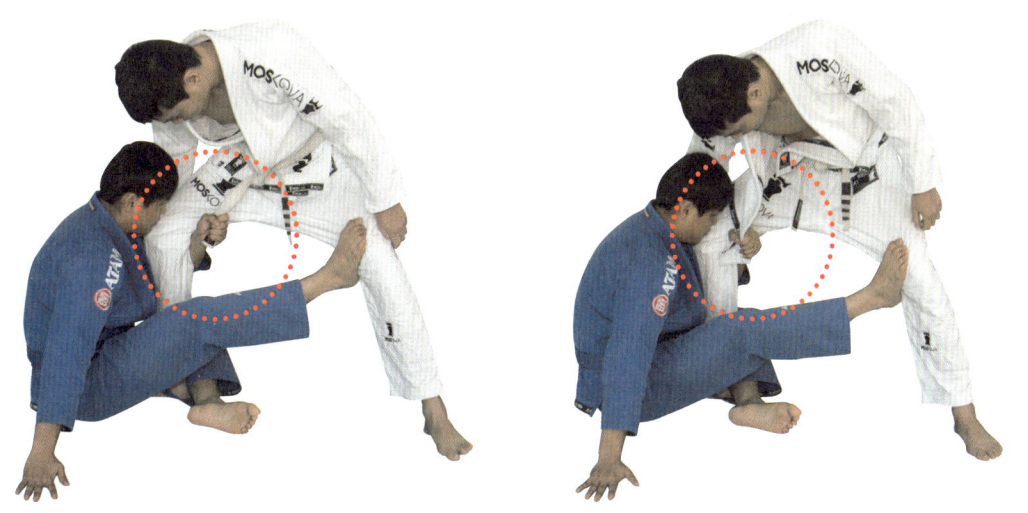

바깥쪽 다리로 상대 다리를 얽은 상태에서 **파 슬리브**(Far Sleeve)

바깥쪽 다리로 상대 다리를 얽은 상태에서 **니어 슬리브**(Near Sleeve)

바깥쪽 다리로 상대 다리를 얽은 상태에서 **노 그립스**(No Grips)

안쪽 다리로 상대 다리를 얽은 상태에서 **벨트 or 라펠**(Belt or Lapel)

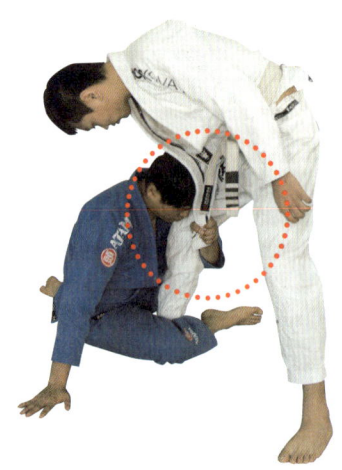

안쪽 다리로 상대 다리를 얽은 상태에서
파 슬리브(Far Sleeve)

안쪽 다리로 상대 다리를 얽은 상태에서
니어 슬리브(No Grips)

안쪽 다리로 상대 다리를 얽은 상태에서
노 그립스(No Grips)

인버티드 가드(Inverted Guard)

상대 쪽으로 머리를 향하고 누운 후 자신의 팔과 다리로 상대의 소매 팔꿈치, 어깨, 다리 등을 잡아당기거나 밀어 스윕이나 서브미션을 시도하는 가드. 유연성을 요구하는 가드로 목과 허리에 상대의 몸무게가 실리는 경우가 많아 부상을 주의하여야 한다.

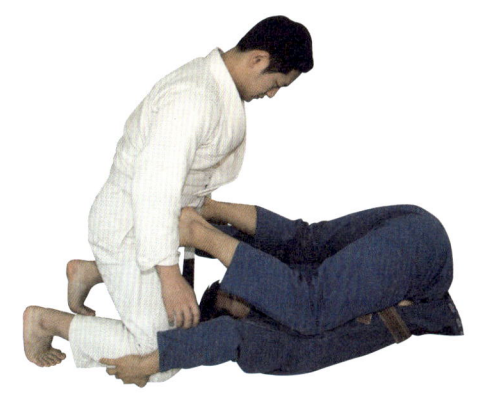

인버티드 가드 자세

인버티드(Inverted)

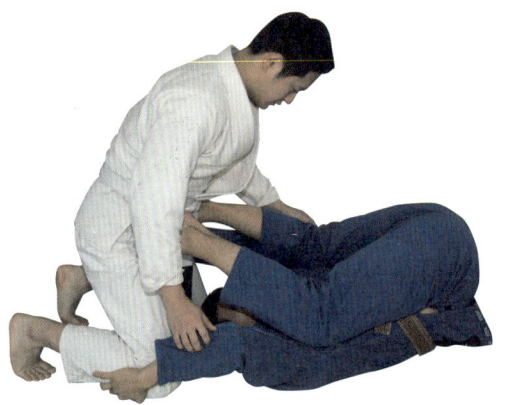

인버티드-스파이더(Inverted-Spider)

50/50 가드(Fifty Fifty Guard)

상대의 다리에 자신의 한 쪽 다리를 안 쪽에서 바깥 쪽으로 얽어맨 후 다른 쪽 다리로 발목을 얽어매는 가드. 특히 상대와 자신이 모두 가드 플레이를 시도하는 상황에서 자주 발생하는 가드로 상대나 자신 모두 동등한 상황에서 기술이 시도되기에 '50/50' 이란 이름이 붙었다. 모던 주짓수를 추구하거나 하체 관절기를 전문으로 하는 선수들이 애용하는 가드이다.

그외 가드

라펠 가드(Lapel Guard)

라펠 가드는 상대의 라펠(Lapel, 도복 상의 목깃을 따라 이어지는 옷깃)을 잡고 상대방의 움직임을 제압하는 가드로서 상대방의 상체 한쪽을 제압할 수 있어 스윕이나 서브미션을 펼치는데 유용하다.

웜가드(Worm Guard)

웜가드는 가드패스를 시도하는 상대의 라펠을 움켜쥐고, 상대의 다리 뒤쪽 아래를 지나 정강이 쪽으로 잡아뺀 형태에서 스윕이나 서브미션을 시도하는 가드이다. 하위에서 애벌레처럼 움직이는 가드라 해서 웜가드라 명명되었다.

터틀 가드(Turtle Guard)

터틀 가드는 두 무릎과 두 팔꿈치가 바닥에 닿은 상태에서 상대방을 스윕하는 가드이나, 스포츠 주짓수에서 터틀 포지션이 가드로 인정되지 않고 나서부터 사용이 줄어든 가드이다.

옥토퍼스 가드(Octopus Guard)

옥토퍼스 가드는 상대의 몸을 다리로 얽어맨 상태에서 상대방 옆구리로 몸을 밀착하는 가드로서 문어가 상대를 휘감는 모습과 유사하다 해서 옥터퍼스 가드라 불리운다.

러버 가드(Rubber Guard)

러버 가드는 클로즈 가드 자세에서 상대방의 상체를 잡아당긴 후 한쪽 다리를 상대방의 어깨 혹은 머리까지 끌어올려 스윕이나 서브미션을 시도하는 가드로 높은 유연성을 요구한다.

04 리커버리, 리텐션 & 이스케이프
(Recovery, Retention & Escape)

주짓수의 기본 정신인 '상대의 공격으로부터 자신을 보호' 하기 위하여 공격기술에 앞서 방어기술을 완벽하게 익히는 것이 좋다.

특히 가드는 방어가 뚫리는 순간 포지션을 빼앗기고 불리해지기 때문에 전력을 다해 막는 것이 좋다. 이번 내용에서는 가드 플레이 시 가드 방어가 뚫리기 시작할 때 다시 원래 가드로 회복하는 '리커버리(Recovery)'와 '리텐션(Retention)', 그리고 가드 플레이 방어가 뚫리고 상대에게 포지션을 빼앗겼을 때 '이스케이프(Escape)'하는 기술에 대해 알아보자.

가드 패스(Guard Pass)를 방어하는 기본동작

플로우 모션 리커버리1(Flow Motion Recovery 1)
① 등을 대고 누운 후 머리와 다리를 든다.(자신의 발이 상대 골반 높이에 위치)
② 상대가 자신의 몸 좌우 90도로 움직인다.
③ 상대로부터 가까운 다리를 움직여 상대의 멀리 있는 쪽 골반을 발로 딛는다.

④ 디딘 발을 모멘텀으로 몸을 상대 정면을 향하게 움직인다. 이 동작을 왼쪽 오른쪽 번갈아가며 진행한다.

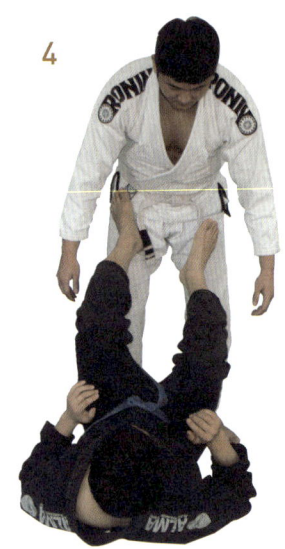

플로우 모션 리커버리2 (Flow Motion Recovery 2)

① 등을 대고 누운 후 머리와 다리를 든다.(자신의 발이 상대 골반 높이에 위치)
② 상대가 자신의 몸 좌우 135도로 움직인다.
③ 상대로부터 먼 쪽 다리를 움직여 상대의 멀리 있는 쪽 골반을 발로 딛는다.
④ 디딘 발을 모멘텀으로 몸을 상대의 정면을 향하게 움직인다.
⑤ 이 동작을 왼쪽 오른쪽 번갈아가며 진행한다.

플로우 모션 리커버리3 (Flow Motion Recovery 3)

① 등을 대고 누운 후 머리와 다리를 든다.(자신의 발이 상대 골반 높이에 위치)
② 상대가 자신의 몸 좌우 180도로 움직인다.
③ 상대의 두 발목을 양쪽 손으로 잡은 후 자신의 다리를 꼬아 상대의 골반 혹은 발목에 자신의 발을 건다.
④ 상대의 골반 혹의 발목에 걸린 자신의 발을 모멘텀으로 몸을 상대의 정면을 향하게 회전한다.
⑤ 이 동작을 왼쪽 오른쪽 번갈아가며 진행한다.

펜듈럼 리커버리1 (Pendulum Rolls Recovery 1)

① 상대 쪽에 등을 향하고 눕는다.
② 상대가 자신의 몸을 가볍게 압박한다.

③ 자신의 아래쪽 다리를 옆으로 길게 뻗어 발로 바닥을 짚은 후 위쪽 다리를 옆으로 회전하며 골반을 들어 어깨로 바닥을 딛는다.

④ 자신의 다리를 벌리며 오픈가드 자세를 회복한다.

2

3

4

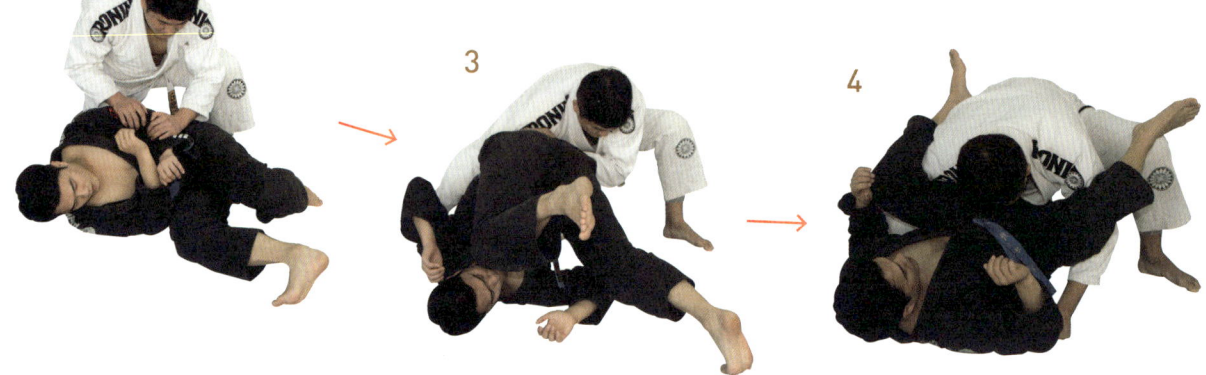

펜듈럼 리커버리2(Pendulum Rolls Recovery 2)

① 상대 쪽에 등을 향하고 눕는다.

② 상대가 자신의 발을 무겁게 압박한다.

③ 신의 위쪽 다리를 옆으로 회전하며 골반을 들어 어깨로 바닥을 딛는다.

④ 자신의 다리를 벌리며 오픈가드 자세를 회복한다.

1

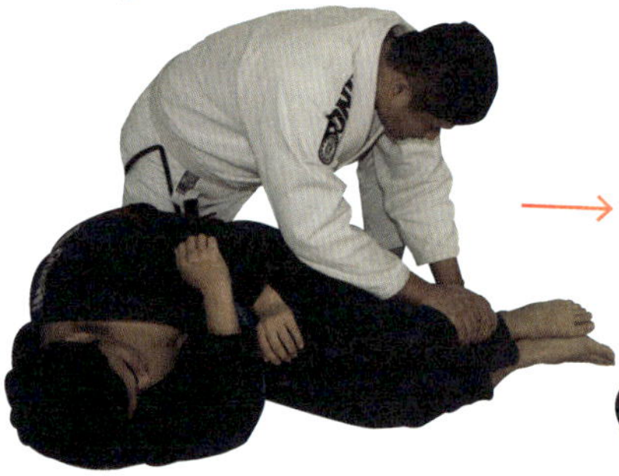

2

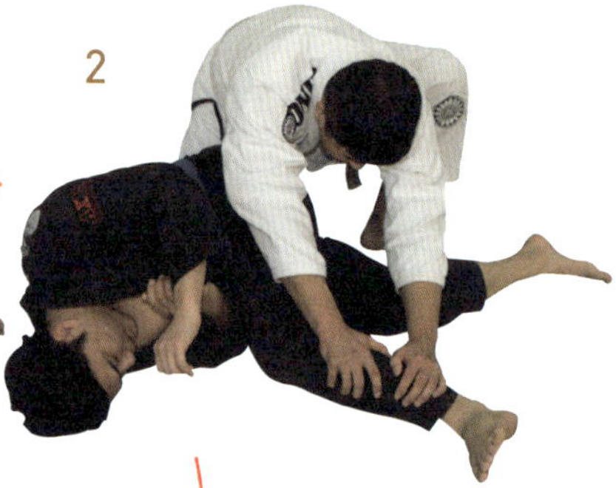

3

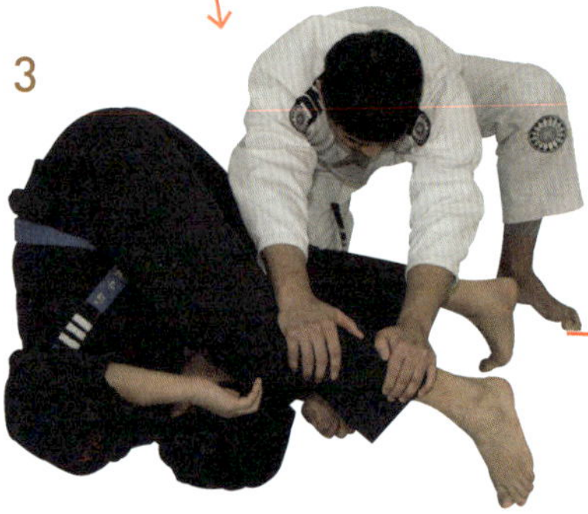

4

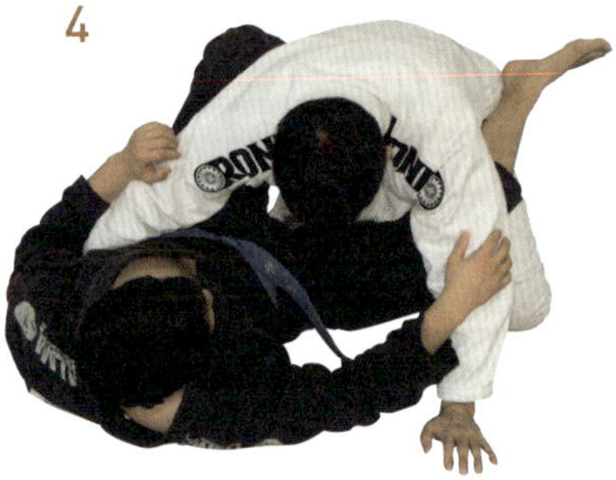

가드 리텐션1 (Guard Retention 1 : Butterfly)

① 상대 양다리 오금에 두 발을 건다.
② 상대방이 앞뒤/좌우로 움직여도 계속 상태를 유지한다.

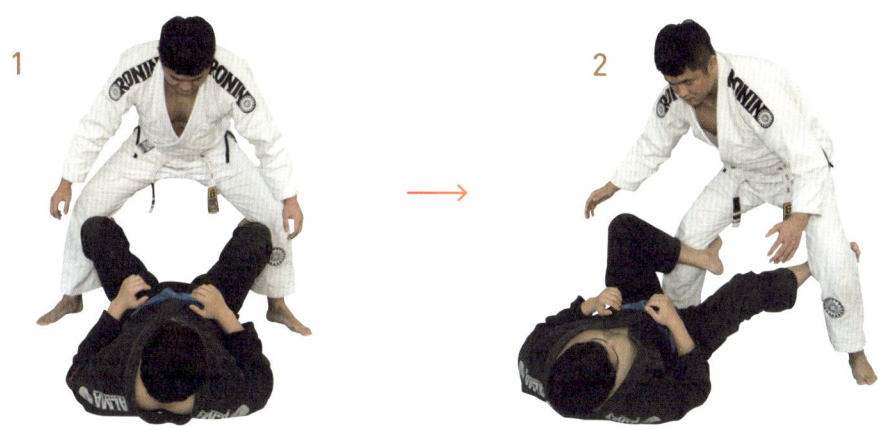

가드 리텐션 2 (Guard Retention 1 : Reverse Hook)

① 상대가 자신의 오른쪽으로 빠르게 움직일 때 상대방의 오른쪽 오금에 오른쪽 발을 건다.
② 상내가 사신의 왼쪽으로 빠르게 움직일 때 상대방의 왼쪽 오금에 왼쪽 발을 걸어주며 양쪽으로 반복한다.

가드 리텐션 3(Guard Retention 3 : Over)

① 상대가 나의 왼쪽 무릎을 오른쪽 손으로 누른다.
② 상대가 나의 오른쪽 다리를 왼쪽 손을 이용하여 자신의 오른쪽으로 치우려 할 때 나의 왼발을 바닥에 눌러주면서 골반을 비틀어 상대와 정면으로 움직인다.
③ 이 동작을 왼쪽 오른쪽 번갈아가며 진행한다.

가드 리텐션 4(Guard Retention 4 : Under)

① 상대방이 자신의 오른쪽 다리를 왼쪽 손으로 밖에서 안으로 잡을 경우 두 손으로 상대방의 오른쪽 어깨를 밀면서 압박하는 것을 막아주며 공간을 확보한다.

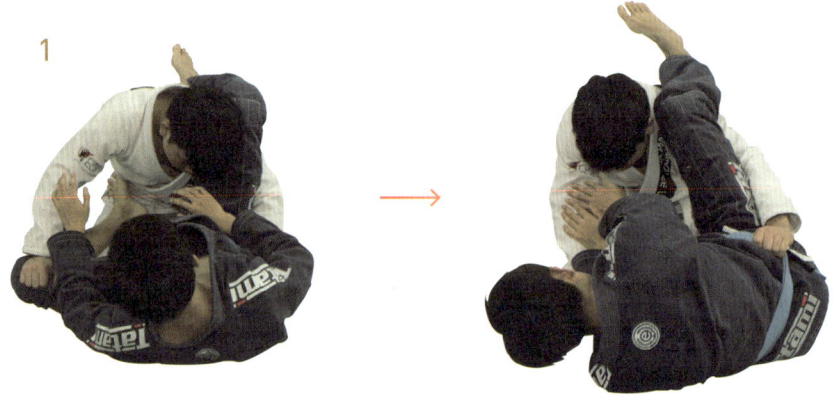

② 오른쪽 다리를 상대 골반 안쪽으로 밀어 넣어 몸이 들리지 않게 방어한다. 동작을 왼쪽 오른쪽 번갈아가며 진행한다.

가드 리텐션 5(Guard Retention 5 : Far Leg Regard)

① 상대방이 나의 오른쪽 다리를 왼쪽 손으로 밖에서 안으로 잡을 경우 두손으로 상대방의 오른쪽 어깨를 밀면서 압박하는 것을 막아주며 공간을 확보한다.

② 왼쪽 다리를 들어 상대방의 왼쪽 엉치에 발을 딛어 상대방의 압박을 방어한다.

③ 왼쪽발을 상대방 왼쪽 엉치에 딛고 밀면서 허리를 펴 상대와 평행이 되게 움직인다. 이 동작을 왼쪽 오른쪽 번갈아가며 진행한다.

가드 리텐션 6(Guard Retention 6 : Far Leg Regard)
① 자신의 오른쪽 다리를 상대방이 왼쪽 어깨에 올리고 왼팔로 감싸고
② 상대방이 오른쪽 무릎으로 자신의 왼쪽 다리 허벅지를 누르면서 오른쪽으로 이동하여 압박할 때 자신의 몸을 오른쪽에 있는 상대방에게 돌리면서 왼쪽 다리를 들어 상대방의 왼쪽 어깨에 대고 버티며 방어한다.

③ 왼쪽 다리로 상대방의 왼쪽 어깨를 밀면서 몸을 상대방과 마주보게 움직인다. 이 동작을 왼쪽 오른쪽 번갈아가며 진행한다.

가드 리텐션 7(Guard Retention 7 : Inverted Spin Drill)

① 인버티드 가드 자세에서 두발을 엇갈리게 상대방의 양쪽 겨드랑이에 넣는다.

② 몸을 회전하여 상대방을 마주본다. 이 동작을 왼쪽 오른쪽 번갈아가며 진행한다.

가드 리텐션 8 (Guard Retention 8 : Inverted Spin Triangle Drill)

① 인버티드 가드 자세에서 자신의 오른손으로 상대방의 왼손 소매를 잡고 오른쪽 발을 상대방의 왼쪽 겨드랑이 안쪽에 넣고 왼쪽 발을 상대방의 오른쪽 어깨 위에 올린다.

② 자신의 몸을 왼쪽으로 회전하며 상대방을 마주 보면서 두다리로 상대를 감아 삼각 조르기 포즈를 만든다. 이 동작을 왼쪽 오른쪽 번갈아가며 진행한다.

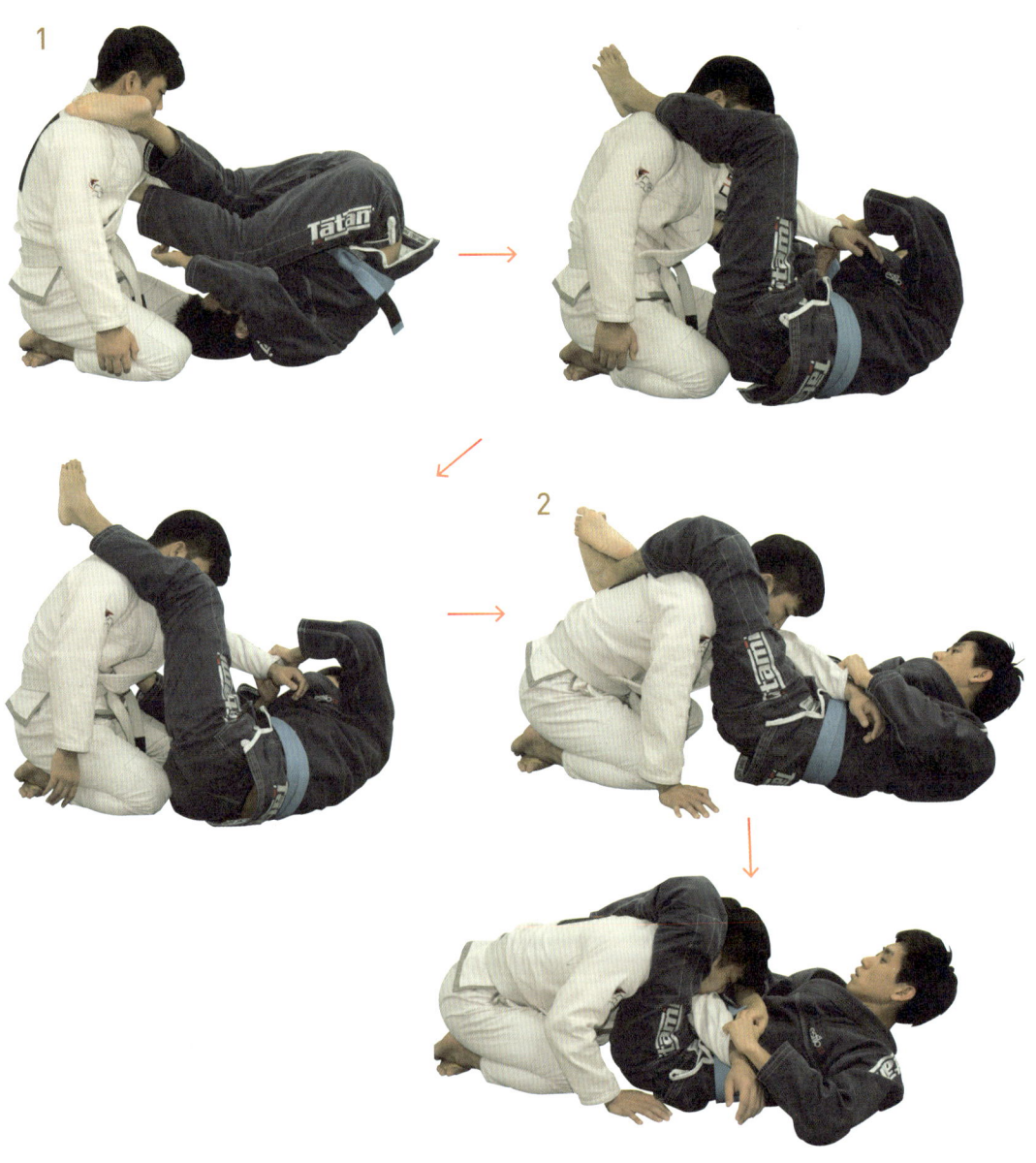

터틀 포지션(Turtle Position)에서 리커버리(Recovery)

터틀 포지션 리커버리 1(Turtle Position Recovery 1)

① 상대방에게 등을 눌릴 때 자신의 겨드랑이를 파고 있는 상대의 오른팔을 자신의 왼팔로 잡아주며 머리를 자신의 왼쪽을 빼고 왼쪽 다리를 앞으로 내딛는다.
② 렉 브리지 자세로 자신의 오른다리를 상대방의 오른쪽으로 뻗는다. 이때 상대방이 반격을 하지 못하도록 등으로 상대 몸을 밀어준다.
③ 자신의 다리를 스위치하며 몸을 상대방 등뒤로 회전하며 상대방의 등을 잡는다. 이 동작을 왼쪽 오른쪽 번갈아가며 진행한다.

터틀 포지션 리커버리 2(Turtle Position Recovery 2)

① 상대방에게 자신의 왼쪽 옆에서 등을 누를 때 왼쪽 팔을 자신의 오른쪽 다리 쪽으로 뻗으며 왼쪽 어깨를 이용하여 롤링을 시작한다.

② 롤링하면서 다리를 벌리며 가드 자세를 회복한다. 이 동작을 왼쪽 오른쪽 번갈아 가며 진행한다.

터틀 포지션 리커버리 3(Turtle Position Recovery 3)

① 등을 상대방에게 자신의 뒤쪽 옆에서 잡혔을 때 왼쪽 팔을 자신의 오른쪽 다리쪽으로 뻗으며 왼쪽 어깨를 이용하여 롤링을 시작한다.

② 롤링하면서 허리를 비틀어 몸이 180도 회전할 수 있도록 한다.

③ 롤링하면서 다리를 벌리며 가드 자세를 회복한다. 이 동작을 왼쪽 오른쪽 번갈아 가며 진행한다.

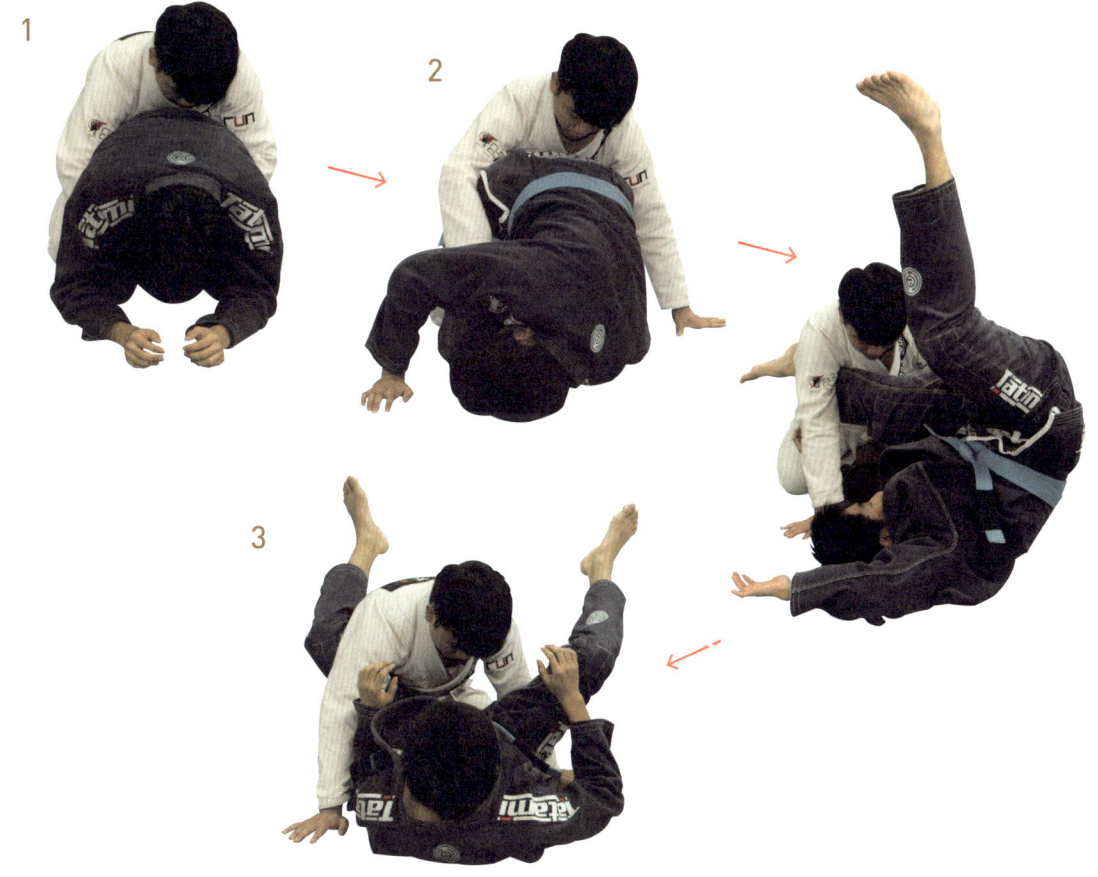

마운트(Mount)를 뺏기고 난 후 이스케이프(Escape)

사이드 마운트 이스케이프 1(Side Mount Escape 1)

① 상대가 자신의 왼쪽을 사이드 마운트로 압박 할때로 때 왼손으로는 상대방의 오른쪽 어깨를 잡고 오른손으로는 손날로 상대방의 목젖에 붙인 후 밀어서 상대방의 상체가 일어나게 만든다.

② 엉덩이를 들어 몸을 위로 튕기면서 양손을 펴서 상대 오른쪽 어깨를 민다. 이때 양 팔의 팔꿈치는 곧게 펴서 상대방의 압박을 막는다.

③ 오른쪽 발을 밖으로 딛은 다음 힙 이스케이프 동작을 하며 몸을 오른쪽 바깥으로 뺀다. 그리고 왼쪽 무릎을 상대 몸 안쪽으로 밀어 넣는다.

④ 자신의 몸을 상대 몸과 평행이 되게 허리를 피며 가드 자세를 취한다.

사이드 마운트 이스케이프 2(Side Mount Escape 2)

① 사이드 마운트 이스케이프 1 자세로 탈출을 시도할 때 자신의 왼쪽을 상대방이 계속 압박 하며 왼쪽 다리가 몸 안으로 못 들어가 막을때는 오른쪽 다리를 들어올려 상대방의 오른쪽 어깨와 목 사이에 붙인다.

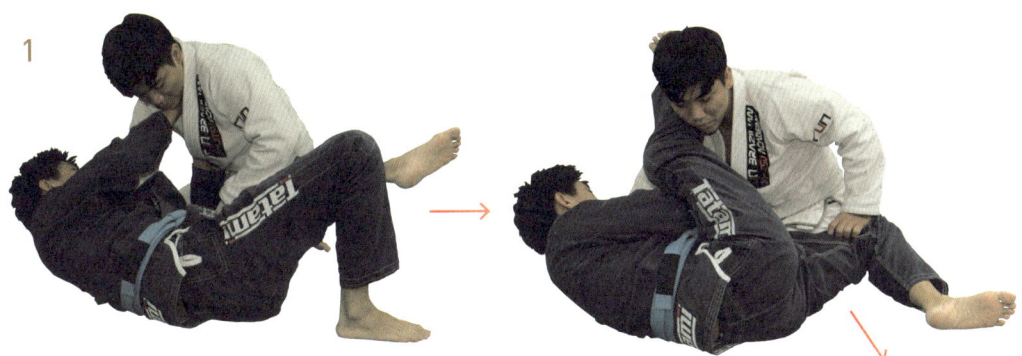

② 자신의 몸을 상대 몸과 평행이 되게 허리를 피며 가드 자세를 취한다.

싯업 사이드 마운트 이스케이프(Sit Up Side Mount Escape)

① 상대가 자신의 왼쪽에서 사이드 마운트로 압박 할때로 왼손은 상대 오른쪽 팔꿈치를 잡고 오른손으로 바닥을 집는다.

② 상대방이 자신의 쪽으로 오지 못하도록 왼팔로 상대방의 팔꿈치를 밀면서 몸을 뒤로 뺀다. 이때 자신의 왼팔은 완전히 펴서 접히지 않도록 유지한다.
③ 상대 몸통 밑에서 다리를 빼면서 탈출한다.

풀 마운트 이스케이프 1(Full or Front Mount Escape 1)

① 상대방이 프론트 마운트를 유지하고 있을 때 자신의 몸을 왼쪽으로 돌리며 두손으로 상대방의 오른쪽 무릎을 민다. 이때 두팔은 곧게 편다.
② 두손으로 상대방의 오른쪽 무릎을 밀면서 몸을 위로 움직인다. 이때 왼쪽다리를 접으며 상대방 오른쪽 무릎 위로 올린다.

③ 왼쪽 다리로 상대방의 오른쪽 다리를 감으며 하프가드를 잡는다.

풀 마운트 이스케이프 2(Full or Front Mount Escape 2)

① 상대방이 프론트 마운트를 유지하고 있을 때 자신의 왼쪽팔로 상대방의 오른쪽 팔을 밖에서 안으로 감고 왼발로 상대방의 오른쪽 발을 안에서 밖으로 걸어준다.

② 상대방의 오른쪽 팔과 다리를 계속 잡고 있는 상태에서 엉덩이를 들어 상대방을 위로 쏠리게 한 다음 왼쪽으로 상대방을 돌려서 넘긴다.

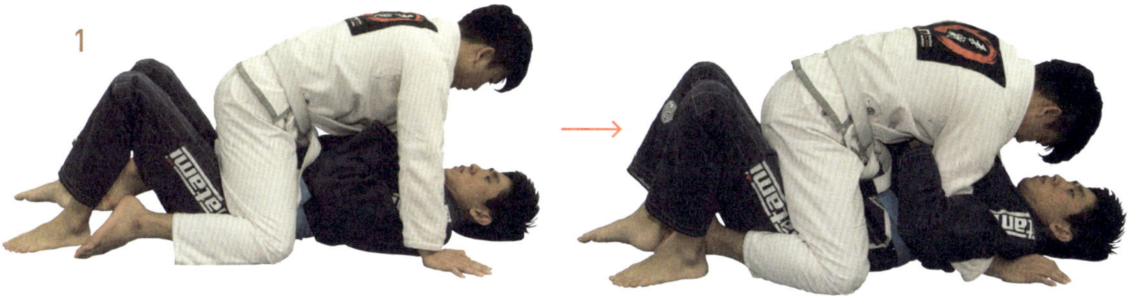

③ 상대방을 넘긴 후 탑 포지션을 유지한다.

풀 마운트 이스케이프 3(Full or Front Mount Escape 3)
① 두손으로 상대방의 오른쪽 무릎을 밀면서 몸을 위로 움직인다.
② 이때 왼쪽다리를 접지 못하게 상대방이 압박할 경우 왼쪽 발을 상대방 오른쪽 발 밑으로 집어넣어 하프가드를 잡는다.

③ 상대방이 자신의 오른쪽 다리를 바닥에 바짝 붙여
방어하는 경우 자신의 오른쪽 발을 상대방 오른쪽
발목에 밀어넣고 들어올린 후 왼쪽 발을 밖으로 빼
서 하프가드를 잡는다.

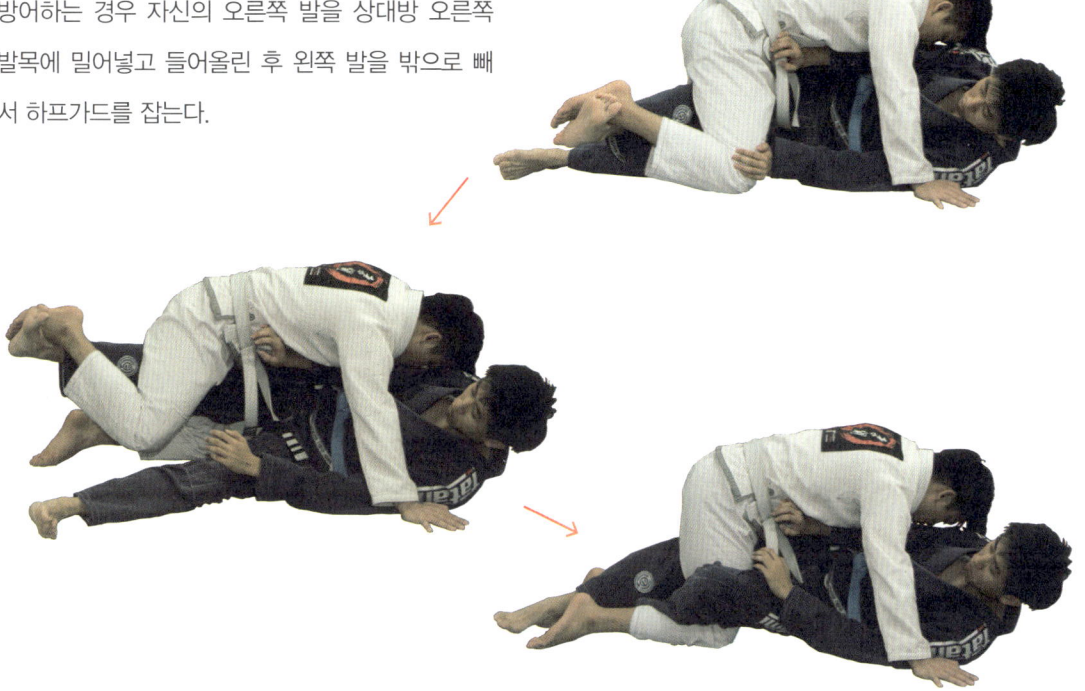

백 마운드 이스케이프 1 (Back Mount Escape 1)

① 상대방이 백 마운트를 유지하고 있을 때 자신의 두팔로 상대방의 오른쪽 팔(어깨 위를 감고 있는 팔)을 잡는다. 그리고 몸을 밑으로 최대한 이동한다.

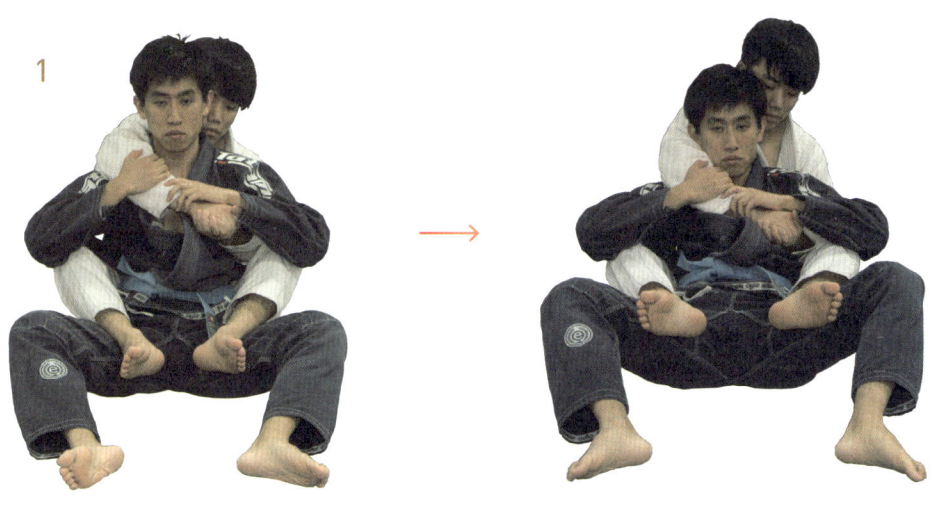

② 상대방 오른쪽 팔을 자신의 왼쪽 어깨로 넘기고 왼팔, 오른팔을 순차적으로 상대 목쪽으로 올려서 상대방의 목을 감는다.

③ 상대방의 목을 감은 상태에서 오른쪽 다리를 아래로 뻗으며 자신의 오른쪽 무릎에 감겨있던 상대방의 발을 풀어낸다. 그런 다음 오른쪽 다리를 왼쪽으로 돌리며 일어난다.

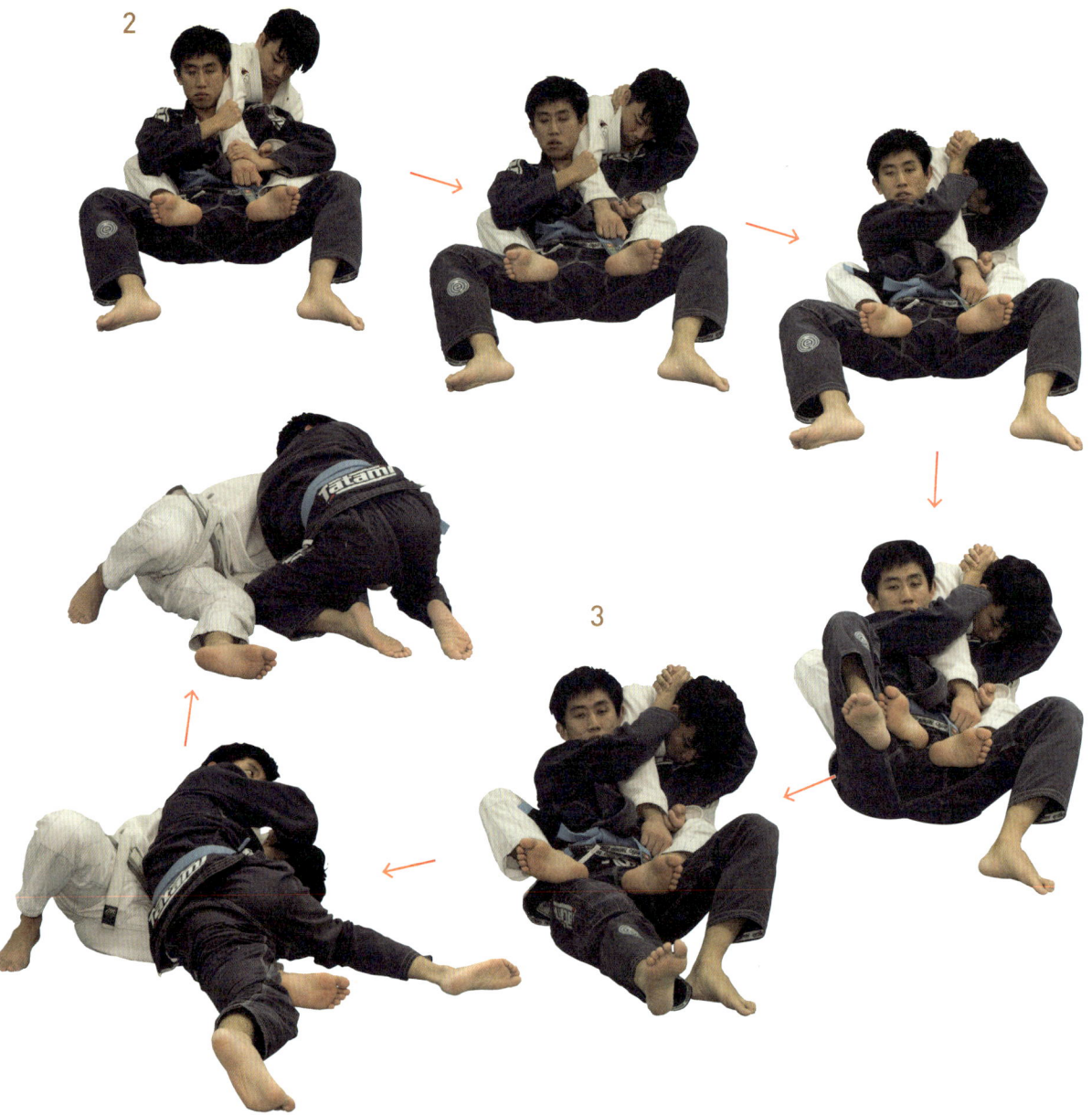

백마운트에서는 아래와 같은 자세는 피하고 상대방에게 본인의 체중을 실을 수 있는 자세로 백마운트 탈출을 시도한다.

• 좋은 않은(비추천) 자세

• 좋은(추천) 자세

백 마운트 이스케이프 2 (Back Mount Escape 2)

① 상대방이 백 마운트를 유지하고 있을 때 자신의 두팔로 상대방의 오른쪽 팔(어깨 위를 감고 있는 팔)을 잡는다. 그리고 몸을 위로 최대한 밀어 올린다.

② 상대방 오른쪽 팔을 자신의 왼쪽 어깨로 넘기고 팔을 움직이지 못하게 잡는다.
③ 상대방의 오른쪽 팔을 잡은 상태에서 오른쪽 다리를 아래로 뻗으며 자신의 오른쪽 무릎에 감겨있던 상대방의 발을 풀어낸다. 그런 다음 오른쪽 다리를 왼쪽으로 돌리며 일어난다.

④ 상대가 다리를 꼬아서 백 마운트를 잡을 시에는 상대 발목 위에 정강이를 올리고 Figure-4 모양을 만든 후 다리와 허리를 펴서 탭을 받아낸다.

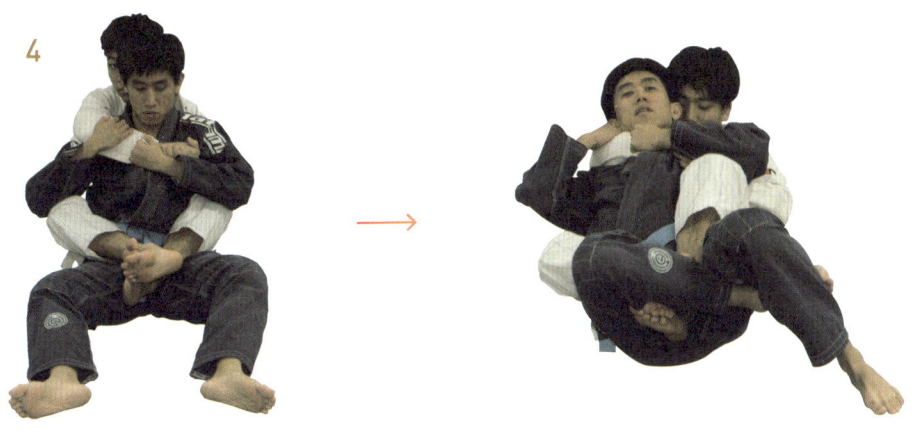

백 마운트 이스케이프 3 (Back Mount Escape 3)

① 상대방이 백 마운트를 유지하고 있을 때 자신의 두팔로 상대방의 오른쪽 팔(어깨 위를 감고 있는 팔)을 잡고 목을 조르지 못하도록 막는다. 그리고 몸을 위로 최대한 밀어 올린다.

② 자신의 목이 감겨있지 않는 상대방의 왼쪽 방향으로 엉덩이를 이용하여 왼쪽 무릎을 바닥에 눌러주고 몸을 상대방의 왼쪽으로 움직인다.

③ 상대방의 얼굴을 바라보며 힙 이스케이프를 하며 상대방의 왼쪽으로 빠져 나간다.

④ 상대방의 다리 사이에서 자신의 두다리가 다 빠져 나가면 다리를 스위치 해주며 상대방의 사이드 포지션을 잡는다.

05 스윕(Sweep)

스윕은 하위 포지션에 있는 사람이(이하 '가드 키퍼') 상위 포지션에 있는 사람(이하 '가드 패서')을 하위 포지션으로 끌어당기며 자신이 상위 포지션으로 올라간 후 3초간 그 상황을 유지하고 있는 상황을 말한다. 주짓수 대회에서는 스윕을 성공시켰을 경우 2점, 3초간 스윕을 유지 못했을 경우 어드벤티지를 받게 된다.

클로즈드 가드에서 스윕

범프 스윕(Bump Sweep)
① 클로즈드 가드로 상대가 무릎을 꿇고 앉아 있게 한다.
② 상대의 왼쪽 어깨 방향으로 자신의 왼쪽 팔을 넘기고 오른쪽 손으로는 바닥을 짚으며 상체를 일으킨다.

③ 자신의 왼손으로 상대 왼쪽 팔꿈치를 움켜잡으며 자신의 상체를 상대 몸에 최대한 붙이며 엉덩이를 튕겨 들어올려 상대 몸을 상대방의 왼쪽 어깨 방향으로 밀어낸다.
④ 상대의 몸을 바닥으로 눕히며 풀 마운트 자세를 확보한다.

Point!
범프 스윕을 시도할 때 상대가 상체에 힘을 주고 넘어가지 않을 시에는 상대 어깨 쪽으로 타고 넘어간 팔로 상대의 팔을 얽어맨 후 바닥으로 누우면서 로우 키락(기무라)을 시도한다.

플라워 스윕(Flower Sweep)

① 클로즈드 가드에서 자신의 오른쪽 손으로 상대의 왼쪽 무릎을 잡고 왼쪽 손으로 상대의 오른쪽 도복 소매를 잡는다.
② 클로즈드 가드를 풀면서 팔과 다리로 상대를 자신의 왼쪽으로 넘긴다. 이때 자신의 오른손으로는 상대방의 왼쪽 무릎을 들어올리며 왼손으로 상대의 오른쪽 도복 소매를 오른쪽으로 당긴다. 자신의 오른쪽 다리는 상대의 왼쪽 겨드랑이로 붙이고 왼쪽으로 민다.
③ 상대를 자신의 왼쪽으로 계속 넘긴다.
④ 상대의 등이 땅에 닿으면 몸을 일으켜 상대의 몸 위로 올라간다. 상대의 소매와 무릎은 계속 잡는다.

⑤ 상대의 몸을 바닥으로 눕히며 풀 마운트 자세를 확보한다.

펜듈럼 스윕 (Pendulum Sweep)

① 클로즈드 가드에서 자신의 오른쪽 손으로 상대의 왼쪽 무릎 도복을 잡고 왼쪽 손으로 상대의 오른쪽 도복 소매를 잡는다.

PART 3 주짓수 기술체계

② 클로즈드 가드를 풀면서 왼쪽 발을 상대방의 오른쪽 골반에 딛고 몸을 자신의 오른쪽으로 튼다. 이때 자신의 오른손으로는 상대의 왼쪽무릎을 잡고 왼손으로 상대의 오른손 도복 소매를 자신의 오른쪽으로 당기며 자신의 몸을 최대한 오른쪽으로 틀어준다.

③ 오른쪽으로 상대를 당기던 반동으로 자신의 왼쪽으로 상대를 넘긴다.

④ 상대의 등이 땅에 닿으면 몸을 일으켜 상대의 몸 위로 올라간다. 상대의 소매와 무릎은 계속 잡아준다.

⑤ 상대의 몸을 바닥으로 눕히며 풀 마운트 자세를 확보한다.

오버훅 스윕 Ⅰ (Overhook Sweep Ⅰ)

① 클로즈드 가드에서 자신의 오른손으로 상대의 오른쪽 도복 소매를 잡고 왼손으로 자신의 오른쪽 손목을 잡는다.

② 상대의 오른쪽 손을 자신의 왼쪽 어깨쪽 위로 깊게 당긴 후 왼쪽 팔로 상대의 오른쪽 팔을 밖에서 안으로 감는다. 이때 오른쪽 손으로 상대의 오른쪽 소매를 끝까지 잡으며 당긴다.

③ 자신의 왼팔로 상대의 오른팔을 밖에서 안으로 계속 감으며 오른손으로 상대의 오른쪽 어깨를 움켜잡고 당긴다. 이와 동시에 클로즈드 가드를 풀며 왼쪽 다리를 상대방의 오른쪽 무릎 밖에 붙인다.

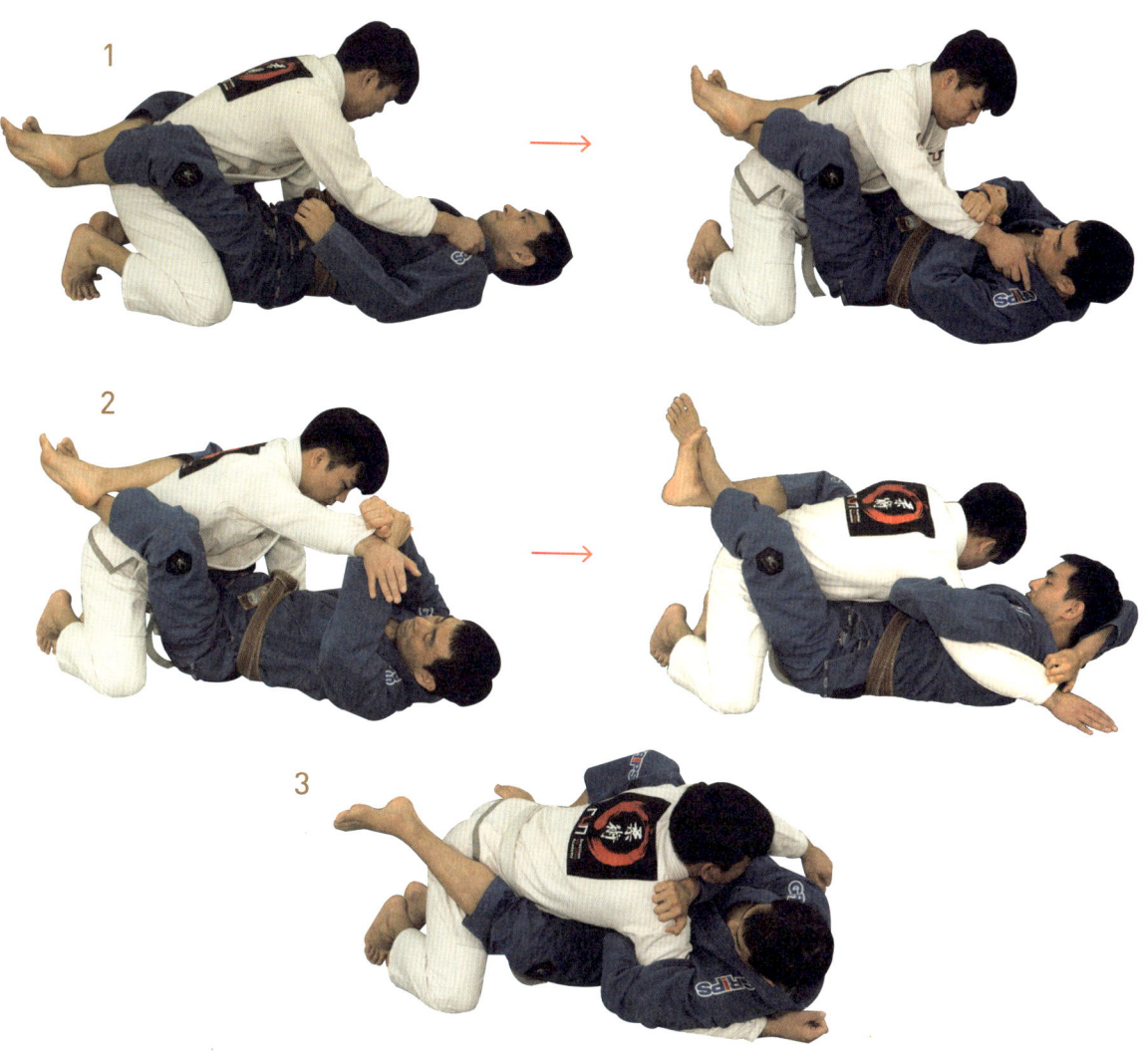

④ 위의 자세를 유지하며 자신의 왼쪽 다리로 상대의 오른쪽 무릎을 안으로 밀며 상대를 넘긴다.

⑤ 상대의 몸을 바닥으로 눕히며 풀 마운트 자세를 확보한다.

오버훅 스윕 II (Overhook Sweep II)

① 자신의 왼팔로 상대의 오른팔을 밖에서 안으로 계속 감으며 오른손으로 상대방의 목 뒷쪽 깃을 움켜잡고 당긴다.

② 상대가 왼쪽 다리를 일으키면 오른팔을 상대의 왼쪽 다리 안 쪽으로 밀어넣어 잡는다.

③ 클로즈드 가드를 풀면서 자신의 오른쪽으로 상대의 몸통과 90도 이동한다. 이때 자신의 왼쪽 다리를 밖으로 최대한 빼준다.

④ 상대의 몸을 밀어 바닥으로 넘기며 풀 마운트 자세를 확보한다. 이때 상대가 무거울 경우 왼쪽 다리를 노 젓듯이 스윙하여 넘긴다.

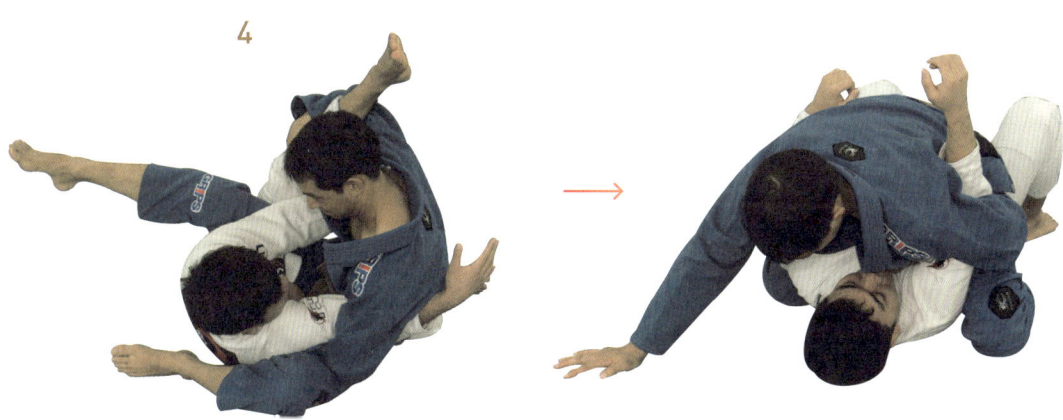

슬리브 & 칼라 가드에서 스윕

시서 스윕 Ⅰ (Scissor Sweep Ⅰ)

① 클로즈드 가드에서 상대의 왼쪽 소매를 오른손으로 잡고, 상대의 왼쪽 목깃을 왼손으로 잡는다.

② 오른쪽 다리를 상대의 왼쪽 다리에 붙이고 왼쪽 다리는 상대방의 오른쪽 골반에 붙인다. 이때 왼쪽 다리를 미리 바닥과 평행한 상태로 오른쪽 골반에 대고 붙이고 있으면 상대의 몸에 깔릴 염려가 있기 때문에 골반부터 왼쪽 어깨까지 45도 각도로 다리를 위치하여 상대방의 압박에 대항한다.

③ 오른손으로 상대의 왼쪽 소매를 자신의 왼쪽으로 당기며 왼손으로 상대 목깃을 오른쪽으로 민다. 이때 오른쪽 다리로는 상대방 왼쪽다리를 자신의 왼쪽으로 차주고 왼쪽 다리는 발목을 골반에 붙인 상태에서 순간적으로 바닥과 평행하게 하며 오른쪽으로 민다.

④ 넘어진 상대를 따라 자연스럽게 상대의 몸 위로 따라 올라가며 풀 마운트 자세를 확보한다.

시서 스윕 II (Scissor Sweep II)

① 시서 스윕 I을 시도하는데 상대방이 왼쪽 무릎을 옆으로 움직이며 방어할 때는 자신의 오른쪽 발을 상대방의 왼쪽 무릎에 대고 밀어준다.

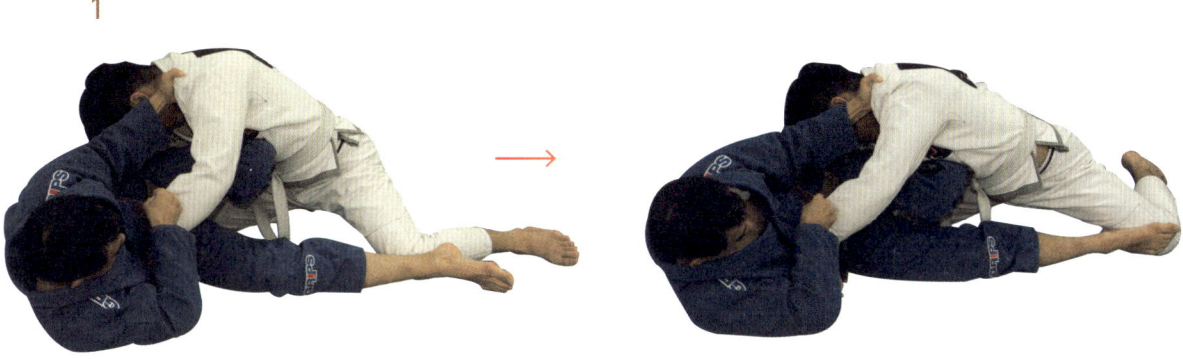

② 자신의 오른쪽 발을 상대의 왼쪽 무릎에 대고 밀어 중심을 잃게 만든 다음 오른쪽 손으로 상대의 왼쪽 소매를 자신의 왼쪽으로 당기며 왼쪽 손으로 상대 목깃을 오른쪽으로 밀어서 넘어트린다.

③ 넘어진 상대를 따라 자연스럽게 상대의 몸 위로 따라 올라가며 풀 마운트 자세를 확보한다.

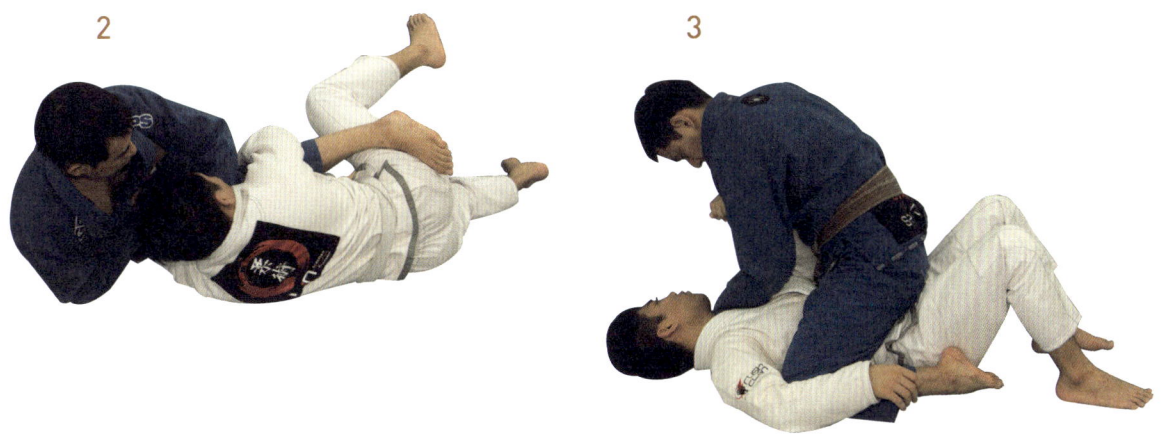

하프 가드에서 스윕

기본 하프 가드 스윕 Ⅰ (Basic Half Guard Sweep Ⅰ)

① 상대방의 오른쪽 다리를 자신의 두 다리로 감고 오른쪽 손으로는 상대의 왼쪽 손을 잡고 왼쪽 손으로 상대의 왼쪽 어깨를 잡는다. 이때 왼쪽 다리를 상대방의 오른쪽 엉치부터 왼쪽 어깨까지 대각선으로 세워 상대의 압박에 대비한다.

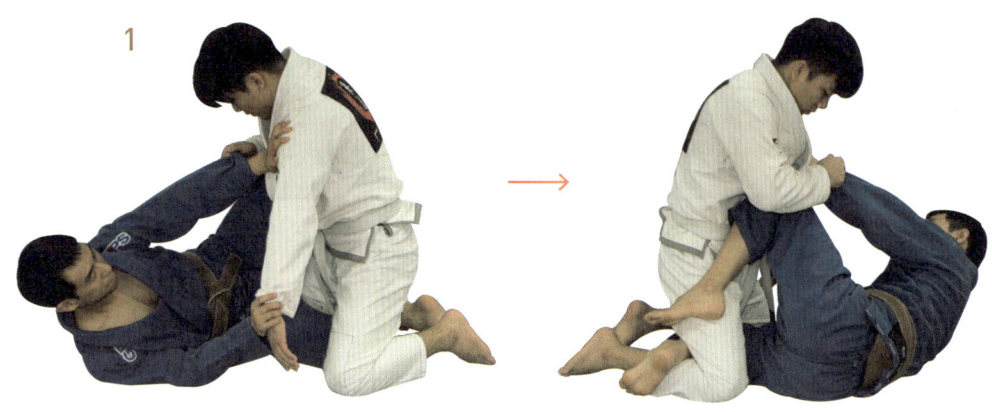

② 오른손으로 바닥을 짚으며 상대의 오른쪽으로 몸을 움직인다. 이때 왼손으로 상대의 오른쪽 겨드랑이를 파고 왼쪽 발로 상대의 오른쪽 다리를 건다.
③ 상대의 오른쪽 겨드랑이 사이로 머리를 밀어 넣으며 상대 등 쪽으로 움직인다.

④ 오른쪽 다리로 상대의 오른쪽 골반 안쪽으로 밀어 넣으며 등으로 올라간다. 이때 왼쪽 손은 상대의 왼쪽 겨드랑이를 잡는다.
⑤ 두 발을 상대의 몸통 안으로 넣으며 백 마운트 자세를 확보한다.

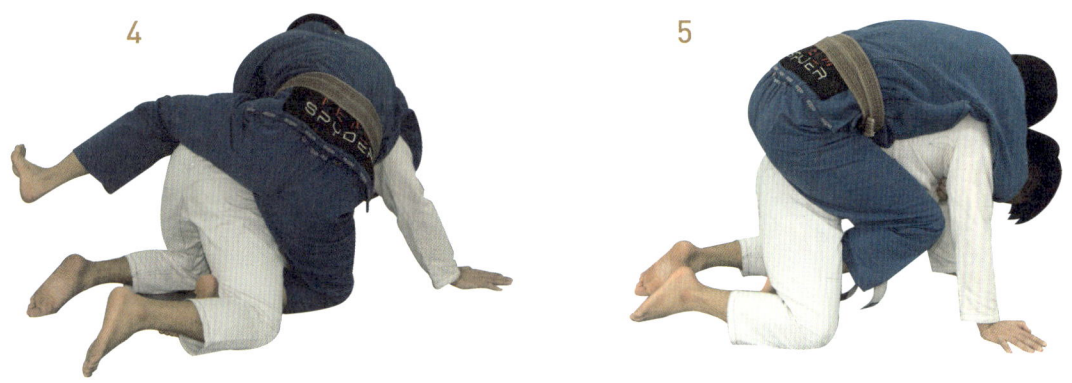

기본 하프 가드 스윕 II (Basic Half Guard Sweep II)

① 하프 가드를 잡고 상대의 등 뒤로 움직이려 할 때 상대방 겨드랑이에서 머리가 빠지지 않을 경우 몸을 상대 다리 아래쪽으로 움직이며 머리를 빼준다.

② 상대가 오른쪽 다리로 백 마운트를 못 잡게 방어하면 자신의 오른쪽 다리를 상대 몸 옆으로 넘긴다.
③ 상대의 터틀 포지션 옆에서 압박한다.

기본 하프 가드 스윕 Ⅲ (Basic Half Guard Sweep Ⅲ)

① 하프 가드에서 상대의 등쪽으로 움직이려 할때 상대방이 자신의 팔을 감으며 패스를 저지할 경우 오른쪽 팔로 바닥을 짚고 지지하며 최대한 상대를 민다.

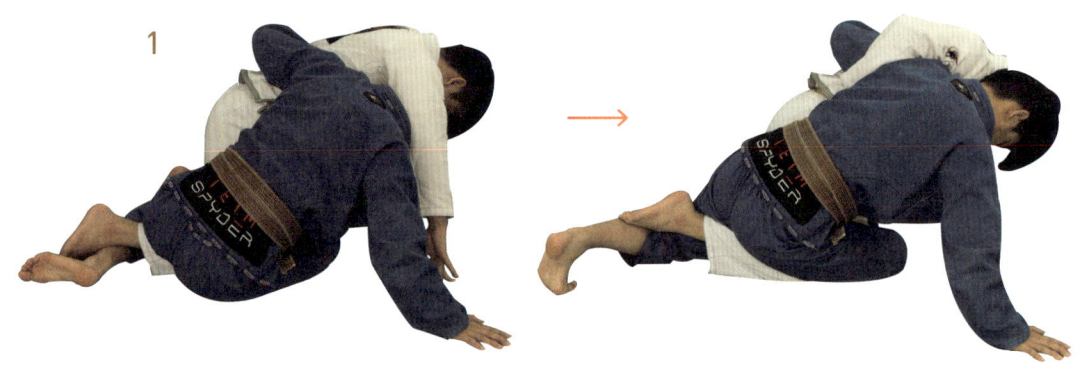

② 상대를 최대한 밀다가 상대의 왼쪽다리 안쪽으로 몸을 집어넣는다. 이때 오른쪽 팔로 상대의 왼쪽다리 허벅지를 감싸 안는다.

2

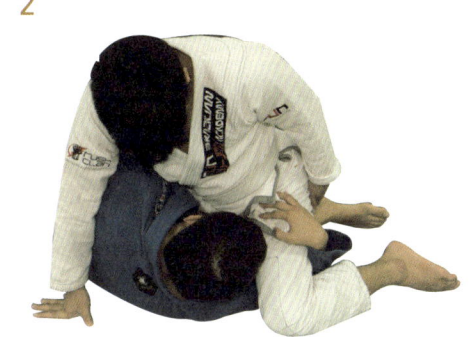

③ 자신의 몸을 왼쪽으로 굴리며 상대방을 넘긴다.

④ 넘어진 상대를 따라 자연스럽게 상대방의 몸 옆을 압박한다.

3

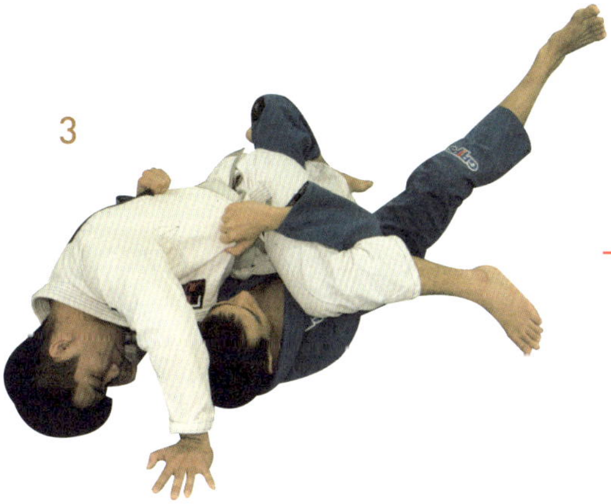

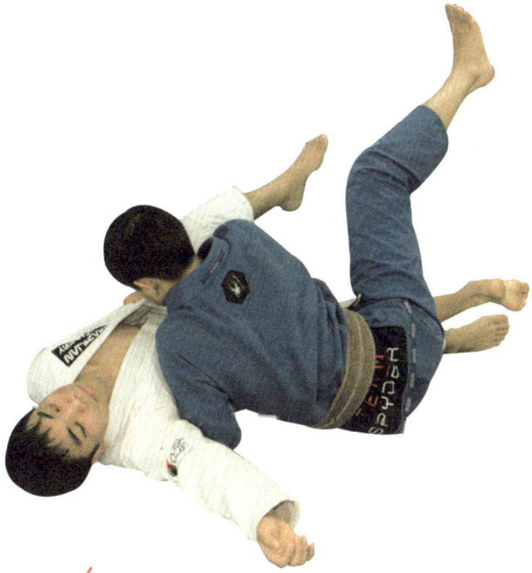

4

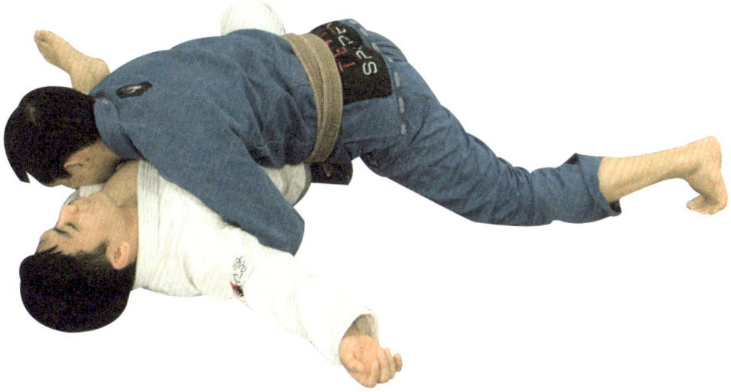

기본 하프 가드 스윕 Ⅳ (Basic Half Guard Sweep Ⅳ)

① 하프 가드에서 상대의 등쪽으로 움직이려 하나 상대방이 자신의 패스를 저지할 경우 오른쪽 손으로 바닥을 짚고 밀다가 상대의 왼쪽 무릎을 잡는다.

② 상대의 왼쪽 무릎을 잡아당기며 몸을 밀어 상대를 눕힌다. 이때 상대방의 다리에 걸리지 않게 자신의 오른쪽 다리를 반대쪽으로 넘긴다.

③ 넘어진 상대를 따라 자연스럽게 상대방의 등 옆으로 이동한다.

여기서 잠깐! 상대방이 하프 가드를 패스하려 할 때 대응법

하프 가드일 때 상대가 반대쪽으로 몸을 넘기며 패스하려 할 경우에는 아래와 같이 대응하여 상대의 백 포지션을 잡는다.

① 하프 가드에서 상대이 오른쪽 손으로 자신의 등쪽을 잡고 왼쪽 다리를 반대로 넘기며 패스하려 할 경우, 두 다리로 상대방의 오른쪽 다리를 걸어 잠그고 상대의 등 왼쪽 으로 몸을 붙인다.

② 자신의 오른손으로 상대의 띠 왼쪽을 잡으며 오른쪽 발을 상대의 오른쪽 다리 안으로 넣는다.
③ 자신의 왼쪽 발을 상대 왼쪽 다리 안으로 넘기며 백 포지션을 점유한다.

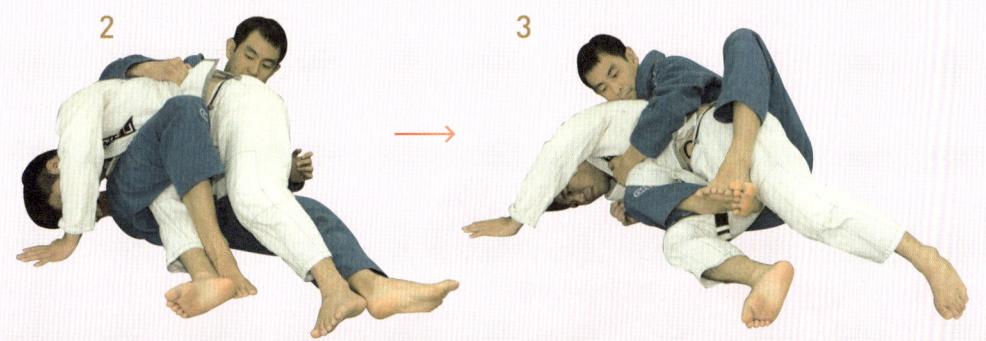

PART 3 주짓수 기술체계

딥 하프 가드 스윕 I (Deep Half Guard I Sweep I)

① 딥 하프 가드에서 상대를 자신의 왼쪽으로 민다. 이때 상대를 스윕하겠다는 느낌으로 최대한 민다. 이때 왼쪽 발로 상대방 오른쪽 발목 밑을 걸어준다.

② 버티는 상대의 반동을 이용하여 오른쪽으로 회전하며 상대를 넘긴다.

③ 넘어진 상대를 따라 자연스럽게 상대의 몸 위로 따라 올라간다.

딥 하프 가드 세팅 (Deep Half Guard Setting)

① 하프 가드에서 상대의 오른쪽 다리 아래로 움직인다.
② 자신의 몸을 상대 오른쪽 다리 안으로 파고들며 상대의 몸 중심 아래로 이동한다.
③ 자신의 오른쪽 팔은 상대의 등쪽 띠 혹은 바지를 잡고 왼쪽 팔 및 두 다리로 상대의 오른쪽 다리를 감아 잡는다.

딥 하프 가드 스윕 II (Deep Half Guard Sweep II)

① 하프 가드에서 자신의 오른쪽 발로 상대의 오른쪽 발 아래를 걸어준다.

② 자신의 왼쪽으로 누우며 오른쪽 다리를 이용하여 상대의 다리를 왼쪽으로 민다.
③ 상대를 자신의 왼쪽으로 눕히며 일어나지 못하도록 오른손으로 상대의 왼쪽 다리를 계속 잡아준다.

④ 넘어진 상대를 따라 자연스럽게 상대의 몸 위로 따라 올라간다.

딥 하프 가드 스윕 Ⅲ (Deep Half Guard Sweep Ⅲ)

① 딥 하프 가드에서 자신의 오른쪽 발로 상대의 발 아래를 걸어주며 상대의 다리 안쪽으로 파고든다.

② 오른쪽 발을 상대의 오른쪽 다리 오금에 걸고 왼쪽 다리는 상대의 오른쪽 무릎 위에 건다. 이때 오른손은 상대의 등쪽 띠 혹은 바지를 잡고 왼손으로는 상대의 오른쪽 발목을 잡는다.
③ 자신의 두 다리를 밀며 왼손으로 상대의 오른쪽 발목을 넘긴다.

④ 넘어진 상대를 따라 자연스럽게 상대의 몸 위로 따라 올라간 후 다리를 넘겨 상대의 사이드 포지션을 확보한다.

웨이터 하프 가드 세팅 (Waiter Half Guard Setting)

① 딥 하프 가드에서 상대의 오른쪽 다리를 들어 올리며 자신의 다리를 상대의 무릎에 감는다.

② 자신의 두 다리로 상대의 무릎을 Figure-4 모양으로 감고 왼쪽 손으로 상대의 오른쪽 발목을 잡는다.

웨이터 하프 가드 스윕 Ⅰ (Waiter Half Guard Sweep Ⅰ)

① 웨이터 하프 가드에서 오른팔로 상대의 왼쪽 무릎을 감고 왼손으로 오른쪽 발목을 당기며 상대를 밀어 넘긴다.

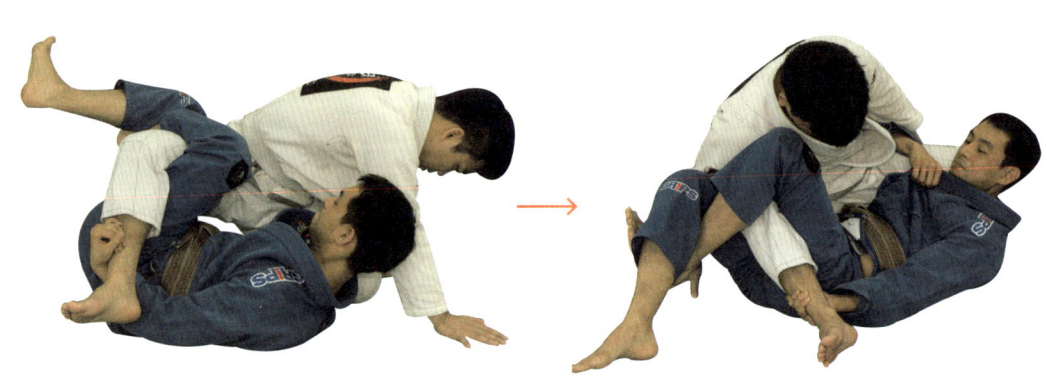

② 상대가 다시 일어나지 못하도록 상대의 왼쪽 다리를 끝까지 잡으며 일어난다.
③ 넘어진 상대를 따라 올라가며 오른쪽 다리를 반대로 넘겨 사이드 포지션을 잡는다.

웨이터 하프 가드 스윕 II (Waiter Half Guard Sweep II)

① 웨이터 하프 가드에서 오른쪽 팔로 상대의 왼쪽 무릎을 감고 왼쪽 손으로 상대의 오른쪽 발목을 당기며 상대를 밀어 넘기려 할 때 상내가 버틸 경우, 오른팔로 상대의 왼쪽 다리를 감싼다.

② 상대의 왼쪽 다리를 자신의 머리 위로 넘기며 자신의 상체를 상대의 등 뒤로 이동한다. 이때 상대의 왼쪽 다리는 끝까지 잡고 민다

③ 상대의 등을 타고 올라가 백 마운트를 확보한다.

스파이더 가드에서 스윕

스파이더 가드 베이직 스윕 Ⅰ (Spider Guard Basic Sweep Ⅰ)
① 상대의 오른쪽 소매를 당기면서 자신의 왼쪽 다리를 밀어 상대를 자신의 오른쪽으로 최대한 기울게 한다.

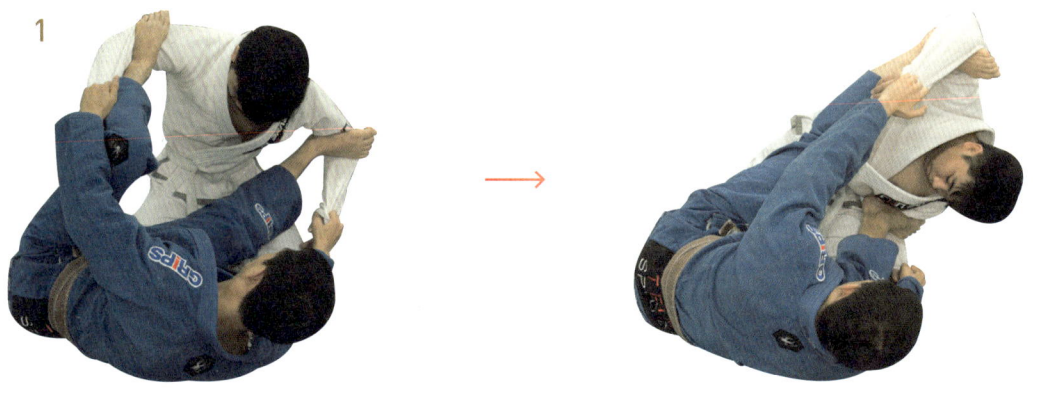

② 상대의 오른쪽 소매를 당기면서 자신의 왼쪽 다리를 밀어 넘긴 후 넘어진 상대를 따라 자연스럽게 몸 위로 올라간다.

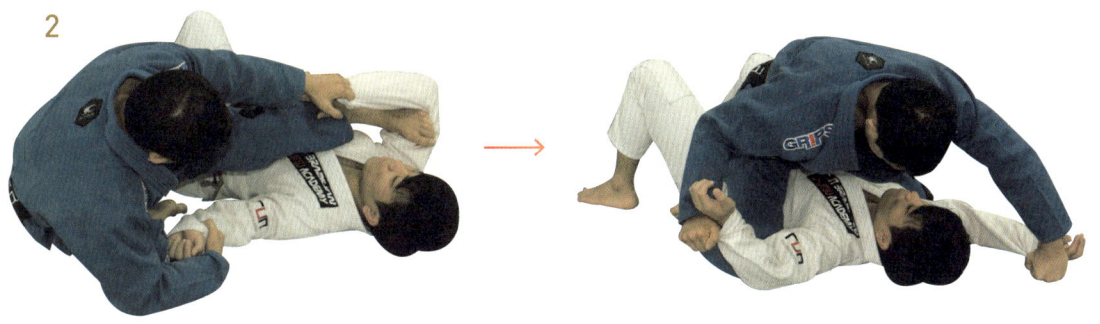

스파이더 가드 세팅 (Spider Guard Setting : Double Biceps)

① 클로즈드 가드에서 자신의 다리를 풀면서 왼쪽 정강이를 상대의 겨드랑이에 밀어넣고 상대의 오른쪽 소매를 잡고 버틴다. 엉덩이는 왼쪽으로 움직이며 자신의 오른쪽 다리가 움직일 수 있는 공간을 만들어 준다.

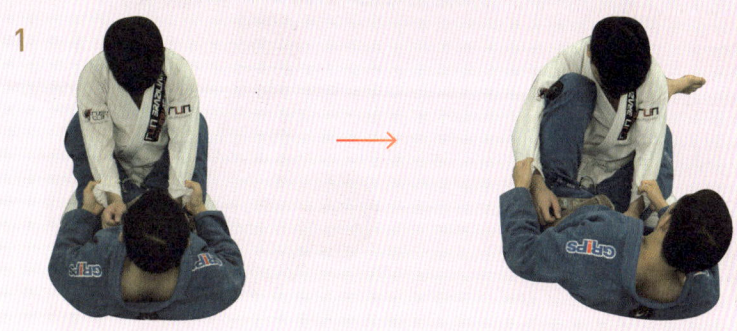

② 상대의 오른쪽 팔을 밀고 있는 왼쪽 정강이를 자신의 왼쪽으로 밀며 오른쪽 다리를 몸 안으로 당긴다.

③ 오른쪽 발로 상대의 왼쪽 팔 이두근을 밀며 다리를 편다.
④ 왼쪽 다리를 펴서 상대의 오른쪽 팔 이두근을 밀면서 상대의 상체 중심을 컨트롤한다.

스파이더 가드 베이직 스윕 II(Spider Guard Basic Sweep II)

① 상대를 오른쪽으로 최대한 기울일 때 상대가 왼쪽 다리를 세워 막을 경우 오른쪽 발을 상대의 왼쪽 다리 오금에 걸어주며 상대의 다리를 들어올린다.

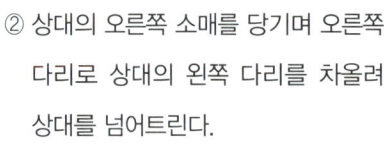

② 상대의 오른쪽 소매를 당기며 오른쪽 다리로 상대의 왼쪽 다리를 차올려 상대를 넘어트린다.

스파이더 가드 베이직 스윕 III(Spider Guard Basic Sweep III)

① 상대를 오른쪽으로 최대한 기울일 때 상대가 오른쪽 다리를 세워 버틸 경우 자신의 오른쪽 발을 상대의 오른쪽 다리 오금에 건다.

② 상대의 왼쪽 소매를 최대한 당기며 자신의 몸을 상대의 몸 안 쪽으로 회전시킨다.

③ 상대를 자신의 머리 위로 넘기며 따라 올라간다.

스파이더 가드 핏 온 힙 스윕 I(Spider Guard Feet on Hips Sweep I)

① 상대의 소매를 각각 잡고 두 발을 상대 엉치에 올린 상태에서 두 손으로 상대의 오른쪽 소매를 잡는다.

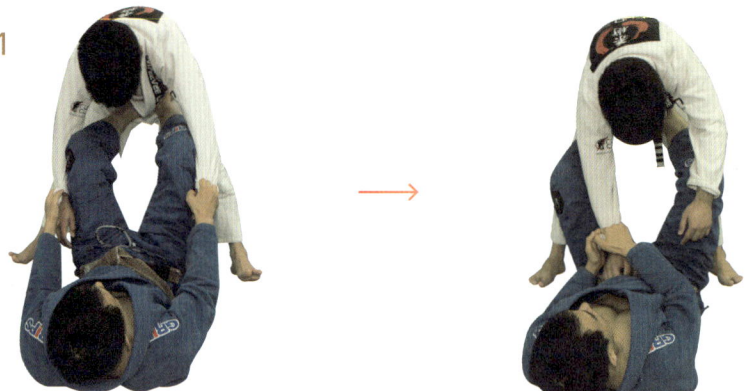

② 오른손으로 상대의 오른쪽 소매를 잡고 상체를 왼쪽으로 돌려 왼손으로 상대의 오른쪽 발목을 잡는다.

③ 오른손으로 상대의 오른쪽 소매를 당기고 왼손으로 상대의 오른쪽 발목을 당기면서 발로 상대의 엉치를 밀어 넘어트린다.

스파이더 가드 핏 온 힙 스윕 II(Spider Guard Feet on Hips Sweep II)

① 오른손으로 상대의 오른쪽 소매를 잡고 상체를 왼쪽으로 돌려 왼손으로 상대의 오른쪽 발목을 잡고 밀었을 때, 상대가 버티면 오른쪽 발을 상대 왼쪽 다리 오금에 넣어 걸어준다.

② 왼손으로 상대의 오른쪽 소매를 잡고 오른손으로 왼쪽 발목을 붙잡는다.

③ 오른손으로 상대의 왼쪽 발목을 당기고 왼쪽 발로는 상대를 밀어준다. 이때 오른쪽 발로 상대의 오른쪽 발목을 걸어 당겨 넘어트린다.

스파이더 가드 칼라 그립 스윕(Spider Guard Collar Grip Sweep)

① 오른손으로 스파이더 가드를 걸고 왼발은 상대의 엉치에 대고 민다. 왼손으로는 상대의 목 깃을 잡는다.

② 왼쪽 발을 상대 다리 안쪽 바닥에 대고 밀면서 엉덩이를 들어올려 상대의 몸을 앞으로 쏠리도록 한다.

③ 왼쪽 다리를 상대의 오른쪽 다리 안에서 밖으로 감으며 발을 상대의 엉치에 붙이고 왼쪽 팔로 상대의 오른쪽 발목을 감는다. 이때 오른쪽 발은 상대의 오른쪽 다리 밑으로 감는다.

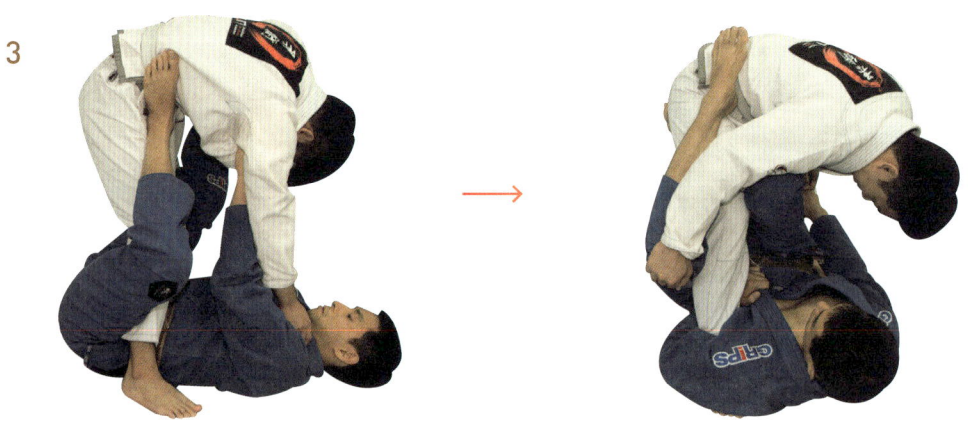

④ 자신의 오른쪽 손으로 상대방의 왼쪽 무릎을 잡고 상대를 밀어 넘어뜨린다.

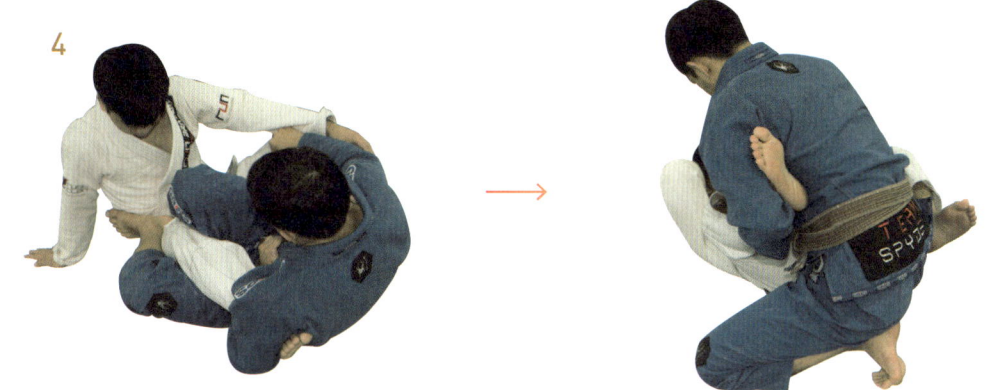

스파이더 투 X가드 스윕(Spider to X Guard Sweep)

① 스파이더 가드 칼라 그립 스윕에서 상대가 왼쪽 다리를 뒤로 빼면서 방어할 때 왼쪽 발을 밖으로 빼서 상대의 왼쪽 엉덩이 안 쪽으로 건다.

② 오른쪽 발을 뻗어 상대방의 왼쪽 다리 오금에 감고 자신의 두 다리를 X자 형태로 만든다. 이와 동시에 오른손으로 잡고 있던 상대방의 왼쪽 소매를 잡아당겨 왼손으로 잡는다.

③ 오른손으로 상대의 오른쪽 목깃을 잡아 당기고 두 다리로 상대를 띄워서 상대를 앞으로 쓰러트린다.

스파이더 라쏘 가드 스윕(Spider Lasso Guard Sweep Ⅰ)

① 상대의 도복 오른쪽 소매를 잡고 라쏘 가드를 잡아준다.
② 자신의 오른손으로 상대의 왼쪽 무릎 도복을 잡는다.

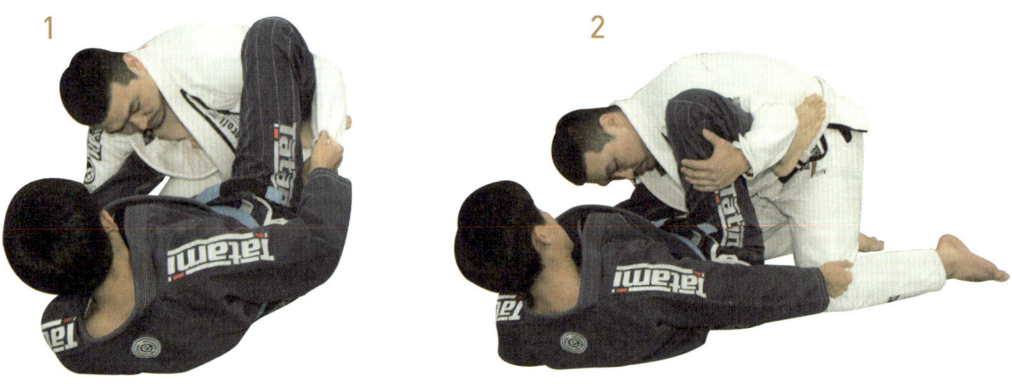

③ 자신의 왼쪽으로 라쏘 그립을 밀며 자신의 오른손으로 잡고 있던 상대의 왼쪽 무릎을 위로 든다.

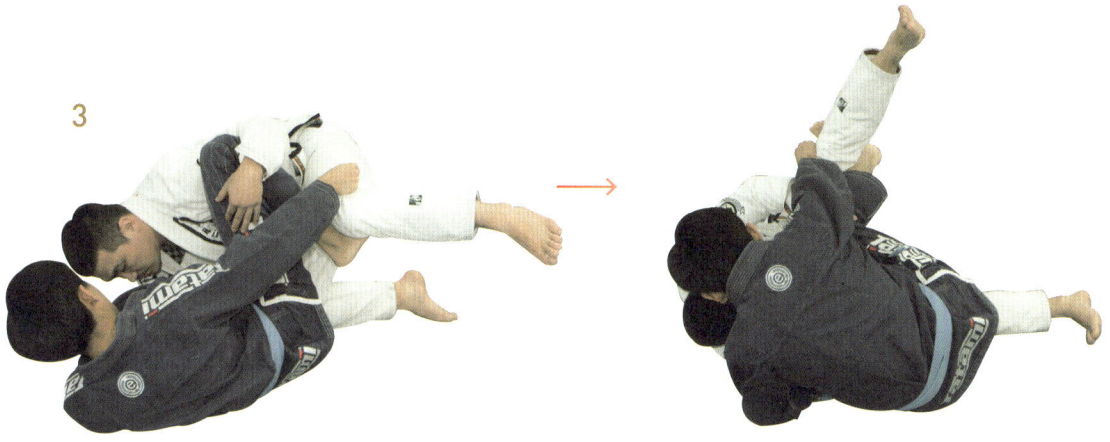

④ 계속 라쏘 그립을 밀며 잡은 도복바지 무릎을 들어올려 상대를 넘겨 스윕한다.

스파이더 라쏘 가드 세팅(Spider Lasso Guard Setting)

① 클로즈 가드에서 두 다리를 풀면서 발을 상대의 엉치에 대고 두 정강이를 상대 팔꿈치 안 쪽에 대고 소매를 당겨 견고하게 잡는다.

② 자신의 왼쪽 다리를 길게 뻗은 후 왼쪽 발을 상대의 오른쪽 팔 밖에서 안으로 감는다.

③ 상대의 오른쪽 팔을 자신의 왼쪽 발로 걸어 잠근 후 풀리지 않게 엉덩이를 오른쪽으로 움직인다.

스파이더 라쏘 가드 스윕 II (Spider Lasso Guard Sweep II)

① 상대의 도복 오른쪽 소매를 잡고 라쏘 가드를 잡아준다. 이때 상대가 왼쪽 다리를 뒤로 뻗으며 방어할 때 자신의 오른쪽 손으로 상대의 오른쪽 무릎 안 쪽을 잡는다.

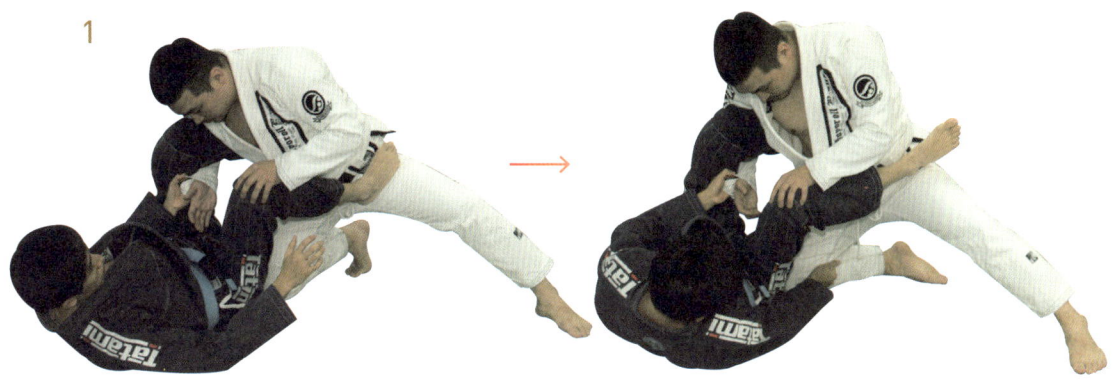

② 자신의 오른쪽 발을 상대의 왼쪽 다리 오금에 넣어주고 라쏘 그립을 왼쪽으로 밀어주며 오른쪽 다리는 차올린다. 이때 오른손으로 잡고 있는 상대의 오른쪽 무릎을 당겨준다.

③ 넘어진 상대를 따라 자연스럽게 상대의 몸 위로 따라 올라간다.

스파이더 라쏘 가드 스윕 III(Spider Lasso Guard Sweep III)

① 상대의 도복 오른쪽 소매를 잡고 라쏘 가드를 잡아준다. 이때 상대가 양쪽 다리를 뒤로 뻗으며 방어하면 몸을 180도 회전하며 오른쪽 무릎 바깥 쪽을 잡는다.

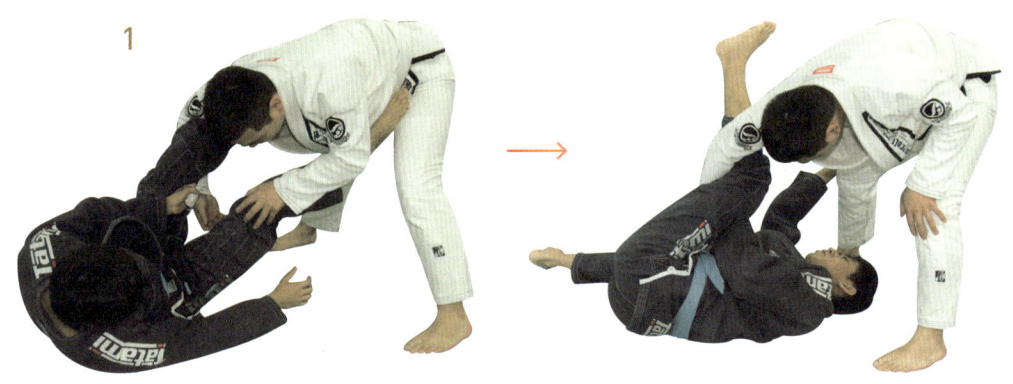

② 라소 그립을 잡은 자신의 왼쪽 발을 상대 겨드랑이를 통해 상대의 팔을 감은 후 다리를 Figure-4 형태로 감는다.

③ 오른쪽 팔이 감겨서 넘어간 상대를 따라 자연스럽게 상대의 몸 위로 따라 올라가 사이드 마운트를 잡는다.

상대 몸 안 쪽으로 회전이 더 된다면 숄더락(오모플라타)을 시도할 수 있다.

데라히바 가드에서 스윕

데라히바 가드 베이직 스윕 | (De La Riva Guard Basic Sweep)

① 데라히바 가드를 잡고 상대의 몸 오른쪽으로 움직인다.
② 자신의 왼손으로 상대 오른쪽 발목을 잡아당기며 오른손으로 목깃을 당겨 준다.

③ 상대를 살짝 띄운 후 자신의 왼쪽으로 넘겨준다.
④ 상대를 따라 자연스럽게 상대의 몸 위로 따라 올라간다.

데라히바 가드 세팅(De La Riva Guard Setting)

① 스파이더 가드 핏 온 힙에서 자신의 오른쪽 발을 상대의 엉치를 밀며 몸과 다리를 왼쪽 밖으로 최대한 회전해준다.
② 회전해준 반동을 이용하여 자신의 왼쪽 발을 상대방의 오른쪽 다리에 밖에서 안으로 감으며 왼쪽 손은 상대방의 발목 혹은 소매, 오른손은 소매 혹은 목깃을 잡는다.

데라히바 가드 베이직 스윕 II (De La Riva Guard Basic Sweep II)

① 데라히바 가드를 잡은 상태에서 자신의 오른손으로 상대의 왼쪽 소매를 잡아당기며 일어난다.

② 오른쪽 발로 상대의 엉치를 밀어주면서 왼쪽 소매를 상대의 오른쪽 다리 밑으로 넣고 자신의 왼손으로 잡는다.

③ 자신의 오른손으로 상대의 왼쪽 목깃을 잡아주며 오른쪽 다리를 펴서 상대의 중심을 무너트린다.

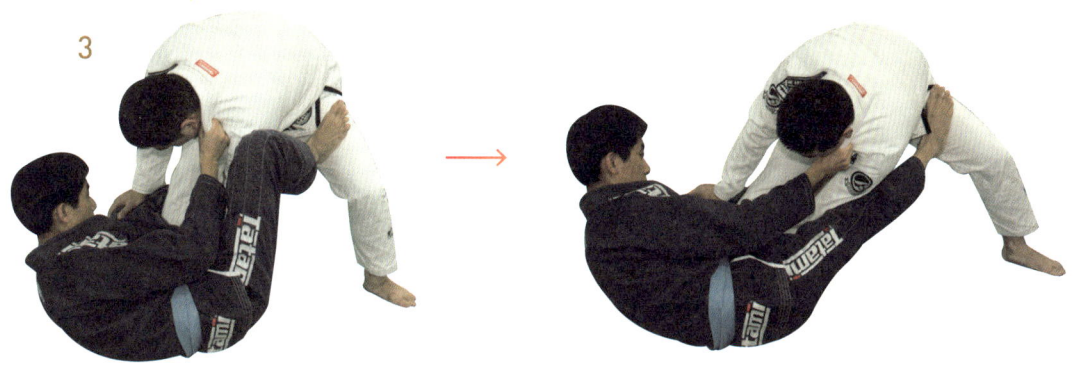

④ 상대를 오른쪽으로 넘어트린 후 자연스럽게 따라 일어난다.

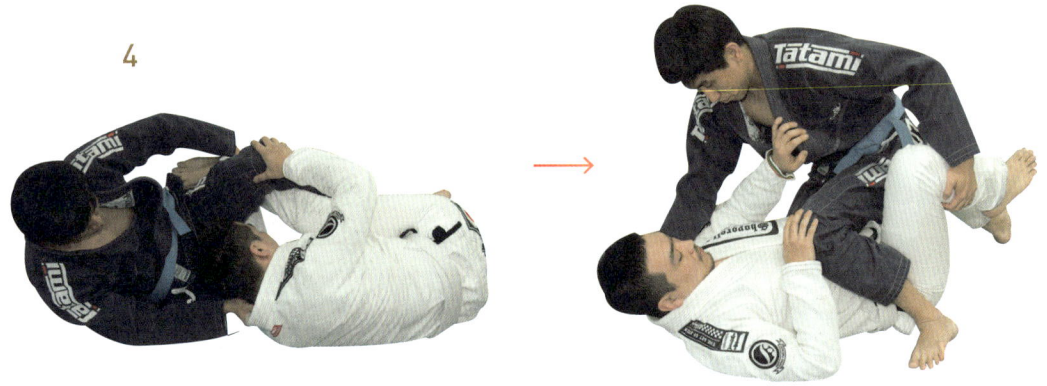

데라히바 가드 베이직 스윕 Ⅲ (De La Riva Guard Basic Sweep Ⅲ)

① 데라히바 가드 베이직 스윕 Ⅱ 기술로 상대를 넘기려 시도할 때 상대가 버티는 경우 오른손을 뒤로 뻗어 바닥을 짚어준다.

② 오른쪽 다리로 상대의 오른쪽 다리를 감고 왼쪽 다리는 뒤로 뻗는다. (S 마운트 자세) 왼손으로는 상대의 왼쪽 소매를 계속 잡아준다.

③ 오른손으로 바닥을 짚고 왼손으로 상대의 왼쪽 소매를 잡아당기며 일어난다.

④ 넘어트린 후 상대의 등 쪽으로 이동하여 백 포지션을 잡는다.

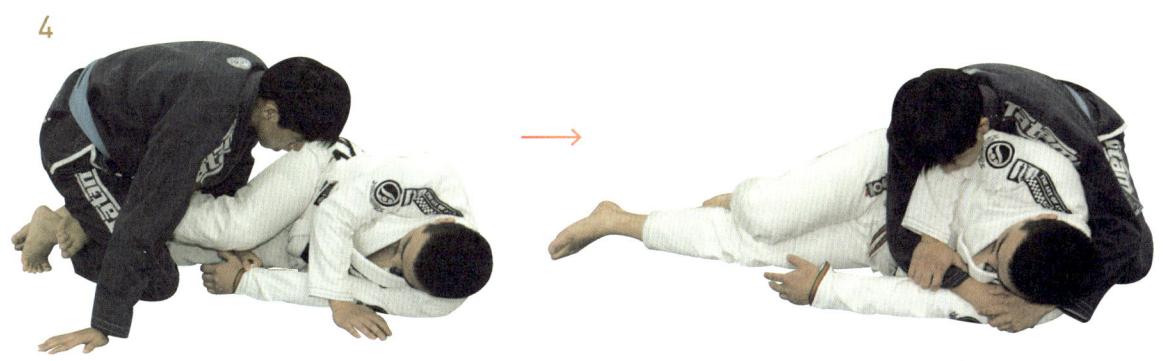

데라히바 가드 베이직 스윕 Ⅳ (De La Riva Guard Basic Sweep Ⅳ)

① 데라히바 가드 베이직 스윕 Ⅲ 기술로 상대를 넘기려 할때 상대가 버틸 경우 상대의 오른쪽 다리를 따라 상대의 뒤로 돌아간다.

② 자신의 오른쪽 발을 상대의 오른쪽 다리 오금에 걸어주고 왼손으로는 상대의 왼쪽 발을 잡는다.

③ 왼쪽 발을 상대의 왼쪽 다리 오금에 걸어주고 왼손으로 상대의 바지 뒷춤 혹은 벨트를 잡는다.

④ 두 다리를 밀면서 왼손으로 상대의 바지 뒷춤 혹은 벨트를 잡고 오른손으로는 상대의 왼쪽 소매를 잡아당기며 백 포지션을 잡는다.

도복 원단 알기 -2

■ **골드 위브**(Gold Weave)

골드 위브는 단겹 혹은 다겹의 평직원단에 골드 위브만의 독특한 실 엮기를 도입한 원단으로 싱글 위브의 장점과 더블 위브의 장점을 모두 가지고 있다고 홍보되며, 한때 주짓수를 위해 태어난 원단으로 유행을 하였다. 즉 더블 위브보다 가볍고, 싱글 위브보다는 튼튼하지만 원단 자체가 늘어나는 특성을 공통적으로 가지고 있어 최근에는 선호도가 떨어졌다. 물론 세탁 후에는 다시 원래 모양을 찾는다.

• 장점 : 더블 위브보다 가볍고, 싱글 위브보다 튼튼하다.
• 단점 : 스파링시에 잘 늘어난다.

상대의 백 포지션을 잡는 방법

더블 슬리브 데라히바 가드 스윕 I (De La Riva Guard Sweep – Double Sleeves I)

① 상대의 양쪽 소매를 잡고 데라히바 자세를 잡고 일어나 앉으며 상대의 오른쪽 소매를 다리 안 쪽으로 밀어넣는다.

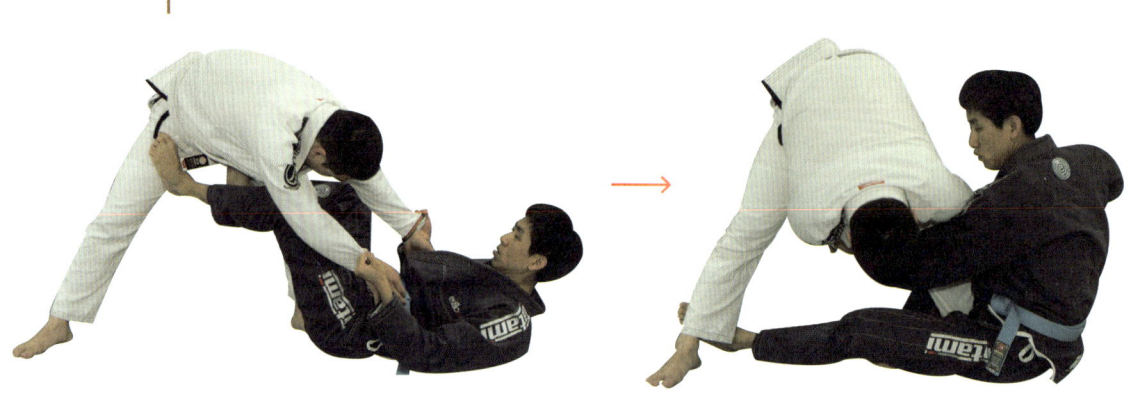

② 상대가 오른팔을 뒤로 빼서 방어하면 상대의 왼팔을 밀어넣으며 자신의 왼손으로 바꾸어 잡고 오른팔로는 상대의 왼쪽 다리를 감싼다.

③ 상대의 왼쪽 소매를 자신의 왼손에서 오른손으로 바꾸어 잡은 다음 상대의 몸 안 쪽으로 돌아 누우며 왼손으로 상대의 오른쪽 무릎을 잡아준다. 이때 왼쪽 발로 상대의 오른쪽 무릎 오금을 걸어준다.

④ 상대를 자신의 오른쪽 어깨 위로 넘기면서 상대 위로 올라간다.

더블 슬리브 데라히바 가드 스윕 II(De La Riva Guard Sweep – Double Sleeves II)
① 상대가 왼쪽 무릎을 세우고 있는 경우 상대의 두 팔 소매를 잡고 자신의 오른쪽으로 회전하며 자신의 오른쪽 다리를 깊게 밀어넣어 상대의 왼쪽 다리 오금에서 오른쪽 엉치까지 걸어준다.
② 왼쪽 발을 상대의 오른쪽 무릎에 대고 민다. 이때 두 팔 소매는 당긴다.

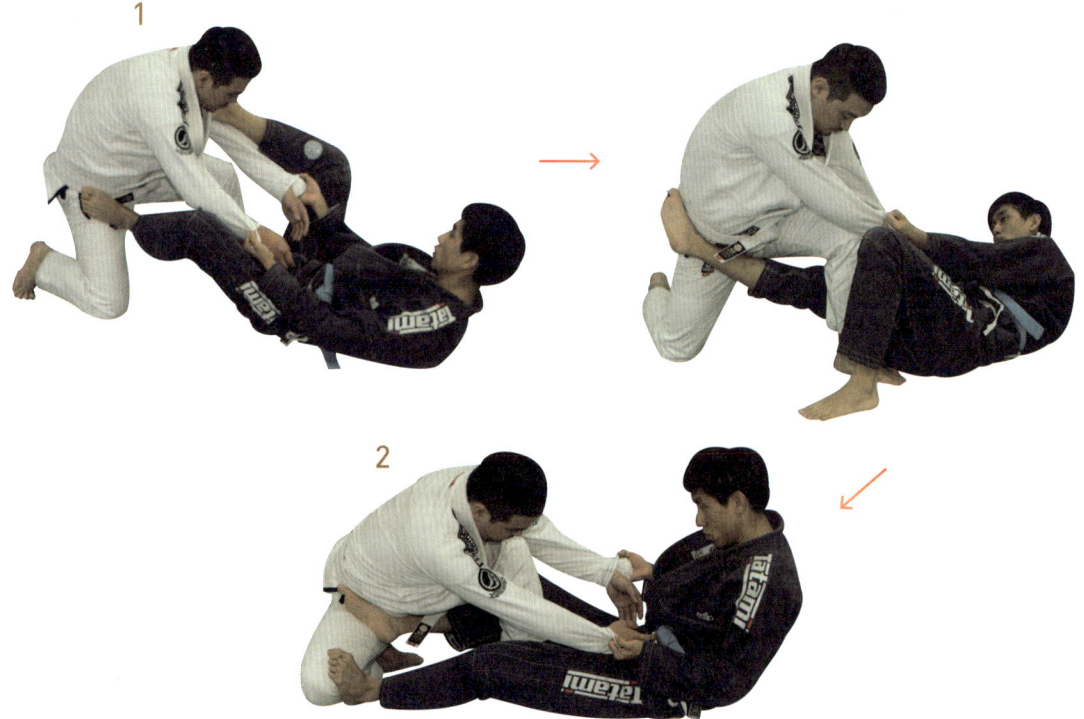

③ 상대의 두 팔 소매를 계속 당기며 상대를 돌려 넘어트린 후 몸을 일으킨다.

더블 슬리브 데라히바 가드 스윕 Ⅲ(De La Riva Guard Sweep – Double Sleeves Ⅲ)

① 더블 슬리브 데라히바 가드 스윕 Ⅱ 기술로 상대를 스윕시켜려고 할 때 상대가 몸을 세워 방어를 할 경우 상대 오른팔 소매를 다리 안 쪽으로 밀어넣고 자신의 오른손으로 잡아준다.

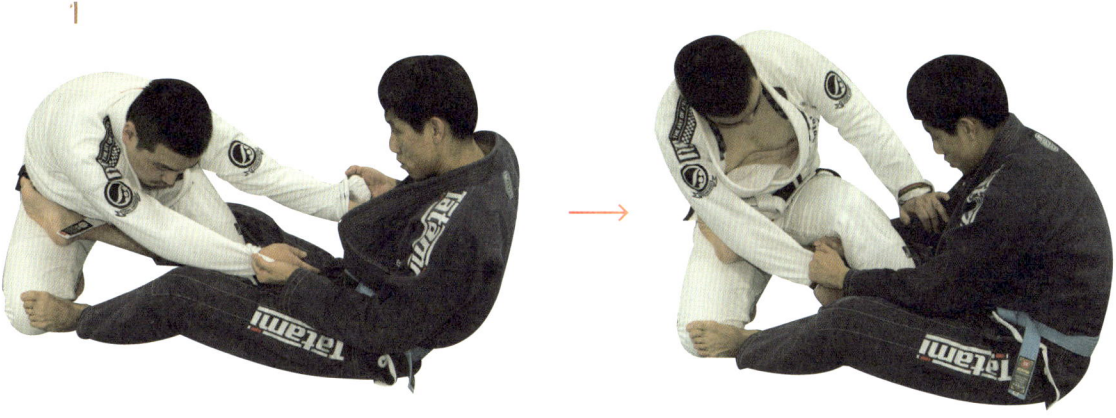

② 자신의 왼손으로 상대의 오른쪽 목 깃을 잡는다. 그 이후 왼쪽 발로 상대를 밀어주며 왼손으로 상대를 당겨 바닥으로 넘어트린다.

③ 바닥으로 넘어트린 후 몸을 일으킨다.

더블 슬리브 데라히바 가드 스윕 IV(De La Riva Guard Sweep – Double Sleeves IV)

① 더블 슬리브 데라히바 가드 스윕 Ⅲ를 시도할 때 상대가 왼손을 바닥에 짚고 버티면 자신의 왼손을 뒤로 뻗어 바닥을 짚는다.

② 왼쪽 손으로 바닥을 짚은 상태에서 왼쪽 다리를 밖으로 빼면서 몸을 뒤로 빼 준다.

③ 일어나면서 상대의 오른쪽 소매를 잡고 있는 자신의 오른팔을 당겨 상대를 넘어트린다.

데라히바 가드에서 구사되는 베림보로(Berimbolo)란?

주짓수계에서 가장 큰 이슈를 불러온 베림보로(Berimbolo) 기술은 시합에서의 엄청난 효과와 더불어 격렬한 논쟁의 중심에 있는데 특히 모던(Modern) 주짓수를 추구하는 주짓수 수련자들은 절대반지와 같은 기술로 여기며, 올드스쿨(Old School) 주짓수 수련자들은 MMA나 실전에서는 불가능한 반쪽짜리 기술로 폄하한다.

베림보로를 간단히 설명하면 데라히바 가드를 잡은 상태에서 어깨를 이용해 상대의 다리 바깥으로 롤링하여 상대의 백 포지션을 점유하거나 스탠딩 상태의 상대를 스윕하는 기술이다.

베림보로의 영어 번역은 스크램블(Scramble)로서 혼전, 서로 밀치기, 앞다투기 및 쟁탈전 등의 의미인데, 시합에서 베림보로 상대의 백 포지션을 잡으려는 사람과 방어하는 사람의 움직임을 가장 잘 묘사한 단어가 아닌가 생각된다.

스윕 혹은 가드패스 → 사이드 포지션 이동 → 백 포지션 점유 등 단계별로 상대를 제압하는 일반적인 주짓수 기술을 보다가 데라히바 가드에서 한 번에 상대의 백 포지션을 점유하는 베림보로 기술을 접한 경우 격렬하게 빠져들거나 체육관 매트 위에서 밖에 할 수 없는 기술로 무시된다.

베림보로의 '실전성'에 대해서 의문을 품는 올드 스쿨 주짓수 계열의 블랙벨트들은 모든 것이 허용되는 실전에서 베림보로를 시도할 경우 상대의 타격에 맞을 위험성에 대해 계속 언급한다. 특히 종합격투기나 길거리 싸움에서 바닥에 드러누워 베림보로를 사용한다면 상대의 주먹이나 발길질에 맞을 위험이 높은데, 이는 비단 베림보로만의 문제가 아니라 주짓수에서 가드 플레이의 전반적인 약점이라 할 수 있다. 하지만 베림보로를 익숙하게 수련한다면 단언컨대 그 위력은 매트 위의 '도복 주짓수' 경기에서만큼은 절대적이라 할 수 있다.

① 데리히바 가드를 잡은 상태에서 왼손으로는 상대의 오른쪽 발목을 잡고, 오른손으로는 상대의 벨트를 잡는다.
② 자신의 왼쪽, 오른쪽 팔을 당겨주며 상대을 살짝 띄운 후 옆으로 넘어트린다. 이후 상체를 접으면서 숄더 롤링하며 몸을 회전시킨다.

③ 몸을 회전한 후 왼쪽 다리로는 상대의 오른쪽 다리 오금을 걸어주고 왼손으로는 상대의 왼쪽 다리를 잡아준다.

④ 상대의 등이 자신에게 보이도록 상대의 두 다리를 옆으로 돌린다.

⑤ 왼쪽 다리로 상대의 왼쪽 다리 발목에 걸어주고 왼손은 상대의 겨드랑이에 집어넣고 백 포지션을 잡는다.

리버스 데라히바 가드(Reverse De La Riva Guard)에서 스윕

리버스 데라히바 가드 스윕 (Reverse De La Riva Guard Sweep)

① 자신의 왼손으로 스파이더 가드를 건 상태에서 오른쪽 다리를 상대의 오른쪽 다리 안 쪽에서 바깥 쪽으로 걸어주고 오른손으로는 상대의 오른쪽 발목을 잡아준다.

② 자신의 몸을 상대 다리 사이로 회전하여 상체를 상대의 엉덩이 뒤 쪽까지 넣어준다. 이때 자신의 오른쪽 발로는 상대의 오른쪽 다리 오금을 밀어주고, 왼손으로 잡고 있던 스파이더 가드를 중간에 놓아주면서 상대의 왼쪽 발목을 잡는다.

③ 왼손으로 상대의 바지 뒷춤을 잡고 두 다리를 앞으로 밀어 상대를 공중에 띄운 후 오른손으로 상대의 뒷 목깃을 잡아당긴다.

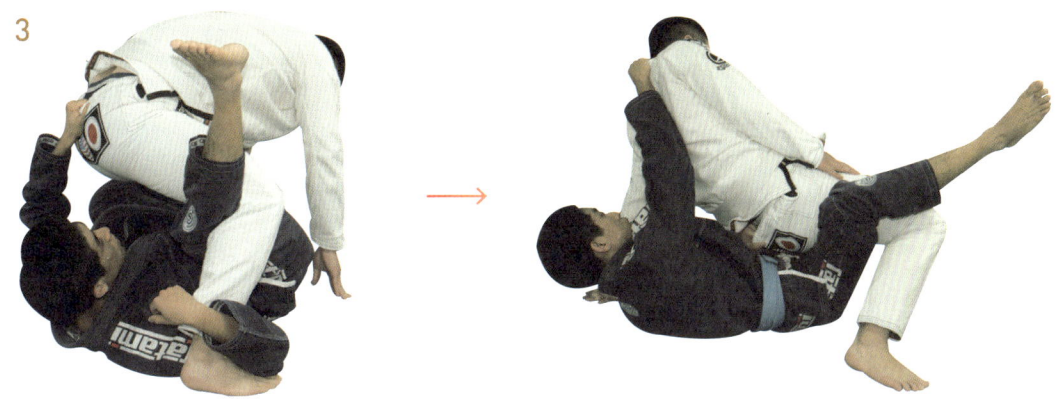

④ 자신의 양쪽 다리를 상대의 몸 안으로 집어넣고 백 포지션을 잡는다.

06 | 테이크다운(Takedown)

테이크다운은 스탠딩 상태에서 상대를 그라운드로 당기거나 넘겨서 엉덩이 혹은 등을 바닥에 닿게 하는 기술로 주짓수뿐만 아니라 유도, 레슬링에서도 중요성이 높다. 주짓수의 테이크다운은 유도나 레슬링이 보기에는 기술의 기원을 알 수 없는 어설픈 테이크다운 기술로 생각할 수 있으나 유도와는 다르게 하체를 잡고 넘길 수가 있으며, 자유형 레슬링과 다르게 상대의 도복을 잡을 수 있기에 서 있는 자세(스탠스)부터 기술까지 주짓수에 특화된 기술들이 많다. 또한 테이크다운 시도 시 상대로부터 카운터 및 서브미션을 당할 수 있기에 유도와 레슬링과는 또 다른 기술적 접근이 필요하다.

주짓수 수련자 중 테이크다운 자체를 피하며 시작과 동시에 가드로 가는 사람도 많고 가드플레이가 주짓수의 정수이자 본연의 모습이라 주장하는 경우도 많으나 레슬러나 유도가들이 주짓수로 유입되며 스탠딩부터 상대를 압박하여 유리함을 가져가고자 테이크다운을 연마하는 사람들도 늘어나고 있다. 여기서는 기본적인 더블 렉 테이크다운, 싱글 렉 테이크다운, 앵클 픽 테이크다운에 대해서 알아보자.(유도식 테이크다운은 유도 교본을 참조하는 것이 바람직하다)

더블 렉 테이크다운(Double Leg Takedown)

더블 렉 테이크다운
① 상대와 마주보고 선다.
② 앞쪽 다리 무릎이 바닥에 닿을 때까지 앉으며 앞으로 움직인다.
③ 상대의 양 쪽 다리 오금을 두 손으로 잡으며 뒤쪽 다리를 앞으로 움직인다.

④ 자신의 두 다리를 나란하게 위치한 후 허리를 세우면서 상대를 살짝 든다.
⑤ 상대의 몸을 뒤로 혹은 옆으로 넘어뜨린다.
⑥ 넘어뜨리는 힘을 이용하여 자신의 어깨를 상대 아랫배 위에 지지하며 다리를 들어 상대 몸 옆으로 이동, 사이드 마운트를 확보한다.

싱글 렉 테이크다운(Single Leg Takedown)

싱글 렉 테이크다운

① 상대와 마주보고 선다.
② 몸을 낮추며 자신의 왼쪽 다리가 앞으로 나가면서 무릎을 꿇고 왼손으로 상대의 오른쪽 다리를 잡는다. 이때 자신의 두 팔로 상대의 오른쪽 다리를 깊숙이 잡고 머리는 상대의 오른쪽 다리 골반 안 쪽에 붙인다.
③ 상대의 오른쪽 다리를 자신의 가랑이 사이에 끼워 넣고 일어난다.
④ 자신의 두 다리를 나란하게 위치한 후 허리를 세우면서 상대를 살짝 든다.
⑤ 자신의 머리로 상대의 오른쪽 다리 안 쪽에서 바깥 쪽으로 밀고, 몸은 상대의 오른쪽 다리 안 쪽으로 회전한다.

⑥ 넘어뜨린 후 자신의 머리로 상대의 골반 위를 누르며 오른쪽 다리를 계속 붙잡고 상대 몸 오른쪽 옆으로 이동, 사이드 마운트를 확보한다.

화이트 벨트 시합에서 주의해야 할 팁!

상대의 다리를 잡을 때 머리가 다리 밖으로 나가 있을 경우 화이트 벨트 시합에서는 중지 후 스탠딩으로 다시 시작한다.(테이크다운 시 상대의 머리가 바닥에 부딪쳐 충격을 받을 수 있기 때문)

암 드렉 투 싱글 렉 테이크다운 (Arm Drag to Single Leg Takedown)

① 상대와 마주보고 자신의 왼쪽 손으로 상대방의 오른쪽 손목을 잡고 오른쪽 손으로 상대방의 오른쪽 팔꿈치 안쪽을 잡는다.

② 몸을 낮추며 오른쪽 다리를 앞으로 내디디면서 왼손으로 상대의 오른쪽 다리를 잡는다.

③ 자신의 두 팔로 상대방의 양 쪽 허벅지를 깊숙이 잡고 머리는 상대의 오른쪽 다리 골반에 붙인다. 이때 자신의 오른쪽 다리로 안에서 밖으로 꼬아서 상대의 오른쪽 다리를 걸어준다.

④ 상대를 밀면서 동시에 자신의 오른쪽 다리를 당겨 상대를 넘어트린다.

앵클 픽 테이크다운(Ankle Pick Takedown)

암 드랙 인투 앵클 픽 테이크다운 (Arm Drag Into Ankle Pick Takedown)

① 상대와 마주보고 자신의 오른쪽 손으로 상대방의 왼쪽 손목을 잡고 왼쪽 손으로 상대방의 왼쪽 팔꿈치 안쪽을 잡고 당긴다.
② 상대가 버티는 힘을 이용하여 자신의 왼쪽 다리를 상대의 왼쪽 다리 안 쪽으로 내 딛는다.
③ 자신의 왼쪽 발로 상대의 왼쪽 발목을 걸어 다리를 들어올린다.
④ 오른손으로 상대의 왼발을 붙잡는다.

⑤ 자신의 왼쪽 발을 상대의 오른쪽 발 안 쪽으로 넣어 걸어주며 넘긴다.
⑥ 상대를 넘어뜨린 후 자신이 붙잡고 있던 상대의 왼쪽 다리를 자신의 왼쪽으로 밀며 상대 몸 왼쪽 옆으로 이동, 사이드 마운트를 확보한다.

앵클 픽 테이크다운 위드 페이크 가드 풀 (Ankle Pick Takedown with Fake Guard Pull)

① 상대의 오른쪽 도복 소매와 목깃을 잡는다.
② 몸을 낮추며 클로즈 가드를 하는 것처럼 상대을 당기며 자신의 오른쪽 발을 상대의 왼쪽 엉치에 붙인다.
③ 자신의 왼발로 중심을 잡으며 뒤로 살짝 눕는다.
④ 상대가 클로즈 가드에 가지 않으려고 버틸 때 자신의 오른쪽 다리를 뒤로 빠르게 빼준다.

⑤ 자신의 오른쪽 다리는 뒤쪽을 딛고 버티며 왼쪽 발이 앞으로 나가며 몸을 숙여 상대의 오른쪽 발목을 자신의 왼손으로 잡고 당긴다. 이때 목깃을 잡고 있는 자신의 오른손은 민다.

⑥ 넘어뜨린 후 자신의 오른손으로 상대의 목깃을 계속 잡으며 상대방의 오른쪽 옆으로 이동, 사이드 마운트를 확보한다.

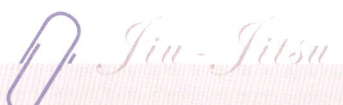

주짓수 테이크다운 중 금지기술인 가위치기에 대하여

유도에서 유래된 가위치기(Kani-Basami)는 상대의 하반신에 자신의 두 다리를 가위처럼 엇갈려 넘어트리는 기술로 상대의 무릎 혹은 발목을 다치게 할 수 있어 금지된 기술이다.

가위치기 기술이 들어간 경우 버티면 무릎에 심각한 부상이 발생하며 넘어가는 경우 다리가 꼬이면 발목을 다치게 된다.

1980년 전일본 유도선수권 대회에서 엔도 스미오 선수가 가위치기로 야마시타 야스히로의 종아리뼈를 부러뜨린 경기가 유명하며, 1988년 서울 올림픽 때 한국의 이경근 선수가 가위치기로 상대 선수의 발을 부러뜨리며 금메달을 차지하지만 세계유도협회와 IOC에서 1990년 유도세계선수권과 1992년 바르셀로나 올림픽때부터 가위치기를 금지기술로 공식화하였다. 유도와 더불어 주짓수에서도 금지기술 중 하나다.

07 | 가드 패스(Guard Pass)

탑 포지션에서 사용되는 주짓수 기술로서 가드 포지션에 있는 상대의 가드를 패스 후 서브미션 등으로 상대를 제압하기 위한 과정이라 할 수 있다.
클래식 주짓수를 추구하거나 실전 상황에서의 주짓수를 강조하는 여러 단체에서는 가드 패스를 중요시 여기며 가드에서의 스윕과는 창과 방패의 관계라 할 수 있다.

압박형 가드 패스

상대를 압박하여 가드 패스하는 기술로는 더블 언더훅 가드 패스, 오버·언더 가드 패스, 니 슬라이드 가드 패스가 있다.

더블 언더훅 가드 패스(Double Under Hook Guard Pass)
① 클로즈 가드를 잡고 있는 상대의 클로즈 가드를 풀고 두 다리 안으로 팔을 넣어 상대의 띠를 잡는다.

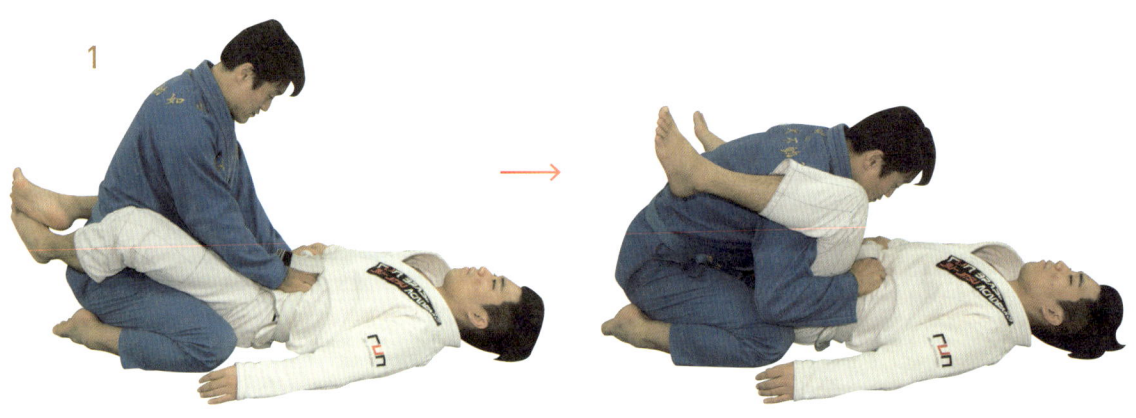

1

② 상대의 엉덩이를 들어올려 자신의 무릎에 올린 다음 앞으로 압박하여 상대가 도망치지 못하도록 한다.

③ 왼쪽 손으로 상대의 왼쪽 목깃을 잡은 후 왼쪽 어깨로 상대의 오른쪽 다리를 압박하며 옆으로 민다.

④ 상대의 왼쪽 목깃을 잡은 채 계속 압박하며 상대의 오른쪽 다리를 옆으로 치운 후 사이드 마운트를 잡는다.

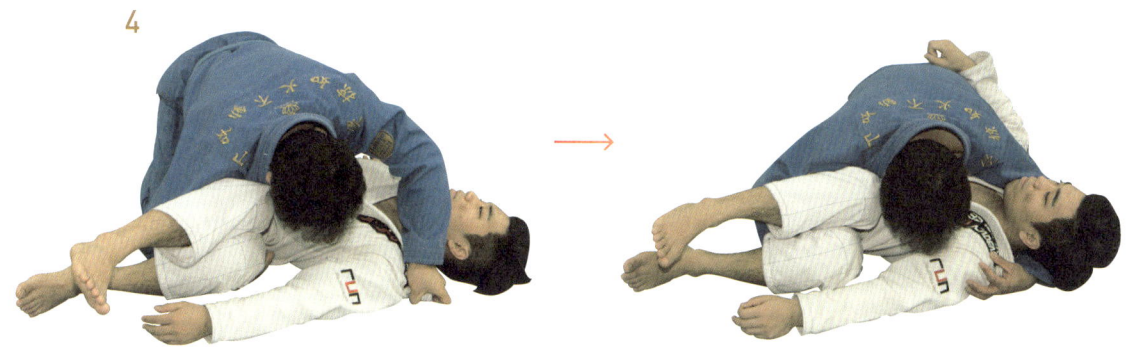

더블 언더훅 가드 패스 투 백(Double Under Hook Guard Pass to Back)

① 상대의 두 다리 안으로 팔을 넣어 띠를 잡은 후 상대의 엉덩이를 들어올려 자신의 무릎에 올린 다음 앞으로 압박한다.

② 상대가 숄더 롤링을 하며 터틀 포지션으로 이동하면 상대를 따라 움직이며 뒤쪽으로 이동하여 뒤쪽 목깃과 띠를 잡는다.

③ 상대의 뒷 목깃을 두 손으로 잡아당기며 두 발을 상대방 허벅지 안 쪽으로 밀어넣어 백마운트를 잡는다.

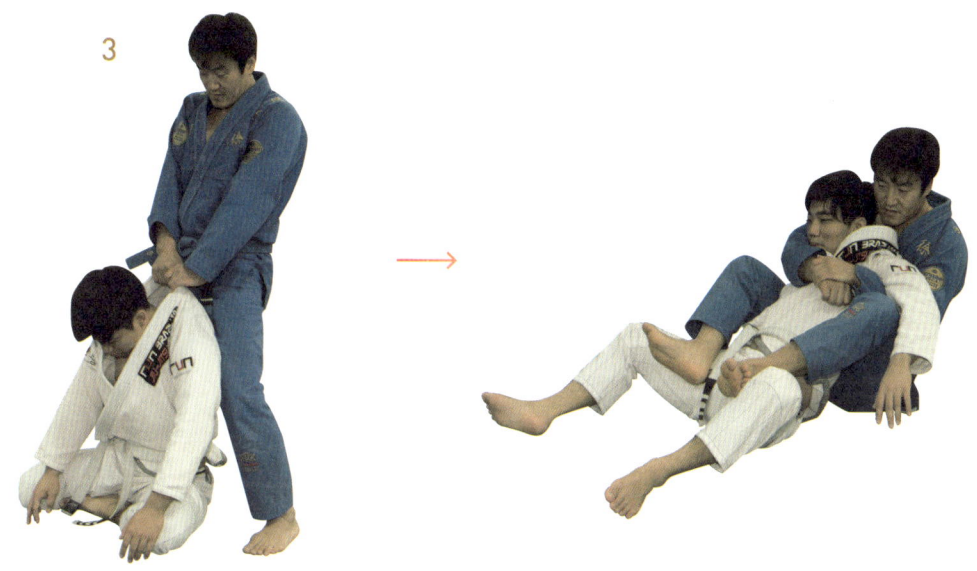

오버언더 가드 패스(Over/Under Guard Pass)

① 상대의 왼쪽 다리를 자신의 오른쪽 어깨에 올리고 오른손으로 상대의 오른쪽 목깃을 잡는다. 이때 왼손은 상대의 오른쪽 무릎을 잡는다.
② 상대의 왼쪽 다리를 자신의 오른쪽 어깨에 올리고 계속 압박하며 왼쪽 정강이를 상대의 오른쪽 무릎에 올리며 옆으로 이동한다.

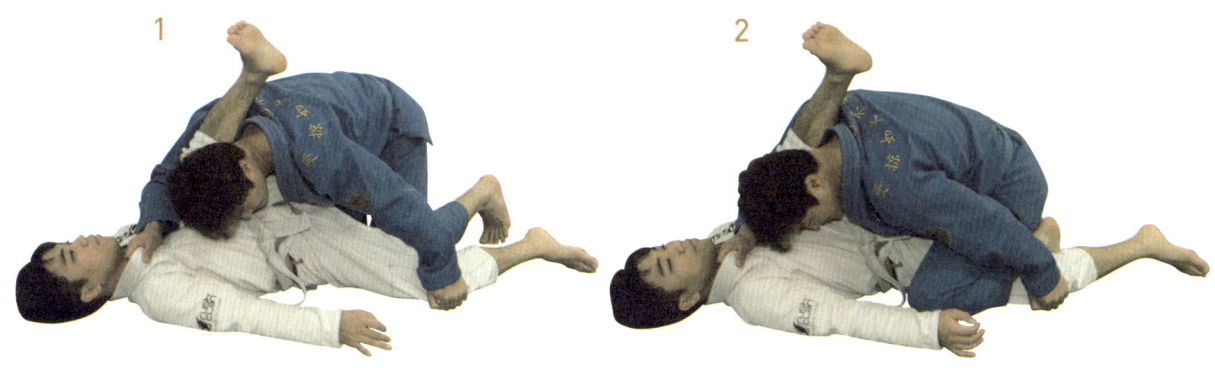

③ 자신의 왼손으로 상대의 목깃 뒤를 잡는다.

④ 자신의 오른쪽 다리를 왼쪽으로 넘겨(렉 오버 드릴 참조) 몸을 이동시킨 후 다리를 스위치하여 사이드 마운트를 잡는다.

니 슬라이드 가드 패스 (Knee Slide Guard Pass)

① 상대의 두 무릎을 잡은 후 상대의 오른쪽 다리를 바닥에 눕이고 왼손으로는 상대의 오른쪽 무릎을 잡고 오른손으로는 상대 왼쪽 목깃을 잡는다. 이때 자신의 오른쪽 무릎으로 상대의 오른쪽 다리를 누르고 왼쪽 다리는 세워서 버틴다.

② 상대에게 밀리지 않도록 자신의 오른쪽 팔은 90도로 굽혀서 상대의 몸에 밀착시키고 머리는 숙인다. 이때 왼쪽 팔로는 상대의 오른팔을 잡아당기며 왼쪽 다리는 쭉 펴서 중심을 잡는다.

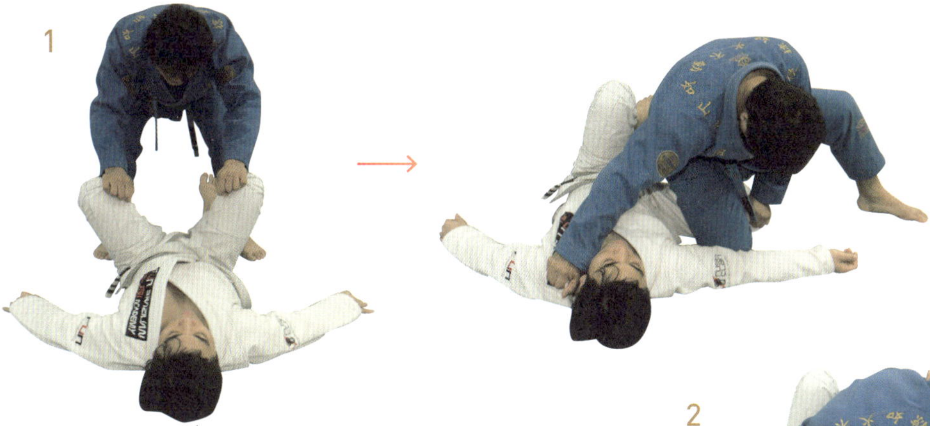

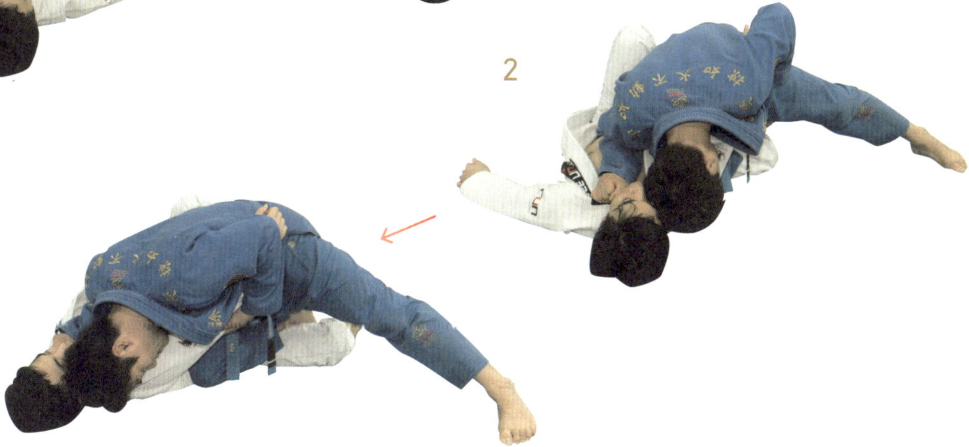

③ 상대의 오른쪽 무릎에 걸려 있는 자신의 오른쪽 발을 빼낸다. 이때 허리를 펴주면 발을 빼내는 데 수월하다.

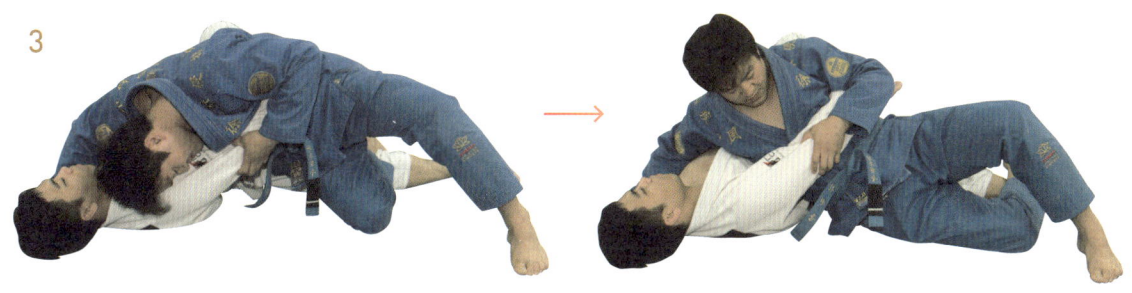

④ 자신의 오른쪽 발을 앞으로 차면서 옆으로 이동 후에 두 다리를 스위치하여 사이드 마운트를 잡는다.

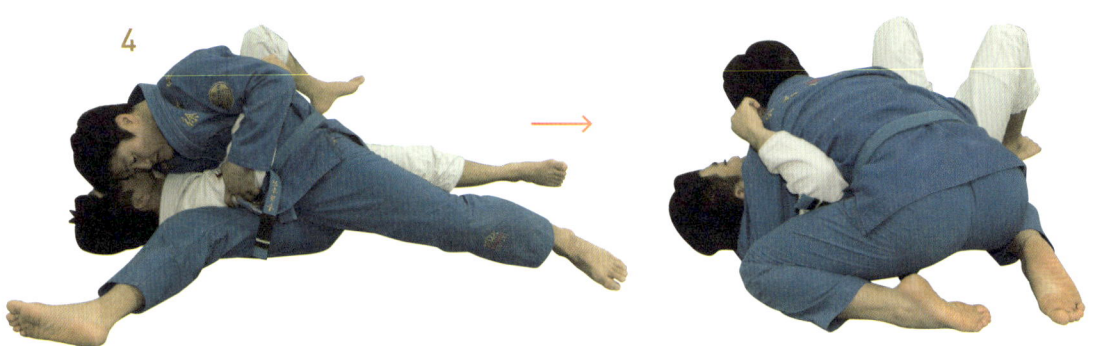

타이밍형 가드 패스

타이밍을 포착하여 상대를 가드 패스 하는 기술로는 토레안도 가드 패스, X 가드 패스, 렉 드레그 가드 패스가 있다.

토레안도 가드 패스(Toreando Guard Pass)
① 가드 상태인 상대방의 양쪽 무릎을 양손으로 잡는다.
② 오른손으로 상대의 왼쪽 다리를 밀면서 상대의 오른쪽으로 이동한다. 이때 오른팔은 쭉 펴고 왼팔은 굽혀서 상대의 골반이 돌아가게 한다.

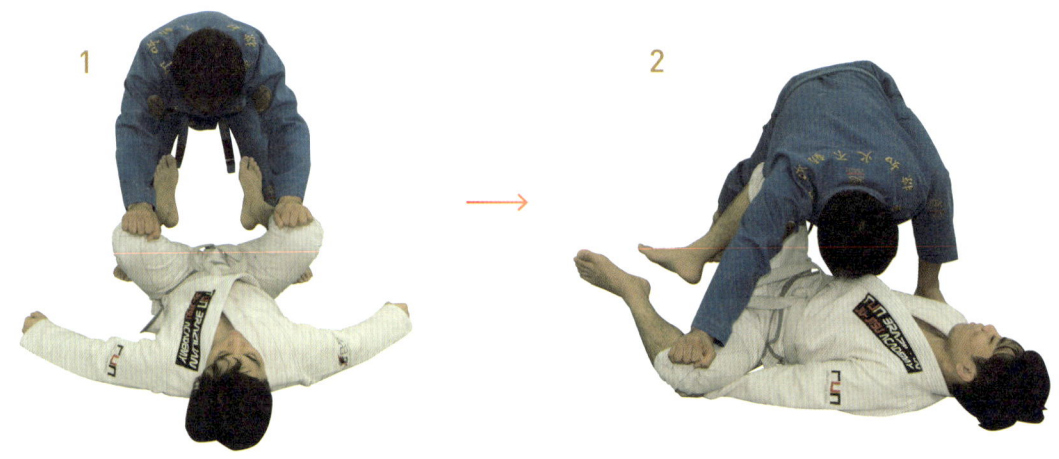

③ 상대의 오른쪽으로 이동한 후 왼손으로 상대의 오른쪽 다리를 아래로 밀면서 상대의 골반을 반대 쪽으로 향하게 하여 상대의 탈출시도를 방어하며 사이드 마운트를 잡는다.

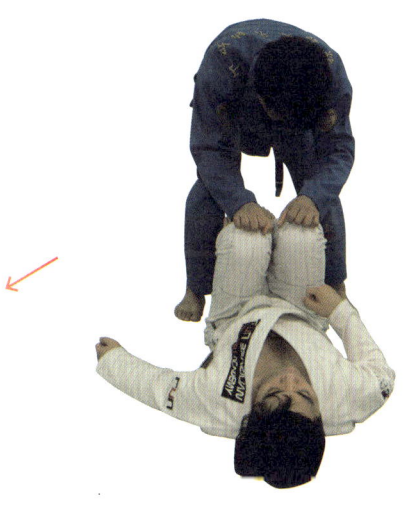

> **Point!**
> 상대가 다리를 벌리지 않고 모으면 토레안도 패스를 할 필요없이 상대의 두 다리를 압박하다가 왼쪽 혹은 오른쪽으로 잡아빼서 패스한다.

X가드 패스 I (X Guard Pass I)

① 가드 상태인 상대의 양쪽 무릎을 양손으로 잡은 상태에서 왼손으로 상대의 오른쪽 다리를 밑으로 밀고 자신의 오른쪽 다리는 뒤로 찬다. (다리를 차는 이유는 상대의 다리에 걸리지 않게 하기 위해서이다.)

② 상대의 오른쪽 다리를 최대한 안 쪽으로 밀며 뒤로 찼던 자신의 오른쪽 다리를 앞으로 내디디며 상대의 몸을 압박하고 패스한다.

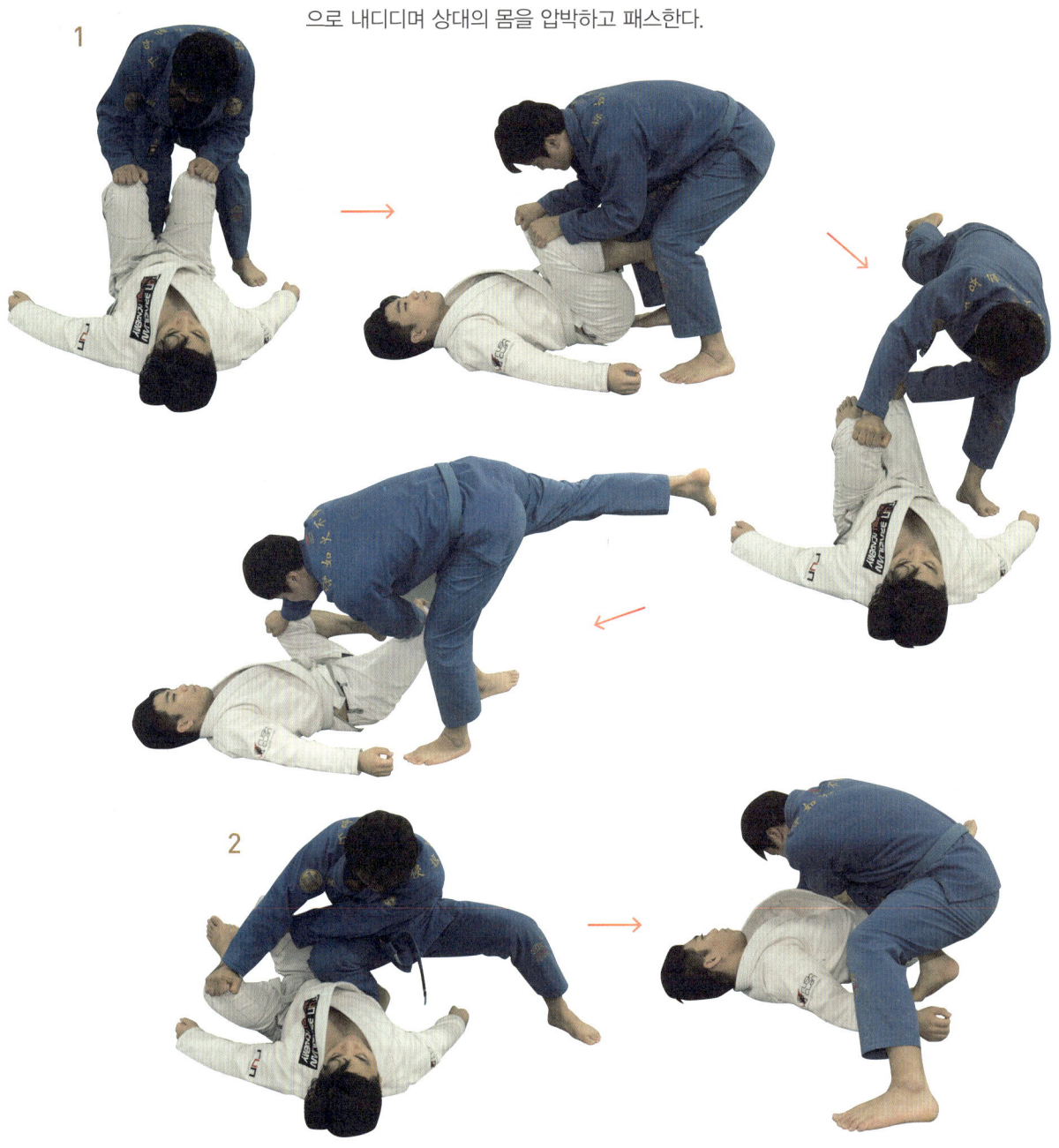

X가드 패스 II (X Guard Pass II)

① 싯업 가드 상태인 상대의 오른쪽 어깨를 자신의 오른손으로 잡고 왼손으로 상대의 오른쪽 바지 무릎을 잡는다.

② 상대의 오른쪽 어깨를 계속 밀면서 왼손으로 상대의 오른쪽 다리를 자신의 오른쪽으로 민다. 이때 자신의 오른쪽 다리는 뒤로 뻗으며 상대의 두 다리 사이에서 빼낸다.

③ 상대의 오른쪽 다리를 자신의 오른쪽으로 계속 밀며 자신의 오른쪽 다리를 상대 오른쪽 몸통으로 이동시킨다. 이후 자신의 오른쪽 다리를 상대 오른쪽 몸통에 붙여 상대의 이스케이프를 봉쇄한다.

> **Point!**
>
> 상대에게 자신의 다리가 팔과 다리로 잡혔을 경우 가슴 중앙을 밀면 패스가 되지 않는다. 이때는 붙잡힌 오른쪽 다리를 상대 엉덩이 밖으로 빼낸 다음 몸을 상대의 왼쪽으로 회전하며 왼쪽 다리를 넘긴다.

렉 드레그 가드 패스 I (Leg Drag Guard Pass I)

① 상대가 자신의 엉치에 발을 대고 있을 때 상대의 오른쪽 바지 깃을 두 손으로 잡는다.

② 상대의 오른쪽 다리를 높이 들어올린다. 이때 몸을 펴서 다리를 엉치에서 튕겨낸다.

③ 오른손으로 상대의 오른쪽 다리를 자신의 오른쪽으로 당기면서 스쿼트 자세로 주저앉는다. 이때 상대의 오른쪽 다리를 자신의 오른쪽 무릎 위에 끼워넣는다.

④ 자신의 오른손으로 상대의 왼쪽 목깃을 잡고 상대의 골반이 옆으로 틀어지게 압박한다.
⑤ 상대가 왼쪽으로 움직이며 탈출하려 하면 따라 움직이며 백 마운트를 잡는다.

렉 드레그 가드 패스 Ⅱ (Leg Drag Guard Pass Ⅱ)

① 렉 드레그 가드 패스 중 상대의 오른쪽 다리를 자신의 오른쪽 무릎 위에 끼워넣었는데 상대가 왼쪽 다리를 들어 방어할 때 왼손을 들어 다리를 눌러준다.
② 상대의 왼쪽 다리를 바닥으로 눌러준다.
③ 머리와 몸을 숙이며 상대를 압박하고 왼쪽 무릎으로 상대의 오른쪽 다리를 누른다.

④ 상대의 왼쪽으로 이동하며 사이드 마운트를 잡는다.

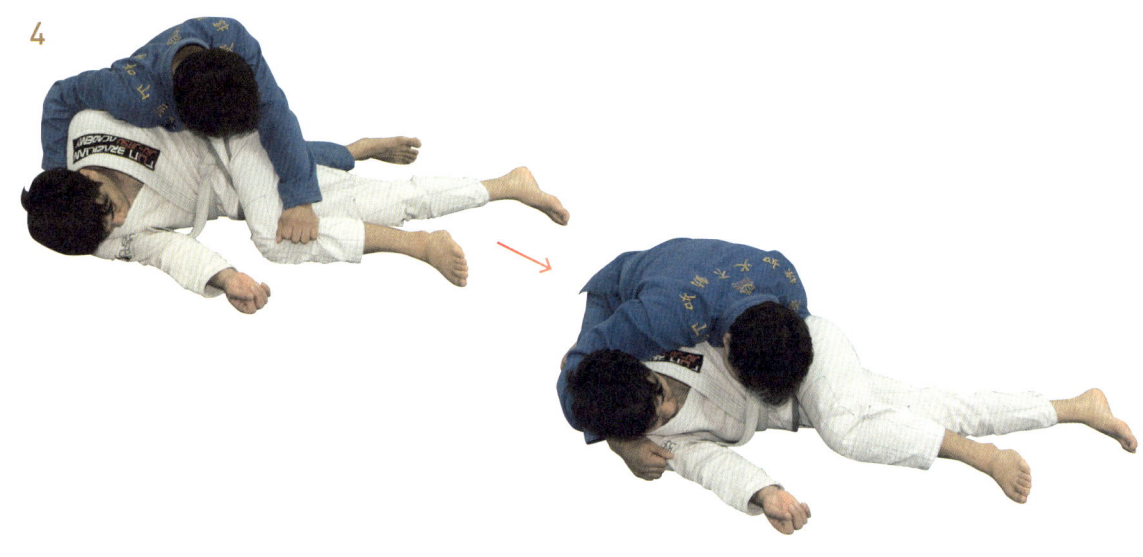

도복 원단 알기 -3

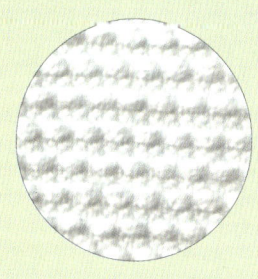

■ **펄 위브**(Pearl Weave)
펄 위브는 엮은 실 모양이 진주(Pearl)와도 같다고 해서 지어진 이름이다. 최근에 가장 선호되는 원단이나 제조사마다 품질의 차이가 큰 편이니 주의해서 구입해야 한다. 무게와 느낌 또한 제조사별로 상이하지만 대체로 가볍고 부드러우며 원단이 조밀하여 단단한 편이다. 건조도 빠르다. 진주알 모양 실이 클수록 원단이 부드러우며, 작을수록 조밀한 대신 상대적으로 거칠다.
• 장점 : 가벼우면서 부드럽다. 원단이 조밀하다.
• 단점 : 제조사별 품질 차이가 크다.

■ **카리오카 위브**(Carioca Weave)
브라질 주짓수 도복의 명가 아타마(頭)의 플래그쉽 모델인 문디알에 사용되는 원단이다. Carioca는 브라질 리우 태생의 사람을 지칭하는 단어로 아타마의 자부심이 담긴 네이밍이다. 펄 위브보다 단단하고 조밀하며 거칠고 살짝 두껍다. 하지만 더블 위브보다 얇고 가벼운 편이라 얇으면서 단단한 도복을 선호한다면 만족할 것이다.
• 장점 : 조직이 단단하고 조밀하여 튼튼하다.
• 단점 : 가격이 비싸고 거칠다.

08 | 서브미션(Submission)

상대를 제압하기 위한 최후의 수단으로 관절을 꺾어 항복을 받아내는 '관절기' 및 상대방의 목을 졸라 항복을 받아내는 '조르기' 기술로 분류한다.

상체 관절기(Arm Lock & Shoulder Lock)

상체 관절기는 상대의 손목, 팔꿈치, 어깨 등을 꺾어 항복을 받아내는 기술이다. 대표적인 기술로 암바, 키락, 숄더락이 있다.

암바(Arm Bar)

암바는 한때 인터넷 커뮤니티에서 '국민관절기'라고 명명될 만큼 격투기에 문외한인 사람들도 이름을 들어볼 정도로 유명한 관절기이다.

유도에서의 '팔가로누워꺾기'와 동일한 기술이며 일반적으로 자신의 양 손으로 상대의 한 손을 붙잡고 몸과 다리로 감싼 다음 지렛대처럼 허리를 들어올려 상대의 팔꿈치를 꺾는 기술이다. 일반적으로 그라운드 상태에서 기술이 진행되지만 서 있는 상대를 대상으로 거는 플라잉 암바(Flying Arm Bar) 등의 변형된 자세의 기술도 있다.

클로즈드 가드 암바(Closed Guard Arm Bar)

① 클로즈드 가드를 잠금 상태에서 오른손으로 상대의 오른손 소매를 잡고 자신의 오른쪽으로 당기며 왼손으로 상대의 왼쪽 목깃을 잡아당긴다.
② 클로즈드 가드를 풀면서 몸통을 오른쪽으로 90도 돌린다. 이때 오른쪽 다리로 상대의 몸통을 눌러주며 왼쪽 다리는 상대의 머리 위로 올려준다.

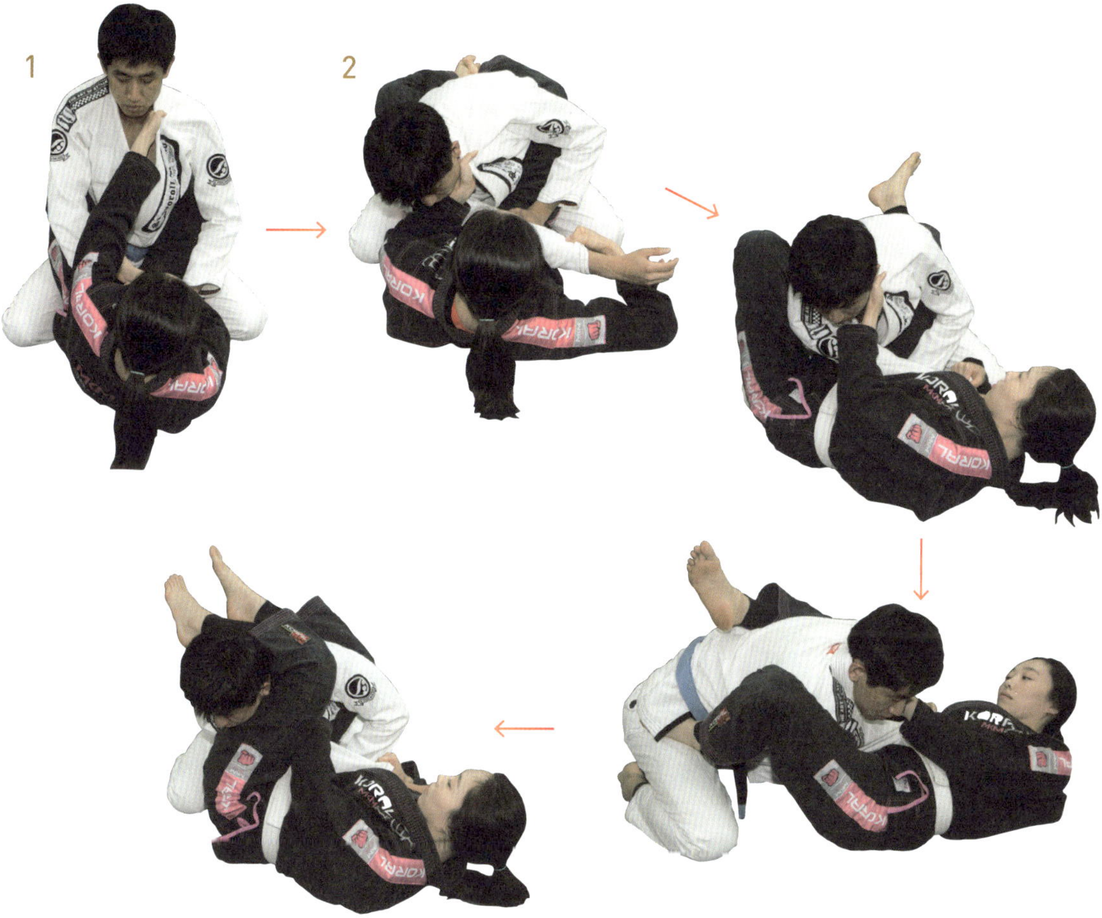

③ 양 쪽 다리를 모아주고 종아리로 상대 머리와 등을 눌러주어 상대가 상체를 세우지 못하게 한 다음 자신의 오른손으로 상대 오른손을 맞잡고 왼손으로 상대 오른손 손목을 잡는다.

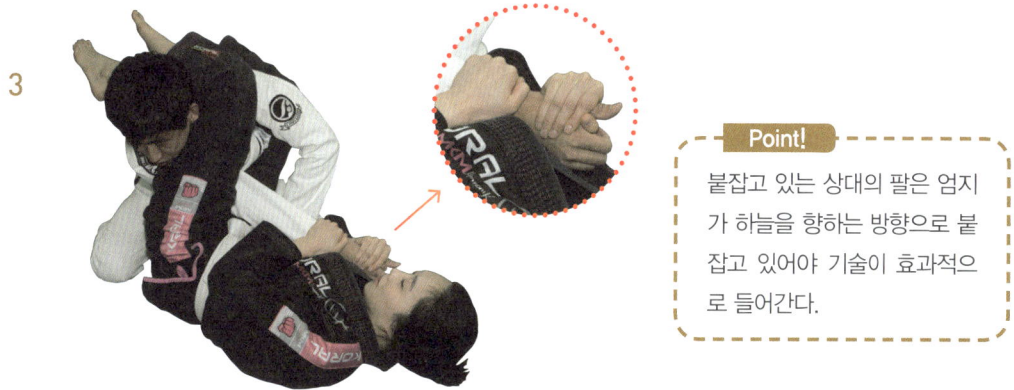

Point!
붙잡고 있는 상대의 팔은 엄지가 하늘을 향하는 방향으로 붙잡고 있어야 기술이 효과적으로 들어간다.

⑤ 상대의 팔을 몸에 붙이고 허리를 들어올려 꺾는다.

> **Point!**
> 상대 팔을 감싸고 있는 다리는 꼬아주어도 무방하나 상대방 머리 쪽의 다리가 밑으로 내려가야 상대가 머리를 들면서 방어하는 것을 막을 수 있다.

사이드 마운트 암바((Side Mount Arm Bar)

① 사이드 마운트 상태에서 오른손으로 상대의 오른손을 잡는다.
② 오른발을 상대 머리 너머로 디딘 후 양 손으로 상대 오른팔을 감으며 180도 회전한다.
③ 오른발은 상대방 오른팔 겨드랑에 끼우고 왼쪽 다리로 상대의 머리를 눌러주며 상체를 세우지 못하게 한다.

프론트 마운트 암바 (Front Mount Arm Bar)

① 상대의 오른팔 옆에 왼쪽 무릎을 밀착한다.

② 왼손으로 상대의 오른손을 잡고 오른손으로 바닥을 짚으며 오른쪽 다리를 세운다.

③ 왼쪽으로 90도 회전하면서 상체를 앞으로 기울여 왼쪽 다리가 상대 머리 위로 넘어가게 한다.

④ 양손으로 상대 오른팔을 잡아 당기며 허리를 펴서 꺾는다.

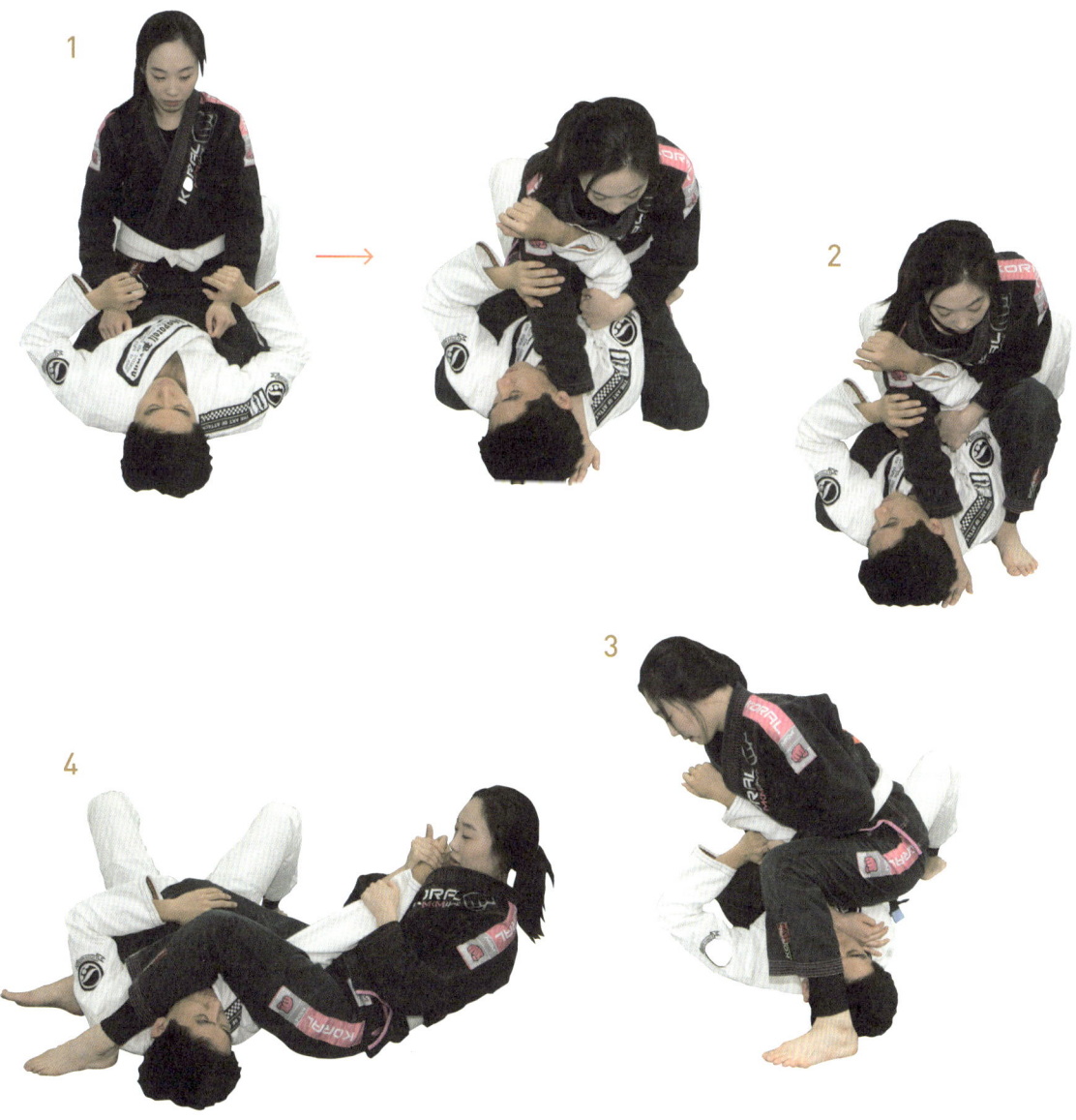

백 마운트 암바(Back Mount Arm Bar)

① 상대의 왼쪽 목깃을 오른손으로 감고 왼쪽 겨드랑이를 왼쪽 팔로 감는다.

② 상대방의 왼쪽 팔을 감은 왼손으로 자신의 오른쪽 목깃을 잡고 상대 팔을 고정시키며 몸을 상대의 몸통과 90도가 되게 좌측으로 눕는다. 이때 오른쪽 다리가 상대 머리로 넘어온다.

③ 두 다리를 펴면서 상대의 왼쪽 팔을 잡아당긴다.

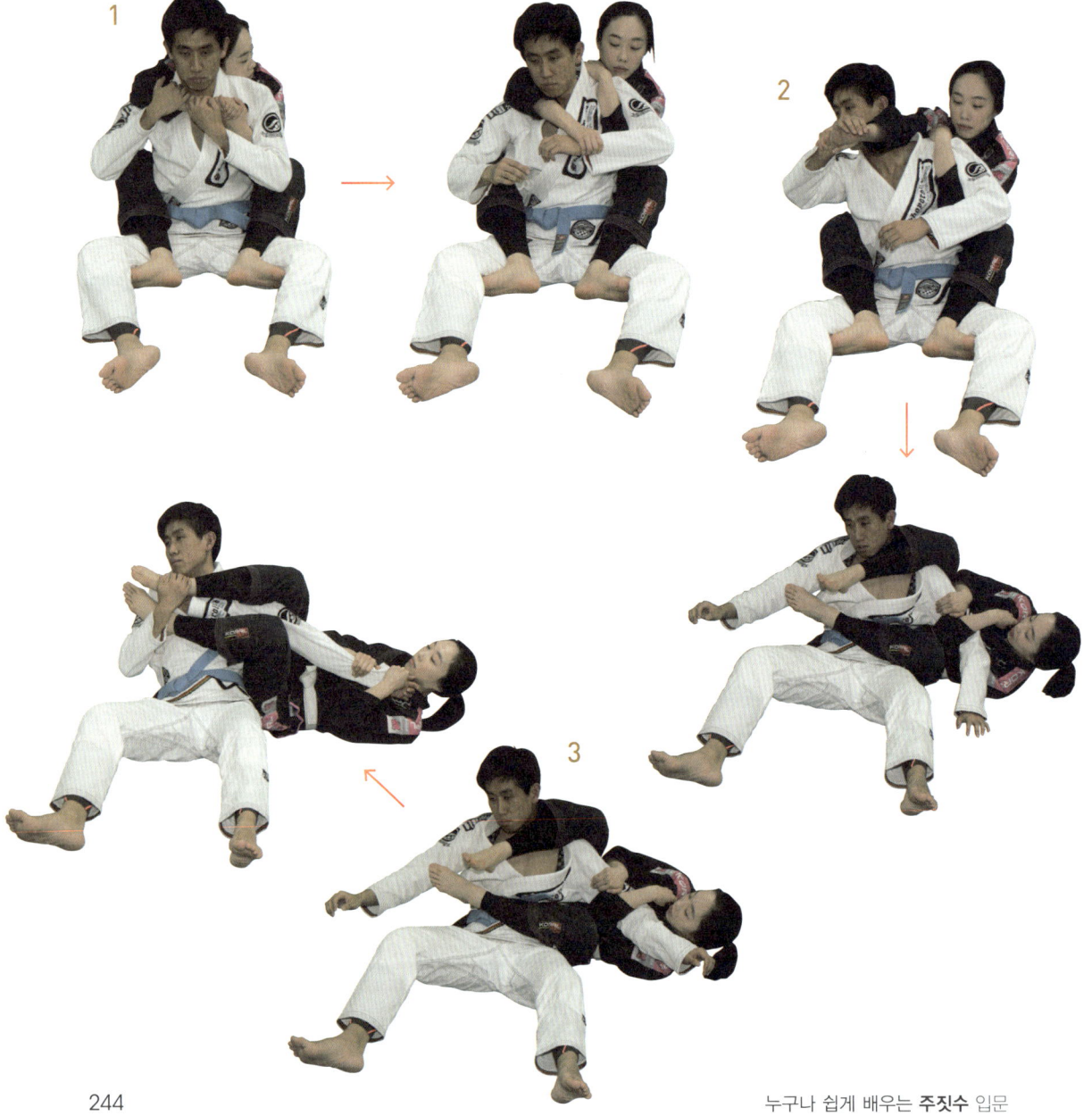

키락(Key Lock)

키락(Key Lock) 기술은 상대 팔 한 쪽을 나의 두 팔을 이용하여 얽어매어 조이는 기술인데 하이 키락(High Key Lock)과 로우 키락(Low Key Lock)으로 나뉜다.

하이 키락은 일명 아메리카나(Americana)라고도 불리며, 상대 팔을 얽어맨 후 어깨쪽으로 회전시키며 공격하는 기술이고, 로우 키락은 기무라(Kimura)라고도 불리며 상대 팔이 하체쪽을 향하게 얽어맨 후 공격하는 기술이다.

로우 키락에 기무라라는 명칭이 붙은 까닭은?

일본의 전설적 유도가 기무라 마사히코(Masahiko Kimura)와 브라질에서 주짓수의 원조인 엘리오 그레이시(Helio Gracie)의 유도 vs. 브라질리언주짓수의 자존심을 건 대결이 1951년에 브라질에서 열렸다. 관객만 2만 명이 넘는 큰 규모의 대회였는데 기무라가 엘리오 그레이시의 팔을 로우 키락 기술로 부러뜨렸고 엘리오는 항복하지 않았으나 결국 엘리오 그레이시 세컨측에서 기권 의사를 표명하여 패배하게 되었다. 이후 그레이시 가문에서는 기무라에 대한 존경의 의미로 로우 키락 기술에 기무라라는 명칭을 붙여 그의 강함을 기렸다.

■ 하이 키락 시 손목을 잡는 방향

■ 로우 키락 시 손목을 잡는 방향

클로즈드 가드에서 로우 키락

① 클로즈드 가드를 잠금 상태에서 왼손으로 상대의 오른손 손목을 잡고 상대의 오른쪽 어깨로 상체를 밀어올리며 오른손을 상대의 등쪽에서 오른쪽 팔 안 쪽으로 넣어 자신의 왼손 손목을 잡는다.

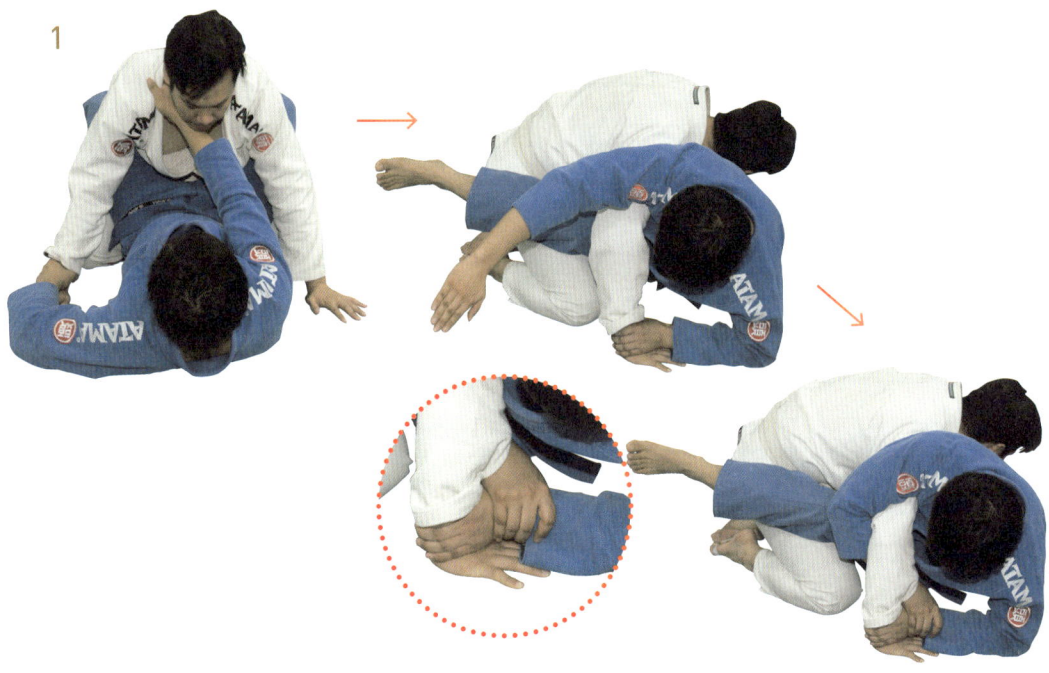

② 자신의 몸을 바닥으로 누인 후 클로즈 가드를 풀면서 자신의 몸을 왼쪽으로 90도 움직인 후 왼쪽 다리로 상대 몸통을 눌러 일어서지 못하게 한다. 이후 상대 오른쪽 팔꿈치를 90도로 꺾은 후 상대의 손목 쪽을 위 쪽으로 들어준다.

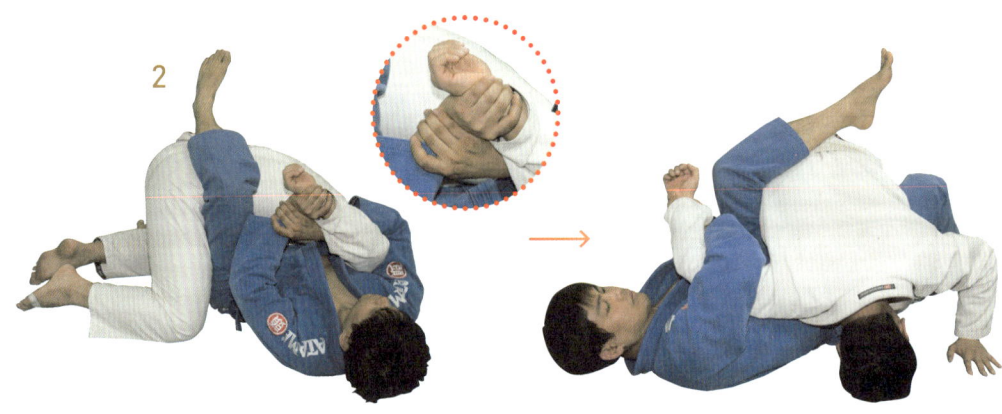

> **Point!**
> 상대의 손목 쪽을 들어올릴 때 자신의 팔꿈치로 상대 어깨를 고정시켜야 상대의 어깨 가동 범위를 제한해 빠르게 항복을 받아낼 수 있다.

사이드 마운트에서 하이 키락

① 상대의 사이드 마운트를 점유한 후 상대의 오른쪽 손목을 자신의 오른손으로 잡고 왼쪽 팔을 상대 오른쪽 팔 밑으로 밀어넣어 자신의 오른쪽 손목을 잡는다.

② 상대의 오른쪽 손목을 바닥 쪽으로 밀며 팔꿈치를 꺾는다.

③ 오른발로 상대의 얼굴 너머를 딛고 상대의 오른쪽 팔을 위로 밀어 팔꿈치를 꺾는다.

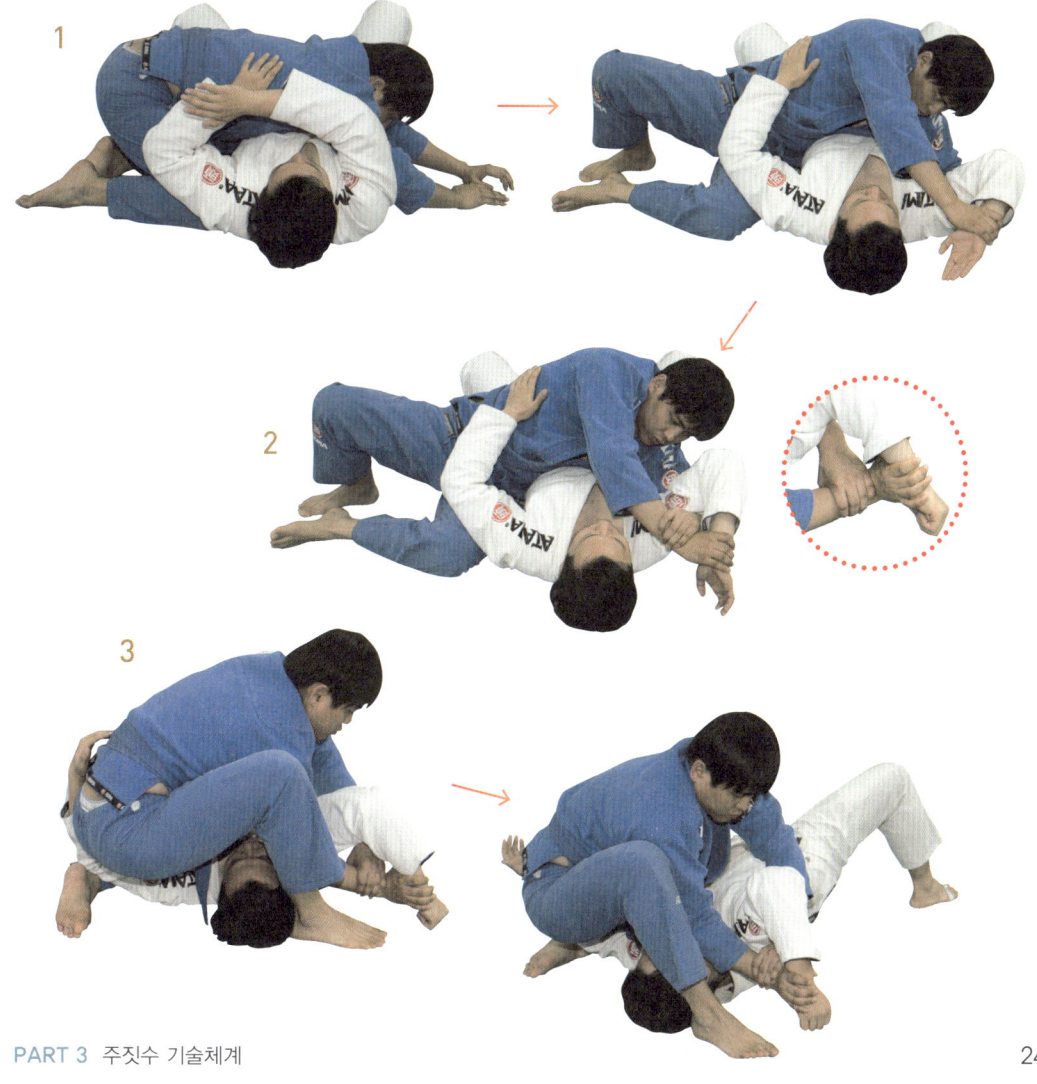

사이드 마운트에서 로우 키락

① 상대의 사이드 마운트를 점유한 후 상대의 오른쪽 손목을 자신의 왼손으로 붙잡고 자신의 오른쪽 팔을 상대 오른쪽 팔 밑으로 밀어넣어 자신의 왼쪽 손목을 잡는다.

② 상대 머리 위로 오른쪽 다리를 올려 상대의 움직임을 제한하고 상대의 몸왼쪽 옆면이 바닥에 닿게 하면서 팔꿈치를 꺾으면 바닥에 방해를 받지 않으면서 기술을 성공시킬 수 있다.

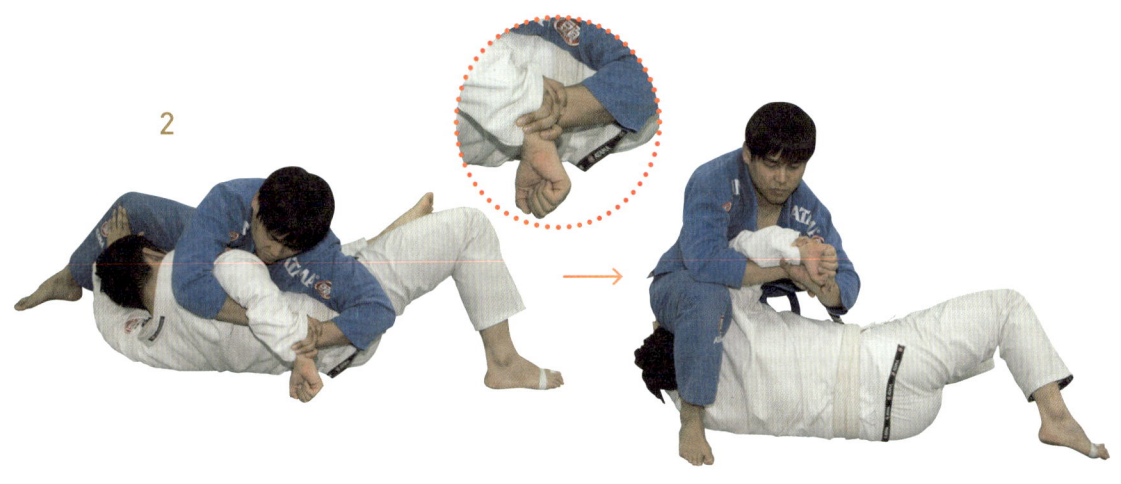

숄더락(Shoulder Lock, Omoplata)

숄더락 혹은 오모플라타(Omoplata)라 불리는 기술은 자신의 다리를 이용하여 상대의 팔을 엮고 자신의 몸을 상대와 등지게 움직여 어깨뼈 혹은 견갑골을 감싼 후 비틀어 상대를 제압하는 기술이다.(오모플라타는 포르투칼어로 '견갑골'을 뜻한다.)

클로즈드 가드에서 숄더락

① 클로즈드 가드 상태에서 왼쪽 손으로 상대의 오른손 손목을 잡고 오른쪽 손으로 상대의 오른쪽 목깃을 잡는다.

② 왼쪽 손으로 상대의 오른손 손목을 밀고 오른손으로 상대 오른쪽 목깃을 잡아당기며 상체를 상대 오른쪽으로 이동한다. 이때 클로즈드 가드를 풀면서 왼쪽 다리를 상대 겨드랑이에 밀착하며 어깨에 얽는다.

③ 왼쪽 다리를 상대 어깨에 얽은 상태로 상대의 몸과 반대 방향으로 평행하게 회전한다. 이때 왼쪽 발을 오른쪽 다리 오금에 집어넣어 Figure 4 Lock을 만들어준다.

④ 회전한 상태에서 왼손으로 상대의 띠 혹은 도복바지를 잡아 상대가 몸을 굴려 탈출하지 못하도록 막는다.

⑤ 앞으로 일어나 앉는다. 이때 Figure 4 Lock 상태로 상체를 숙여 상대의 어깨를 비틀 수도 있으며, Figure 4 Lock을 풀고 두 다리를 나란히 하여 더욱 상체를 숙여 상대의 어깨를 압박할 수도 있다.

Point!
숄더락에 걸린 상대는 앞으로 구르며 숄더락을 풀려고 할 것이므로 기술을 건 순간 상대의 다리, 바치춤 혹은 띠를 붙잡고 상대가 앞으로 구르지 못하도록 막아야 한다.

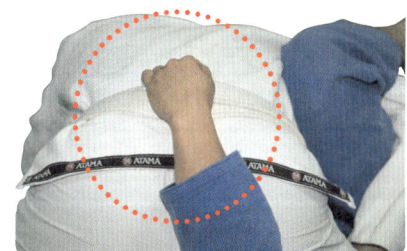 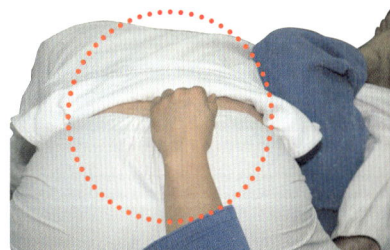

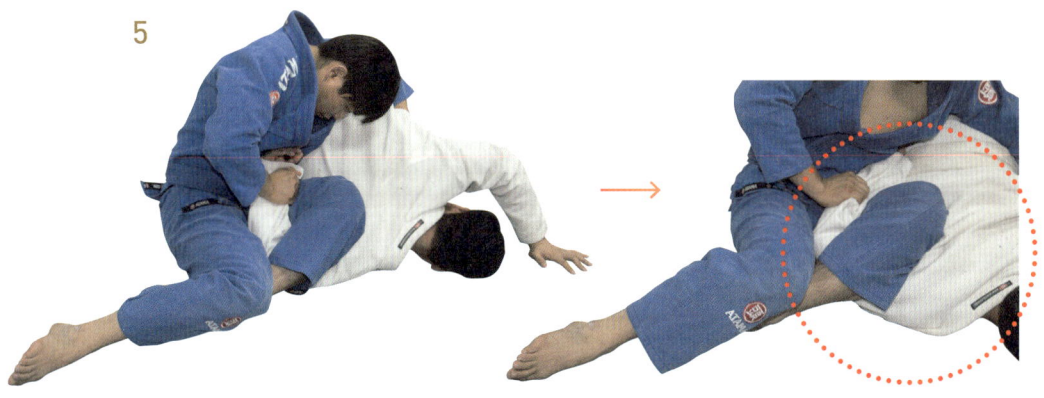

하체 관절기(Lower Submission)

하체관절기는 상대의 아킬레스, 발목, 무릎, 고관절 등을 꺾어 항복을 받아내는 기술로 대표적인 기술로 스트레이트 앵클락, 니바, 토홀드가 있다.

스트레이트 앵클락(Straight Ankle Lock, 아킬레스 홀드)

① 왼쪽 팔로 상대의 오른쪽 발목을 감싼다. 이때 자신의 팔꿈치, 겨드랑이와 상대 발목 사이에 공간이 없도록 밀착한다.

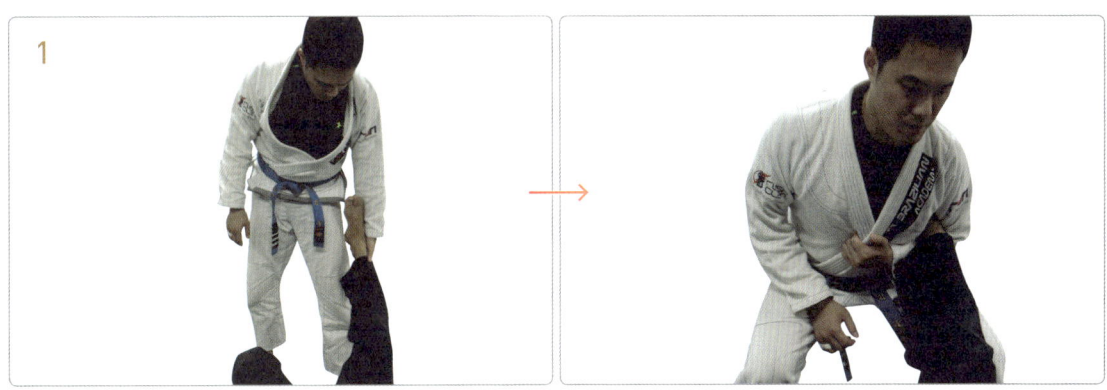

② 왼쪽 손으로 자신의 오른팔 팔꿈치 안쪽을 잡고 오른쪽 손으로 상대의 오른쪽 발목을 감싼다. 이때 팔꿈치, 겨드랑이와 상대 발목 사이에 공간이 없도록 밀착한다.

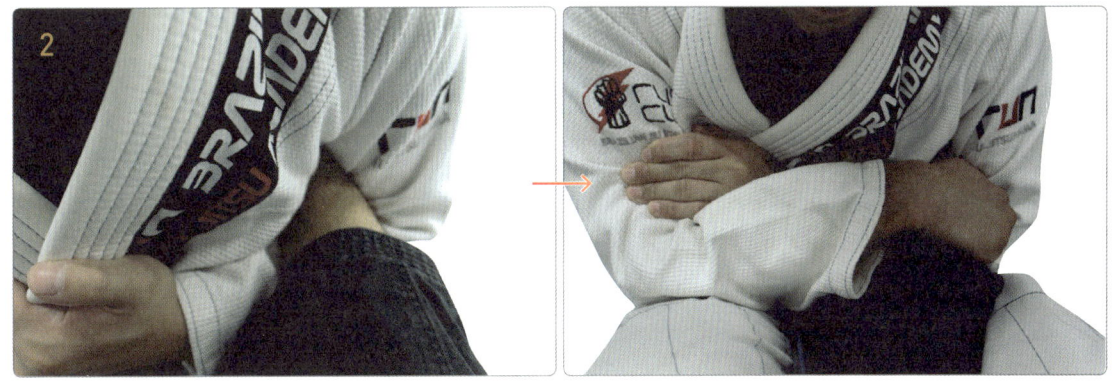

③ 왼쪽 발을 상대 오른쪽 엉치에 올리고 오른쪽 발은 상대 오른쪽 다리 아래 쪽에 끼워준다. 이때 상대 다리가 움직이지 못하도록 자신의 두 다리로 상대 오른쪽 다리를 꽉 잡아준다.

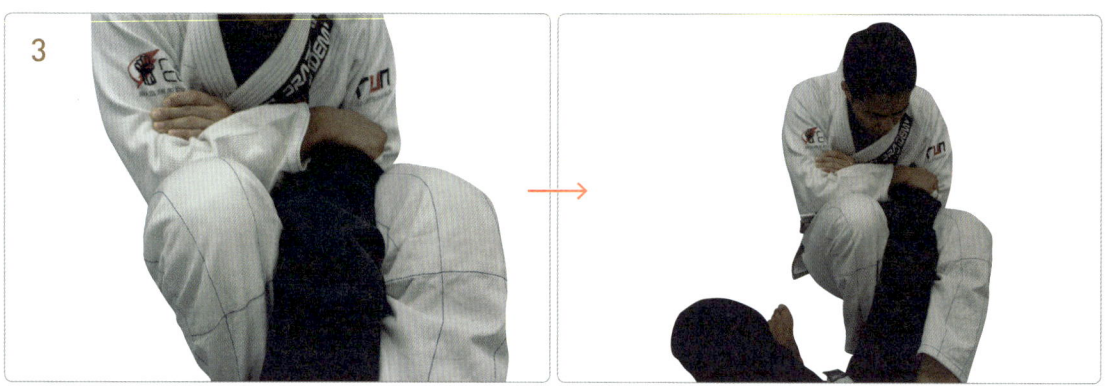

④ 몸을 뒤로 눕히거나 상대 움직임에 따라 오른쪽 다리 바깥 쪽으로 회전한다. 이때 상체는 앞으로 숙이며 상대의 아킬레스를 더욱 압박한다.

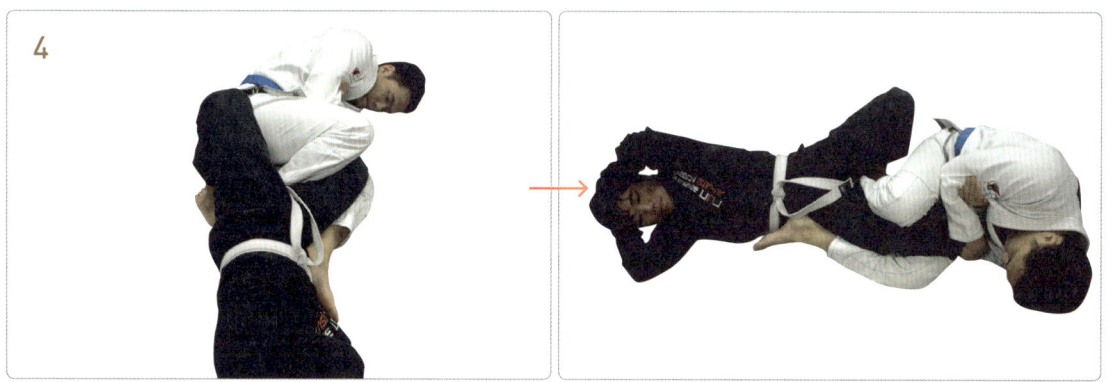

니바(Knee Bar)

① 상대의 몸 오른쪽을 점유한 후 상대의 시선을 하체로부터 차단시킨다.

② 오른손으로 상대 오른쪽 다리 오금을 감싸고 몸을 세우면서 왼쪽 발로 상대 오른쪽 다리 바깥 쪽을 감는다.

③ 오른손으로 상대 오른쪽 다리를 감은 상태로 옆으로 누우며 오른쪽다리로 상대 오른쪽다리를 바깥 쪽에서 안 쪽으로 감는다.

④ 상대 옆으로 누우며 상대 오른쪽 다리를 잡아 일직선으로 펴서 무릎을 압박한다. 이때 자신의 두 다리는 상대 오른쪽 다리에 밀착되어 상대가 빠져나가지 못하도록 하며, 팔로는 상대 발목을 잡아 몸에 붙이며 다리가 돌지 못하도록 한다.

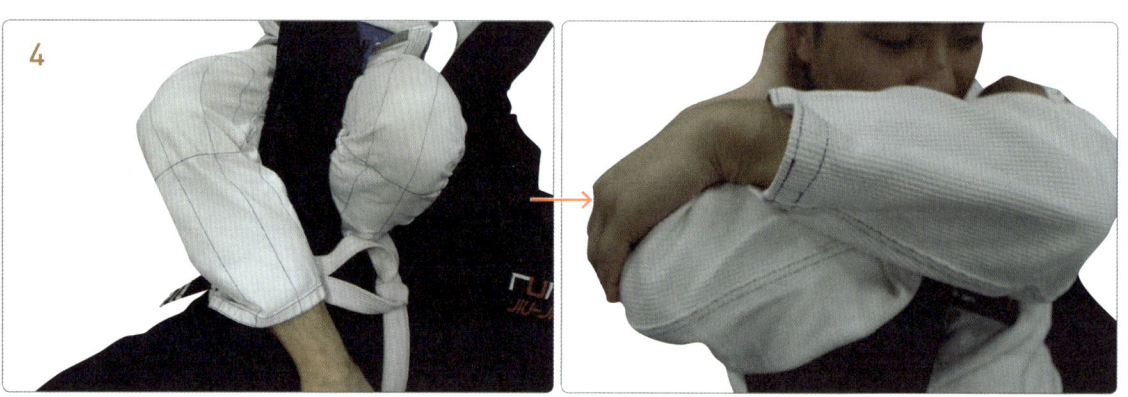

Jiu-Jitsu

상대의 무릎이 돌아가면 니바가 성공하지 못하기에 1)발목을 얽어매기, 2)상대 발목을 겨드랑이에 끼기, 3)토홀드 그립으로 상대 발목을 얽어매기 등으로 상대 무릎을 고정한다.

토홀드(Toe Hold)

① 왼손으로 가드 상태인 상대의 오른발을 잡는다.

② 오른손으로 상대 오른쪽 정강이 바깥 쪽에서 안 쪽으로 감으며 왼손 손목을 감는다.

③ 왼손으로 상대 오른쪽 발을 상대 몸 쪽으로 밀어주며 꺽는다.

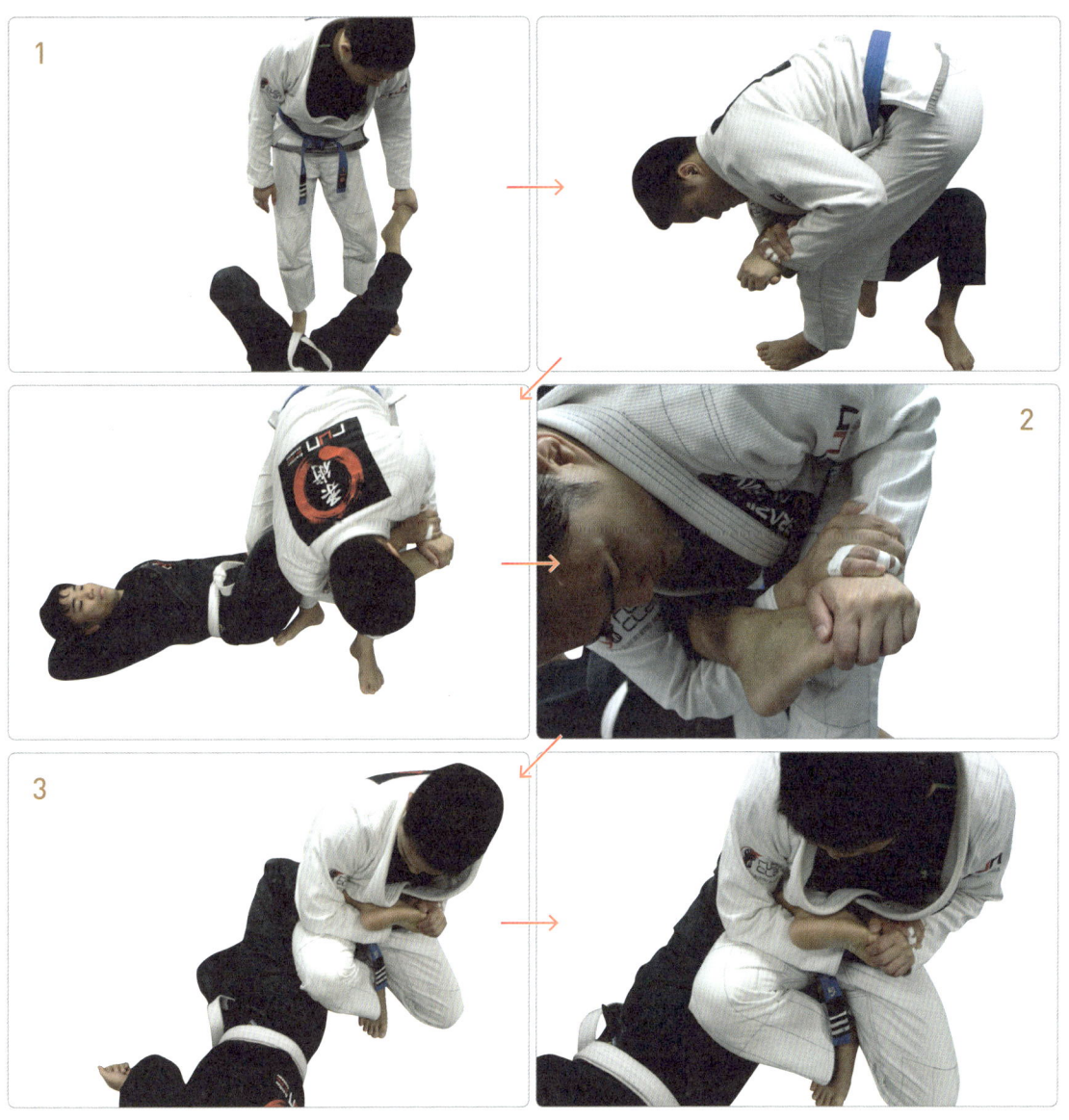

조르기(Choke)

삼각 조르기(Triangle Choke)

① 클로즈드 가드에서 왼손으로 상대 오른쪽 소매를, 오른손으로는 상대 왼쪽 소매를 잡는다.

② 오른손으로 상대 왼쪽 소매를 자신의 몸 쪽으로 당기며 왼손으로는 상대 오른쪽 소매를 다리 사이로 밀어넣는다.

③ 이와 동시에 두 다리를 위로 끌어올려 오른쪽 다리는 상대 왼쪽 겨드랑이, 왼쪽 다리는 상대 오른쪽 어깨 위로 올린 후 발목으로 얽어맨다.

④ 이때 왼손으로 상대의 왼쪽 팔을 바꿔 잡고 자신의 왼쪽으로 당겨 상대 왼쪽 팔이 상대의 경동맥을 압박하도록 만든다.

> **주의!!**
> 삼각조르기를 걸 때 어깨에 올라가 있는 왼쪽 발목을 손바닥이 하늘을 향하게 손으로 잡는 것을 추천한다. 이러한 동작은 팔의 이두근 힘을 사용하는 것으로 손등이 위로 향하는 동작에서 사용되는 삼두근 힘보다 더 큰 힘을 발휘할 수 있다.

⑤ 자신의 오른손으로 상대의 어깨에 걸쳐져 있는 왼쪽 발목을 잡은 후 오른쪽 발을 상대의 엉치 혹은 무릎에 대고 밀면서 자신의 왼쪽 다리 정강이와 상대 어깨가 평행이 되게 움직인다.

⑥ 자신의 오른쪽 다리 오금을 왼쪽 다리 발목에 걸면서 상대 머리를 당긴다. 이때 상대 왼팔을 나의 왼쪽으로 계속 당겨준다.

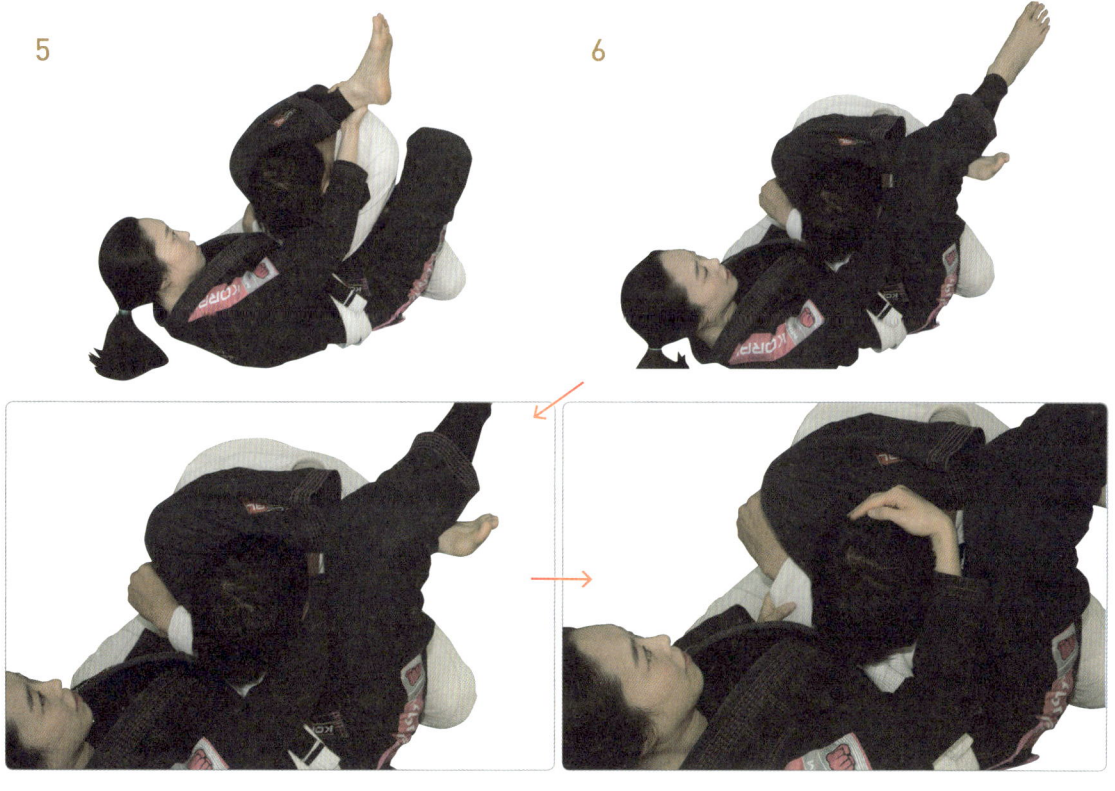

> **주의!!**
> 삼각조르기 기술을 걸 때 잠근 다리의 발을 뒤로 펴주는 것보다는 직각으로 세워주면 다리 근육 전체에 힘이 들어가 상대가 더욱 강한 압박을 받는다.

> **주의!!**
> 상대의 어깨가 넓거나 팔에 근육이 적거나 많은 경우, 또는 기술을 거는 사람의 다리가 굵거나 상대가 방어를 하는 경우 삼각조르기가 잘 되지 않는다. 이때는 1)암바, 2)삼각조르기-암바 3)숄더락으로 상대를 압박한다.

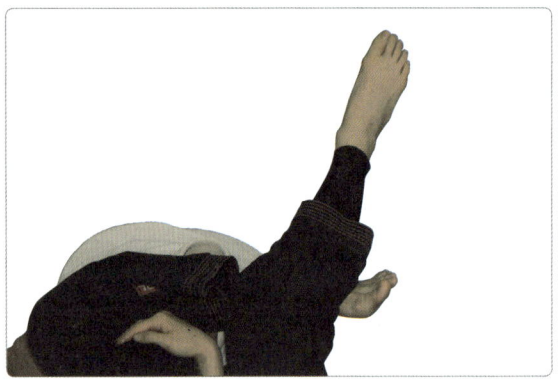 

도복 원단 알기 -4

■ **립스탑 위브**(Ripstop Weave)

군복에 주로 사용되는 원단으로 보통 단겹평직에 찢김을 방지(Ripstop)하는 방식으로 실을 엮은 원단을 의미한다. 네모난 모양이 특징이며 대체로 얇고 보통 이상의 내구성을 지닌다. 상당히 가벼운 것이 특징이나 홑겹의 립스탑이 더블위브나 펄위브보다 튼튼한 것은 절대 아니다. 립스탑이라고 다 같은 원단인 것도 아니다. 상의에 두꺼운 면직과 혼합하여 사용하는 경우도 많고 그럴 경우 가벼움을 포기하는 대신 더욱 견고해진다. 하의의 경우는 홑겹의 얇은 면 평직과 사용하는 경우가 다수이며, 폴리 원단과 배합한 립스탑 바지의 경우 상당히 얇지만 올이 나가면 쭉 찢어지는 경향이 있다.

- **장점** : 가볍고 얇지만, 상대적으로 튼튼하다.
- **단점** : 원단의 올이 나가면 찢김 방지의 기능을 잃는다.

■ **그외**
- **트리플 위브** : 업체에서 붙이는 이름으로 세겹은 아니다.
- **허니컴 위브** : 불칸(Vulkan)에서 이름 붙인 조밀하진 않지만 부드러운 펄 위브다.
- **서머 or 라이트 위브** : 얇고 가벼움을 강조한 도복 재질이다.
- **450/550 등 숫자** : 원단의 밀도를 말한다. 단위 면적당 무게라고 생각하면 되고 높을수록 무겁고 튼튼하다.

암바 ↔ 삼각조르기 ↔ 숄더락 기술 전환 방법은?

① 클로즈드 가드에서 양쪽 팔을 모두 잡고 암바를 시도한다.
② 상대가 암바가 걸리는 팔을 뺐을 때 남아 있는 팔을 붙잡고 삼각조르기로 전환한다.
③ 삼각조르기에 걸린 상대가 탈출을 위해 삼각조르기에 걸린 팔을 밖으로 감을 경우 몸을 180도 회전시키며 숄더락을 시도한다.

암 트라이앵글 초크(Arm Triangle Choke)

① 프론트 마운트 자세를 취한다.

② 왼손으로 상대의 오른팔을 자신의 머리 오른쪽으로 치운 후 자신의 오른팔을 상대의 왼쪽 어깨에 감고 끌어 안아서 초크 그립을 완성시킨다. 이때 자신의 머리로 상대의 오른팔이 움직이지 못하도록 집어준다.

③ 프론트 마운트 자세에서 왼쪽 방향으로 두 다리를 이동한다.

④ 두 다리의 무릎을 바닥에 대면서 몸을 앞으로 기울여 초크 그립을 압박한다. 초크 그립은 왼쪽 팔꿈치를 자신의 오른손으로 감고 왼손으로 상대의 이마를 잡는다.

프론트 초크 (Front Choke, 길로틴)

① 클로즈드 가드에서 몸을 일으키며 왼쪽 팔을 상대 오른쪽 어깨 위로 올린 후 누우며 상대 목을 감는다.

② 왼쪽 팔로 상대 목을 감은 후 빠지지 않게 밀착해서 감으며 왼손과 오른손을 마주 잡는다.

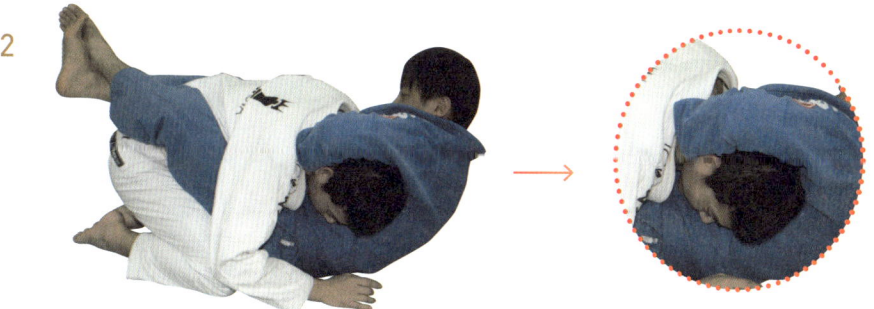

③ 상대의 목을 감은 상태에서 클로즈드 가드로 묶인 상대 몸을 뒤로 밀며, 상대 목을 왼쪽에서 오른쪽으로 S자 형태를 그려주며 허리를 펴 당겨준다.

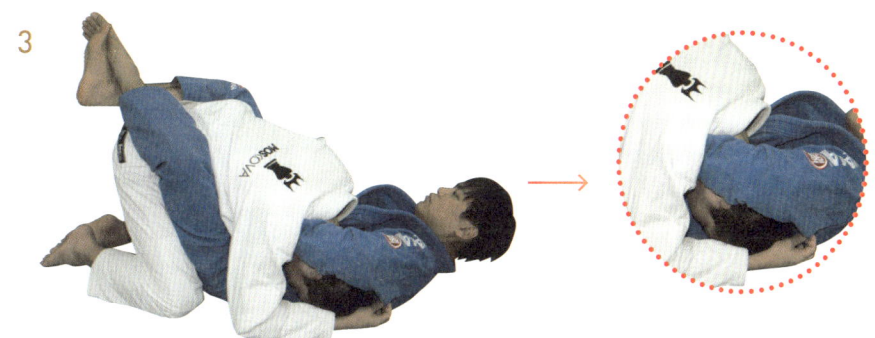

④ 상대 목을 감은 팔 그립의 손등이 위를 향하게 하면 상대의 목을 더욱 강하게 압박할 수 있다.

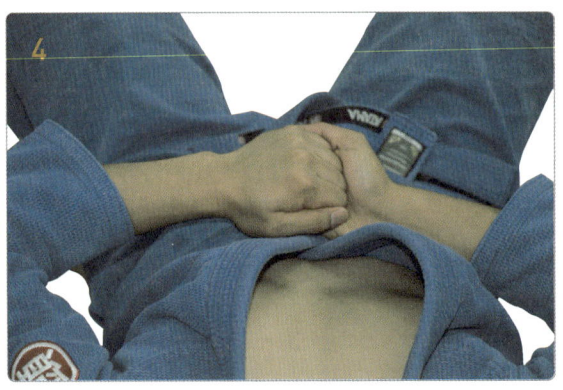

프론트 깃 초크 I (Front Collar Choke I)

① 자신의 오른손을 상대 오른쪽 목깃 안으로 말아서 잡고, 왼손으로 상대의 왼쪽 어깨를 잡아 두 팔이 엇갈린 형태가 되게 한다.
② 두 팔을 당기면서 자신의 상체도 상대에 붙여 목을 조른다.

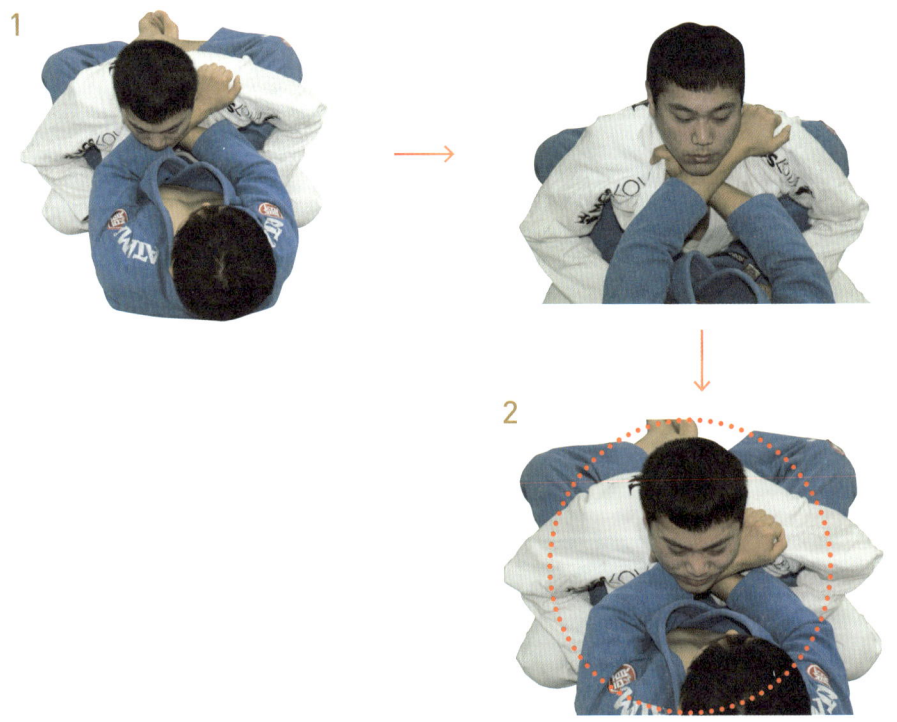

프론트 깃 초크 II (Front Collar Choke II)

① 자신의 오른손으로 상대 오른쪽 목깃을 잡는다.

② 자신의 왼손으로 바닥을 짚으며 상대의 오른쪽 어깨 쪽으로 일어난다.

③ 상대의 목깃을 잡고 있던 자신의 오른팔로 상대의 목을 감은 후 눕는다.

④ 자신의 왼손을 상대의 머리를 지나 자신의 오른쪽 팔꿈치 밑으로 넣는다.

⑤ 자신의 왼손을 펼친 상태에서 오른쪽 팔꿈치 위로 들어올리며 왼쪽으로 몸을 틀어준다.

프론트 라펠 초크 Ⅱ (Front Lapel Choke Ⅱ)

① 클로즈드 가드에서 자신의 오른손으로 상대의 왼쪽 라펠(도복 목깃 끝)을 잡는다.

② 왼쪽 라펠을 상대의 왼쪽 겨드랑이를 지나 오른쪽 어깨까지 잡아당긴다.

③ 상대의 왼쪽 라펠을 자신의 왼손으로 바꿔 잡는다.

④ 상대의 왼쪽 라펠을 계속 잡고 오른손으로 상대의 오른쪽 도복 어깨를 잡는다.

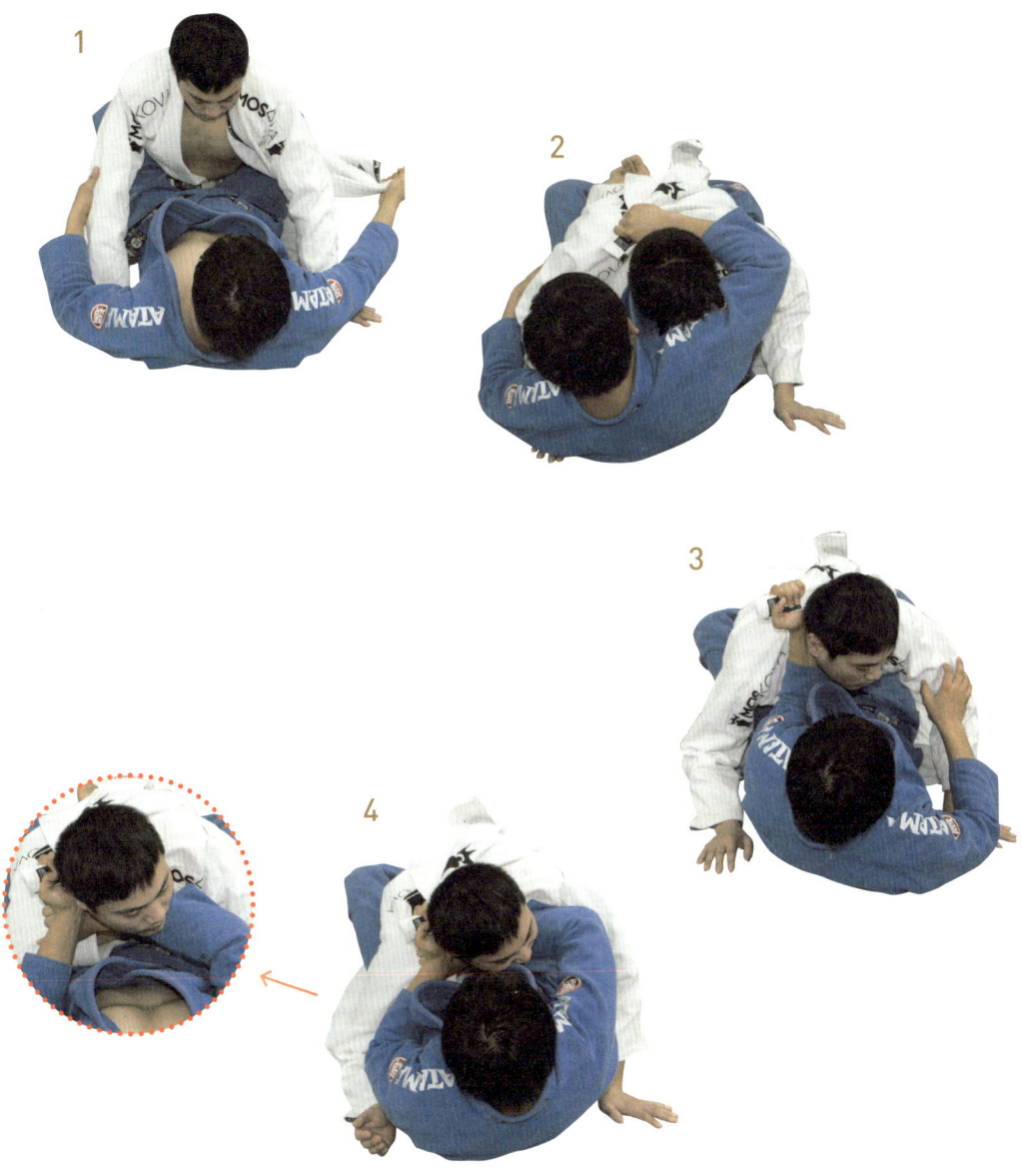

⑤ 자신의 왼손으로 상대의 왼쪽 라펠을 잡아당기며 오른손으로는 상대의 오른쪽 도복 어깨를 잡고 팔을 들어올려 상대의 목을 조른다.

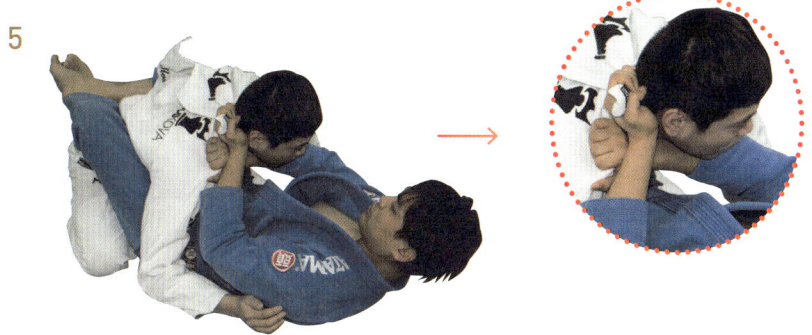

베이스볼 초크 I (Baseball Choke I)

① 클로즈드 가드에서 자신의 왼손으로 상대의 오른쪽 목깃을 잡고 (손등이 자신을 바라보고 엄지가 도복 깃 안으로 들어가게) 오른손으로 상대방 왼쪽 목깃을 잡는다.(손바닥이 자신을 바라보고 엄지가 도복 깃 밖으로 나가게) 이때 두 손이 상대의 목 옆에 닿아야 한다.

② 두 손으로 상대의 목깃을 잡은 상태에서 클로즈 가드를 풀고 자신의 오른쪽으로 회전한다. 이때 자신의 오른쪽 다리를 상대의 오른쪽 엉치로 빼면서 상대의 가드패스를 일부러 유도해줘도 좋다.

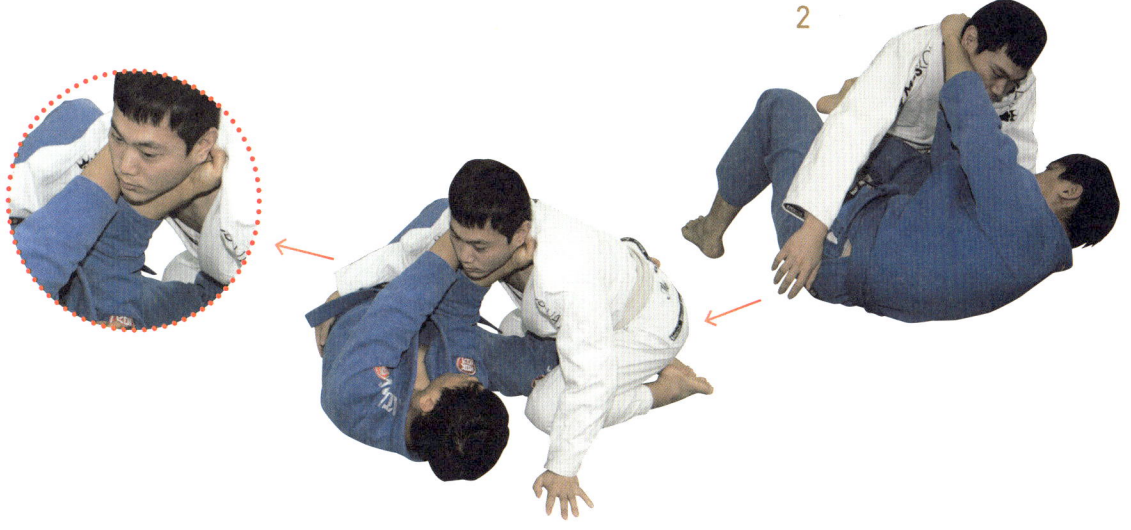

③ 자신의 오른팔은 90도 구부리고 왼팔은 곧게 펴진 상태로 상대와 180도가 되게 회전한다.

④ 회전하면서 자신의 오른팔은 90도 구부리고 왼팔은 곧게 펴진 상태를 유지해주지 않으면 상대 목이 졸리지 않으므로 계속 자세를 유지하여야 한다.

베이스볼 초크 Ⅱ (Baseball Choke Ⅱ)

① 상대의 몸 오른쪽을 점유한 후 왼손으로는 상대 오른쪽 목깃을 잡고 오른손으로는 상대 왼쪽 목깃을 잡는다.

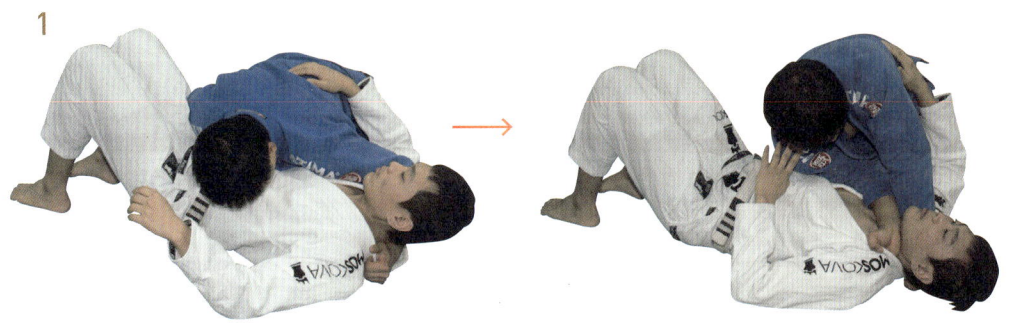

② 야구배트를 잡듯 상대 목깃을 잡으며 왼팔은 곧게 펴진 상태를 유지하고, 오른팔은 90도로 구부려 상대의 목을 압박한다.

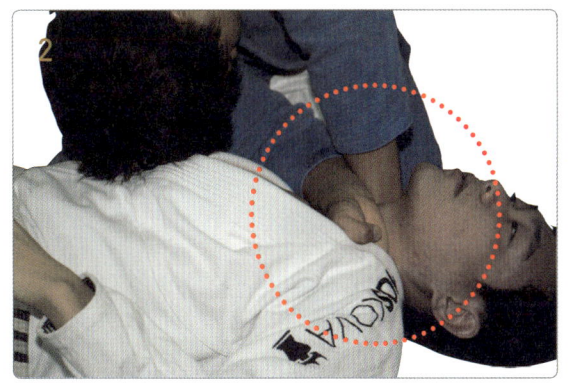

③ 양팔은 왼팔은 곧게 펴진 상태를 유지하고, 오른팔은 90도로 구부린 상태를 유지하며 상체를 숙이고 시계방향으로 이동하며 조른다

주의!!
베이스볼 초크를 걸 때 왼팔은 항상 곧게 펴진 상태를 유지하며, 오른팔은 90도 구부려 상대 목을 압박한다. 몸을 움직이더라도 팔의 모양은 계속 유지한다.

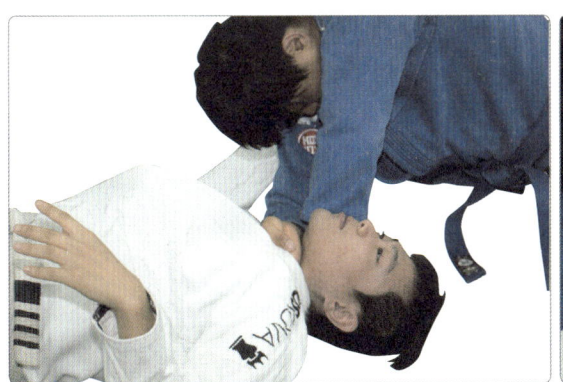 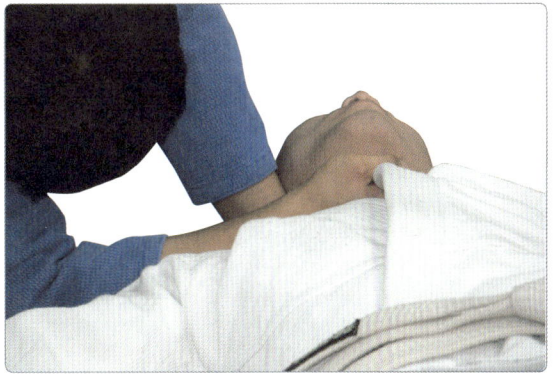

리어 네이키드 초크 Ⅰ (Rear Naked Choke Ⅰ)

① 백마운트를 점유한 후 오른팔은 상대 오른쪽 어깨 위, 왼팔을 상대 왼쪽 겨드랑이 안 쪽으로 넣은 상태를 유지한다.

② 오른팔로 상대 목을 감으며 이두근으로 상대 오른쪽 경동맥을, 전완근으로는 상대 왼쪽 경동맥을 감는다.

③ 오른손으로 왼손 팔꿈치 안 쪽을 잡은 후 왼손으로 상대 목 뒤를 잡고 앞으로 압박한다.

④ 머리를 상대 목 뒤에 대고 앞으로 누르며 오른팔에 힘을 주고, 왼쪽 손으로는 상대 뒷목을 앞으로 밀며 목을 조른다.

주의!!
상대 목을 감는 팔은 팔꿈치 부위가 상대 턱과 일치되도록 V자를 만들어 압박해야 상대 경동맥을 효과적으로 누를 수 있으며, 머리와 몸이 상대 쪽으로 움직여야 더욱 강한 압박을 줄 수 있다.

리어 네이키드 초크 II (Rear Naked Choke II)

① 백마운트를 점유한 후 오른팔은 상대 오른쪽 어깨 위, 왼팔은 상대 왼쪽 겨드랑이 안쪽으로 넣은 상태를 유지한다.

② 자신의 오른팔을 상대의 목에 상대의 어깨와 평행하게 밀어넣는다. 그리고 왼손바닥을 하늘을 향하게 오른손바닥과 맞잡은 후 왼쪽 팔꿈치를 상대의 등에 붙인다.

③ 왼팔을 잡아당기며 오른팔로 상대의 목을 조른다.

④ 상대가 두 손으로 오른팔을 잡고 버틸 경우 옆으로 눕는다. 이때 자신이 맞잡은 두 손 방향 반대 쪽으로 눕는다.

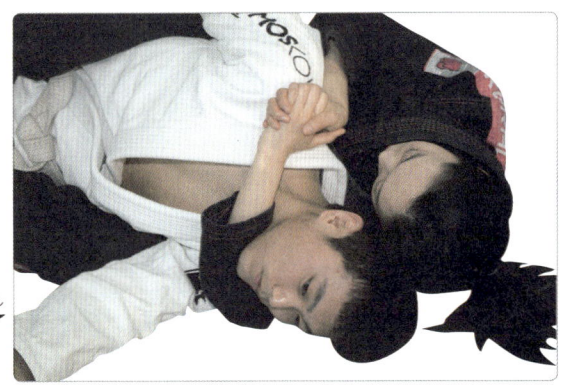

⑤ 자신의 몸을 뒤로 제치면서 상대방의 목을 조른다.

프론트 마운트 이제키엘 초크 (Ezekiel Choke)

① 프론트 마운트를 점유한 후 머리를 숙이며 왼쪽 팔로 상대의 목을 감싼다.

② 자신의 왼쪽 팔로 상대의 목을 감싸고 왼손으로 자신의 오른손 소매 깃을 잡는다. 이때 도복 소매 깃 안 쪽으로 잡아도 괜찮다.(상대의 도복 소매 깃 안 쪽을 잡는 것은 반칙)

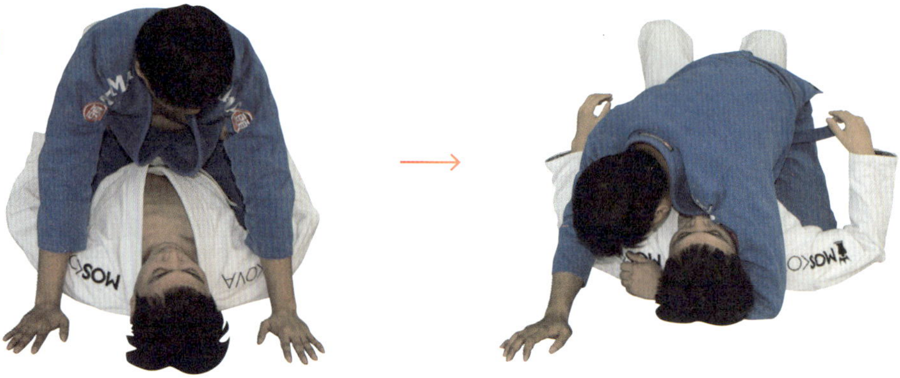

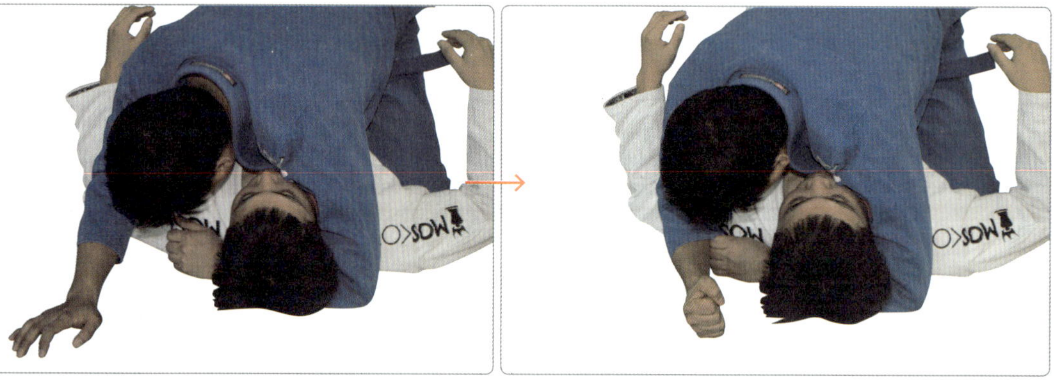

③ 왼손으로 오른손 도복 소매 깃을 계속 잡으며 오른손으로 주먹을 쥐고 상대 목 위에 올리면서 누른다. 이때 소매를 잡은 왼손을 축으로 오른손을 아래로 내리누른다는 느낌으로 조르면 압박이 더욱 강해진다.

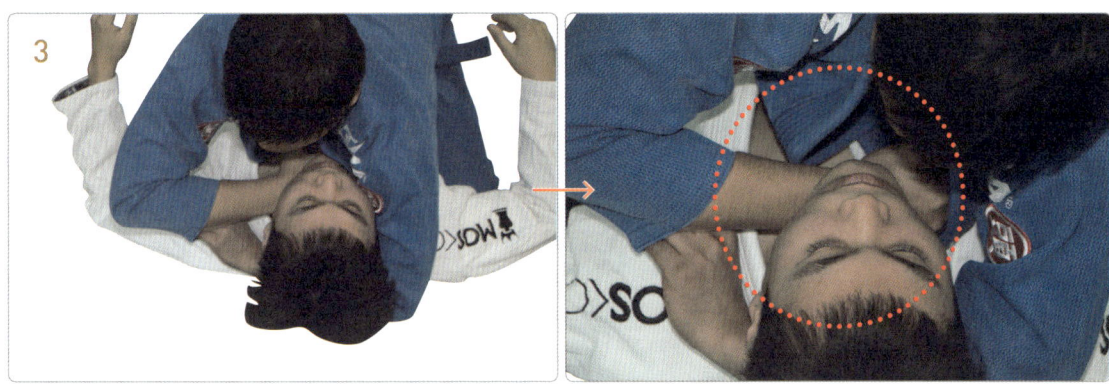

백 마운트 칼라 초크 I (Back Mount Collar Choke I)

① 상대방의 백 마운트를 점유한 후 오른손으로 상대방의 오른쪽 어깨 위를 지나 왼쪽 목깃을 잡아 목을 감싸고 왼손으로는 상대의 왼쪽 겨드랑이를 지나 오른쪽 목깃을 잡는다. 이때 오른손은 상대의 목을 스칠 정도의 위치에 있는 왼쪽 목깃을 잡는다.

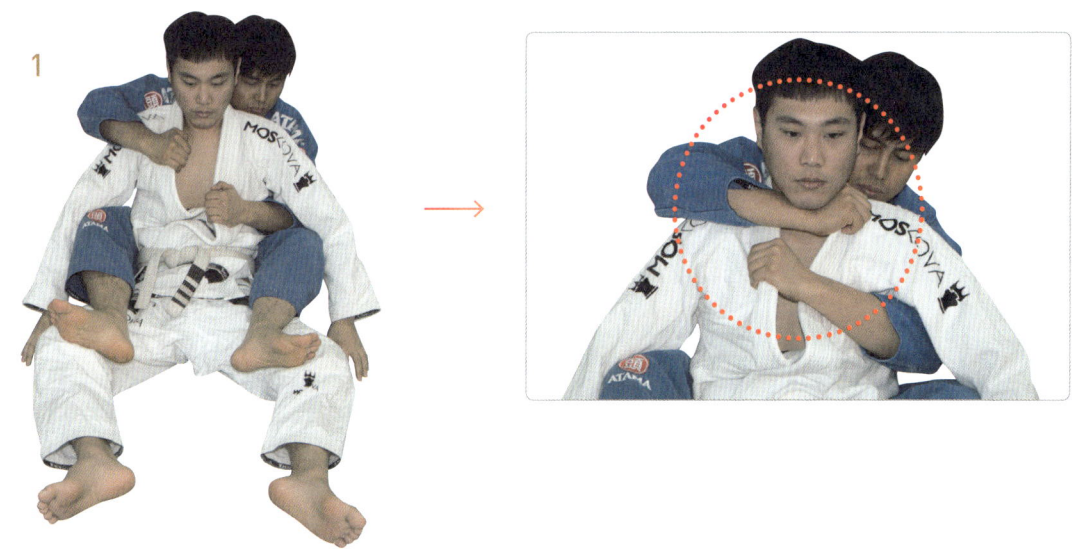

② 자신의 오른쪽 손목과 왼쪽 손목을 말아쥐면서 두 팔을 당겨 상대의 목을 조른다.

백 마운트 칼라 초크 II (Back Mount Collar Choke II)

① 상대의 백 마운트를 점유한 후 오른손으로 상대의 어깨 위를 지나 왼쪽 목깃을 잡아 목을 감싸고 왼손으로는 상대의 왼쪽 겨드랑이를 지나 오른쪽 목깃을 잡는다. 이때 오른손은 상대의 목을 스칠 정도의 위치에 있는 왼쪽 목깃을 잡는다.

② 자신의 왼쪽 팔을 상대 왼쪽 겨드랑이를 지나 목 뒤로 손을 넣는다.

 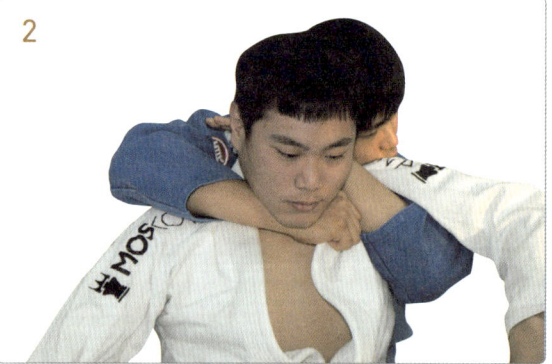

③ 왼손으로 상대의 목 뒤를 누르며 오른손으로 상대 목깃을 당겨 조른다.

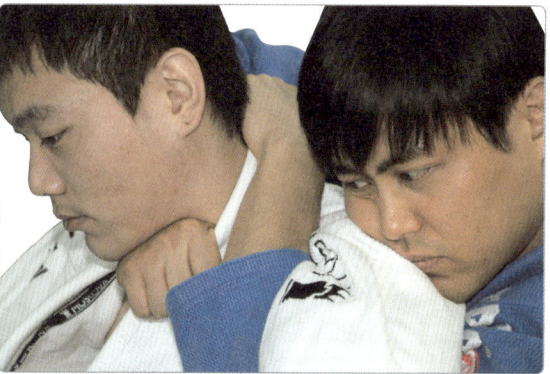

백 마운트 칼라 초크 Ⅲ (Back Mount Collar Choke Ⅲ)

① 상대의 백 마운트를 점유한 후 오른손으로 상대의 어깨 위를 지나 왼쪽 목깃을 잡아 목을 감싸고 왼손으로는 상대의 왼쪽 겨드랑이를 지나 오른쪽 목깃을 잡는다. 이때 오른손은 상대의 목을 스칠 정도의 위치에 있는 왼쪽 목깃을 잡는다.

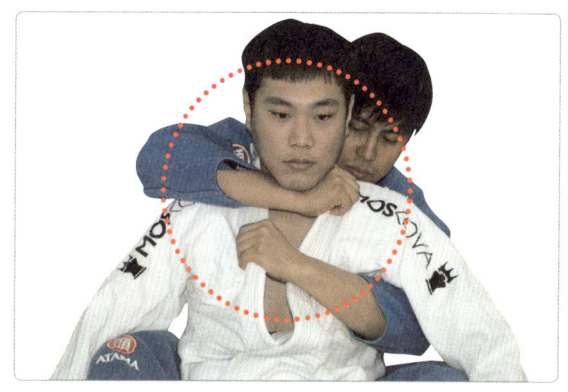

② 왼손과 오른손으로 상대 목깃을 당겨 조르며 오른쪽 발을 상대의 오른쪽 엉치에 대고 민다.

③ 상대의 왼쪽으로 누우며 오른쪽 발로 상대의 오른쪽 엉치를 밀면서 조른다.

④ 상대가 탭을 치지 않고 계속 버티면 오른쪽 다리를 상대의 오른쪽 어깨에 올리고 다리로 누르면서 조른다. 이때 다리로 누르는 압박으로 인해 상대가 극심한 고통을 받는다.

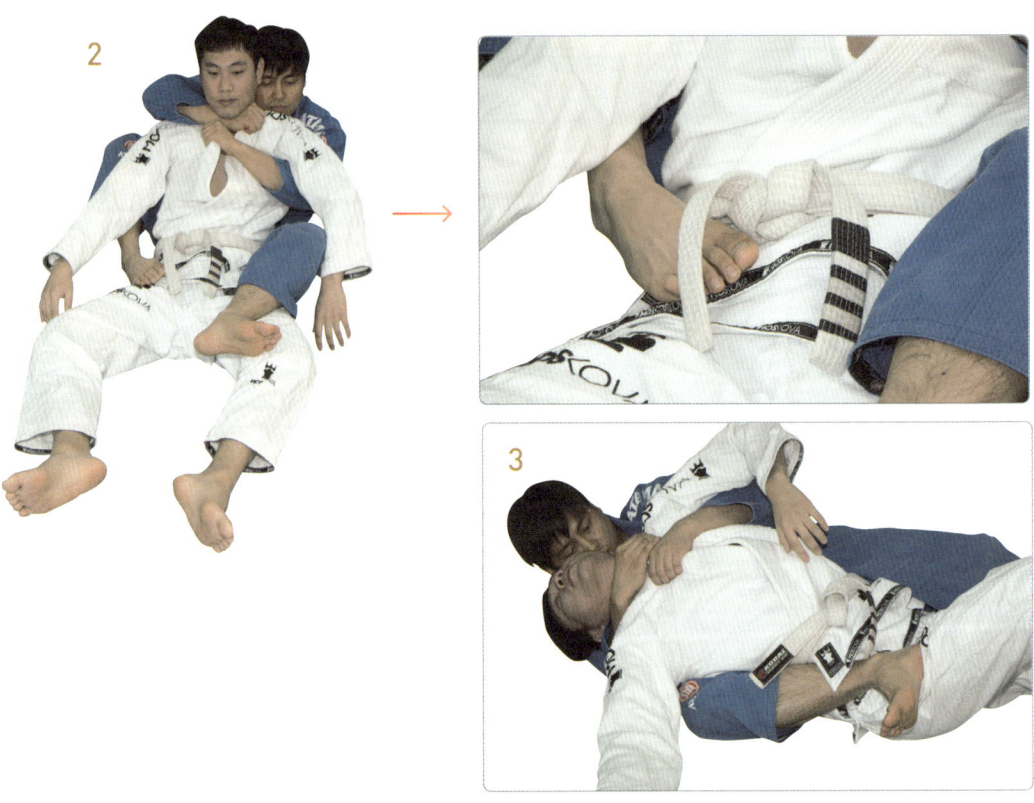

백 마운트 애로우 초크 (Back Mount Arrow Choke Ⅳ)

① 상대의 백 마운트를 점유한 후 오른손으로 상대의 어깨 위로 왼쪽 목깃을 잡아 목을 감싸고 왼손으로는 상대의 왼쪽 겨드랑이를 지나 오른쪽 소매깃을 잡는다.

② 오른손으로 상대의 목깃을 계속 잡으며 왼쪽 발을 상대의 오른쪽 다리 오금에 밀어넣고 왼손으로 상대의 왼쪽 무릎 도복을 잡는다. 와 동시에 상대와 몸이 90도가 되도록 움직이며 오른손으로 목을 조른다.

③ 상대가 탭을 치지 않고 버티면 오른쪽 정강이를 상대의 등에 대고 밀면서 상대의 목을 더욱 당겨 조른다.

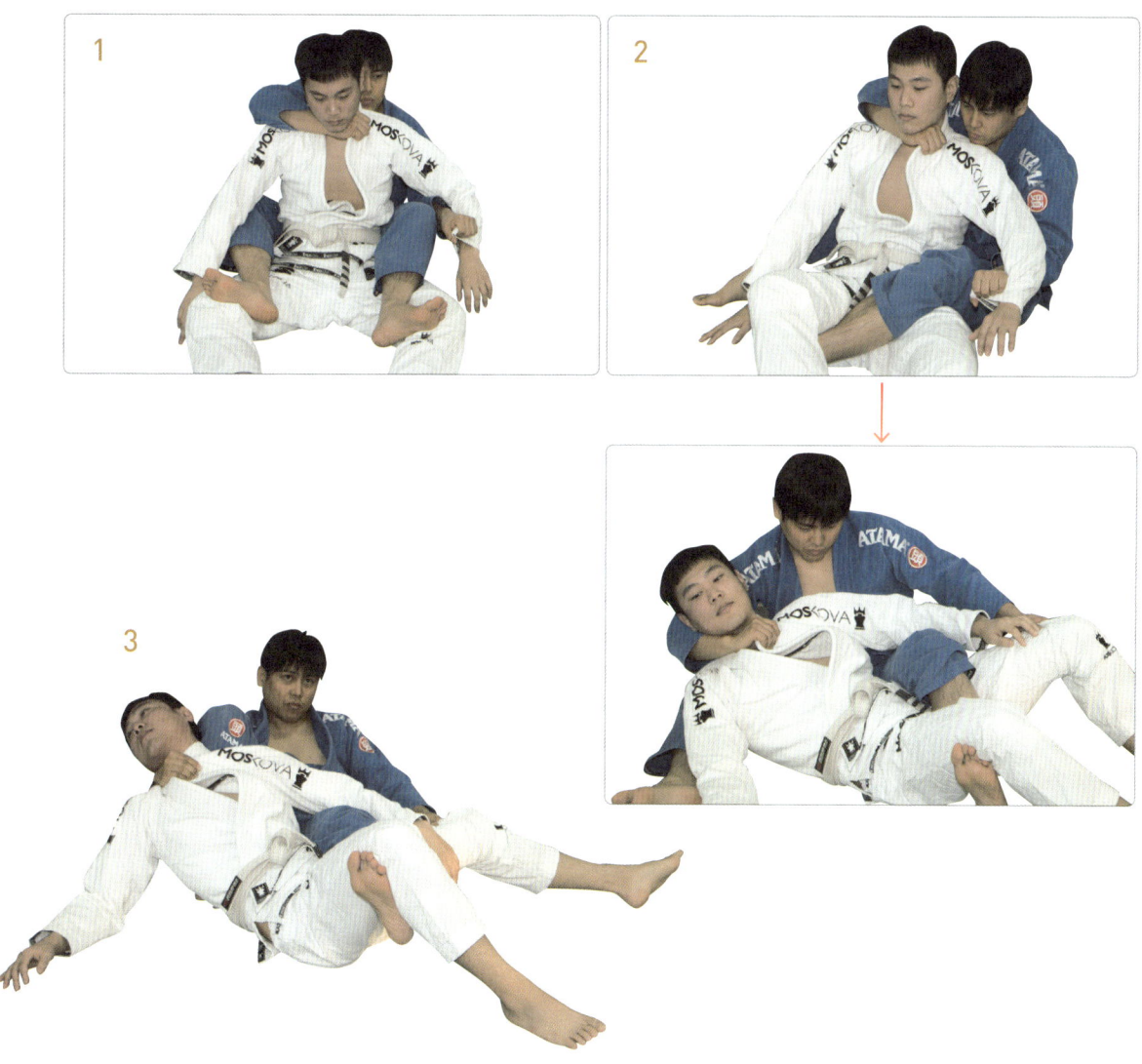

백 마운트 이제키엘 초크 (Ezekiel Choke)

① 상대의 백 마운트를 잡고 있을 때 상대가 몸을 오른쪽으로 돌리며 탈출하려 할 경우 자신의 오른손으로 상대의 어깨 위를 통해 왼쪽 목깃을 잡고 왼발로 상대의 오른쪽 다리 오금을 걸며 버틴다. 이때 오른팔을 상대의 오른쪽 목(경동맥)에 밀착하여 붙인다.

② 오른손으로 상대방 목깃을 계속 잡으며 당기며 왼손을 주먹쥐고 상대의 왼쪽 목(경동맥)에 대고 압박한다. 때 오른팔로 상대의 오른쪽 목(경동맥)을 계속 압박하고 있어야 한다.

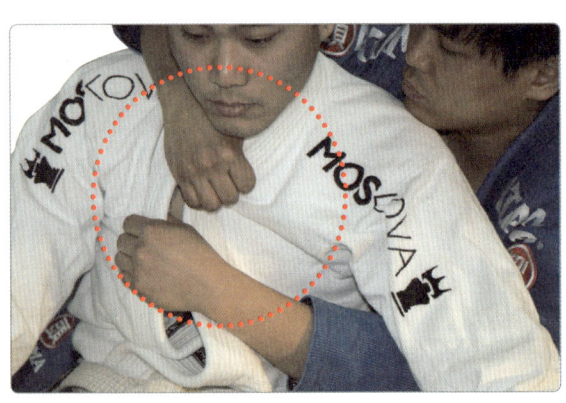

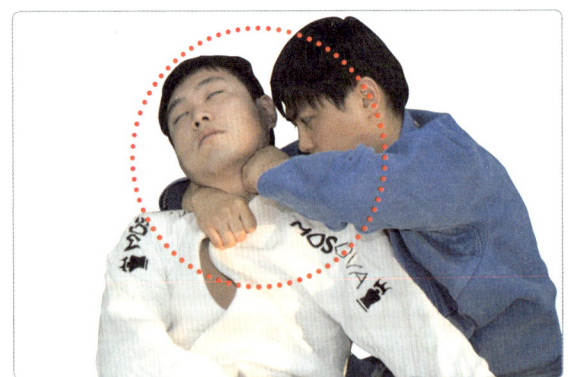

하체 관절기(Leg Lock)에 대한 진실 혹은 거짓?

1. 화이트 벨트는 주짓수 대회에서 하체 관절기를 쓸 수 없다?
(거짓) IBJJF 룰에 따르면 주짓수 대회에서 화이트 벨트는 일렉트릭체어, 바나나 스플릿, 스트레이트 앵클락(아킬레스 홀드) 사용이 가능하며, 니바와 토홀드는 브라운 벨트 이상에서 사용이 가능하다.

2. 하체 관절기는 부상 위험이 높다.
(진실) 하체 관절기에 걸려서 통증이 느껴질 때면 최소한 경미한 부상이라도 발생한 것으로 특히 IBJJF룰에서 모든 벨트에서 금지되어있는 힐훅(Heel Hook)을 비롯한 하체 관절기는 기술에 걸렸을 때 무릎 혹은 발목 인대가 손상 된 이후에 통증을 느끼기 때문에 부상 방지를 위한 탭의 타이밍을 잡기 쉽지 않다.
또한 무릎 혹은 발목 인대가 손상된 경우 부상의 정도가 경미하더라도 3개월 이상 치료와 재활이 필요하며, 완전 파열의 경우 6개월에서 1년 가까운 치료와 재활의 시간이 필요하기에 하체 관절기 연습에는 지도자의 관리 하에 세심한 주의를 필요로 한다.

3. 주짓수 대회에서 하체 관절기 시도는 포지션 싸움에 불리하다.
(진실) 포지션의 불리함은 주짓수 대회에서 하체관절기 뿐만 아니라 서브미션을 주특기로 가지고 있는 주짓수 수련자들이 겪을 수 있는 어려움으로 하체 관절을 걸 수 있는 상황 자체가 포지션 싸움에서 불리한 자세가 대부분이기 때문에 기술이 실패할 시에 스윕 혹은 백 마운트 등을 상대방에게 허용할 확률이 높아진다.

4. 하체 관절기는 부상의 위험이 크고 포지션 싸움에 불리해지기 때문에 배울 필요가 없다.
(거짓) 당신은 2미터가 넘는 거구의 상대를 테이크다운 시키고 풀 마운트로 올라 탄 후 암바를 시도할 수 있는지? 만약 당신이 일반적인 주짓수 기술로 상대할 수 없는 엄청난 덩치의 상대에게 시도할 수 있는 유일한 기술은 기습적으로 시도하는 하체 관절기 뿐이다. 하체 관절기의 유용함은 이미 주짓수, MMA 경기 및 길거리 싸움에서 증명된 바 있다. 부상의 위험을 인지하고 주의를 기울여 수련한다면 하체 관절기는 위험의 순간에 자신을 지킬 수 있는 필살기가 될 수 있다.

PART
4

유소년을 위한 주짓수

01 | 유소년이 주짓수를 수련할 때의 장점

운동 종목과 상관없이 모든 어린이는 신체발달을 위한 운동을 해야 한다. 그것이 피겨스케이팅이건 동네 놀이터에서 술래잡기인지 관계없이 아이들의 성장발달을 위해서 적정한 신체활동이 필요한 것에 대해서는 이견의 여지가 없을 것이다. 특히, 아이들은 스펀지와 같아서 배운 것에 대해서는 무비판적으로 습득하게 되며 심지어 어른들이 의도치 않게 보여준 행동이나 태도가 아이들의 평생을 좌우할 경우도 발생하게 된다. 그런데 주짓수를 수련하는 모든 부모들은 아이들에게 주짓수를 꼭 가르치고 싶어하는데 왜일까? 주짓수는 누구에게나 최고의 운동이라 자부하지만 아이들에게 좋은점을 언급한다면 다음과 같다.

안전하며 강력한 호신술

학교폭력을 방지하는 최고의 방법은 스스로 강해지는 것인데, 주짓수는 자녀가 배울 수 있는 가장 실전적인 무술 가운데 하나이다. 다른 무술은 대개 타격을 이용하여 상대를 제압해야 하는데 그런 상황을 바라는 부모는 없을 거라 생각되며, 주짓수는 바닥에서 움직여 상대를 물리적인 상처 없이 제압하여 상황을 벗어날 수 있다.

특히, 자신이 배운 무술을 통해 자신을 방어할 수 있다는 확고한 자신감을 갖는 것이 중요한데 주짓수를 배운 아이들은 다른 아이들 또는 성인들과 같이 대련을 하다 보면 실제 위급한 상황에서 자신의 몸을 지킬 수 있다는 자신감을 자연스럽게 갖게 된다. 많은 무술들이 멋진 시범과 판자 격파를 가르치는데 이런 수련이 재미있을지는 몰라도 실제 상황에서는 쉽게 적용되지는 않는다.

우수한 신체능력 향상

요즘 아이들은 컴퓨터 게임이나 스마트폰을 사용하며 많은 시간을 보낸다. 어린 시절 굳어진 나쁜 습관은 고치기가 무척 힘들다는 것을 모두 잘 알고 있다. 어릴 때부터 건전한 운동습관을 통해 건강한 신체능력을 가지게 된다면 성장해서도 긍정적인 삶을 살게 될 것이다. 주짓수는 근력, 지구력, 유연성, 균형감각을 비롯한 많은 신체능력을 키우게 도와주며 아이들 신체성장(키)에도 큰 도움을 준다. 또한, 타 운동과 달리 전신을 쓰는 운동의 특성상 과체중 혹은 비만인 어린이들에게는 더 효과적이다.

강인한 정신력 배양

주짓수는 신체능력에 못지않게 정신력을 강하게 키워주며 수련하고 익히기에 오랜 시간을 필요로 하는 운동이라 검은띠를 수여받을 때까지 보통 10년 이상의 시간이 걸린다. 이러한 과정을 통해 끈기, 절제력, 성실성, 포기하지 않는 불굴의 정신 등을 습득하게 되고 이러한 점은 아이들이 올바른 인격을 형성하는 데 큰 도움이 된다.

사회성 강화

우리 아이들은 성적지상주의의 무한경쟁으로 내몰리고 있어 이기적인 성향이 강하며 남과 어울리는 사회성이 부족해지고 있는데, 주짓수가 어른뿐만 아니라 아이들에게도 정말 좋은 운동인 이유는 훈련상대와 가족 같은 유대감을 키울 수 있기 때문이다. 수련할 때 같이 구르고 접촉하는 주짓수를 통해 상대를 배려하며 사회성을 키워주며, 올바른 규칙 안에서 경쟁을 통해 올바른 심성을 심어줄 수 있다.

02 주짓수 수련을 통해 학교폭력 극복

학교폭력이란?

학교 내·외에서 학생을 대상으로 발생한 상해, 폭행, 감금, 협박, 약취·유인, 명예훼손·모욕, 공갈, 강요, 강제적인 심부름, 성폭력, 따돌림, 사이버따돌림, 정보통신망을 이용한 음란·폭력 정보 등에 의하여 신체·정신 또는 재산상의 피해를 수반하는 행위[학교폭력예방 및 대책에 관한 법률 제2조] 인용

학교폭력은 없어져야 할 사회악이지만 또한 우리 아이들 주변에서 공공연히 벌어지고 있다. 특히 가해자들은 이러한 행위가 심각한 범죄임을 자각하지 못하고 저지르며 피해자들은 보호받아야 할 대상임에도 불구하고 자신을 자책하고 심리적으로 무기력해지는 등 성장기에 큰 상처를 받게 된다.

교육부에서 실시한 2014년 2차 학교폭력 실태조사에서는 초등학교 4학년부터 고등학교 2학년까지 434만 명을 대상으로 피해유형별(중복응답)로는 언어폭력(35.4%) 〉 집단따돌림(16.8%) 〉 폭행(11.8%) 〉 스토킹(10.1%) 〉 사이버 괴롭힘(9.9%)〉금품갈취(7.6%)〉강제심부름(4.4%)〉추행(4.0%) 순이며 4만 8,000명의 아이들이 학교폭력의 피해를 당한 것으로 조사되었다.

가해자는 '같은 학교 동급생', 피해 장소는 '교실', 피해 시간은 '쉬는 시간과 하교시간'의 비중이 가장 높게 나왔으며 학교 안에서 발생한 비율은 전체 74.8%로 대부분을 차지했다.

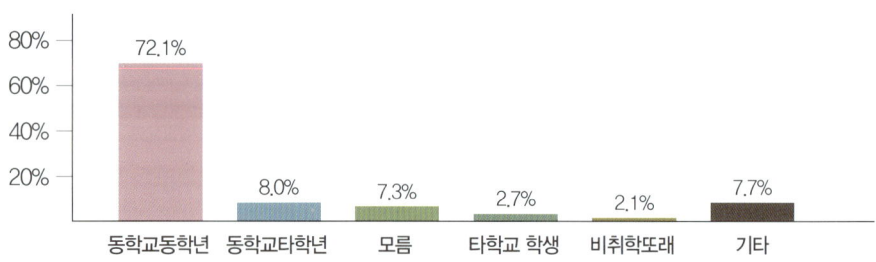

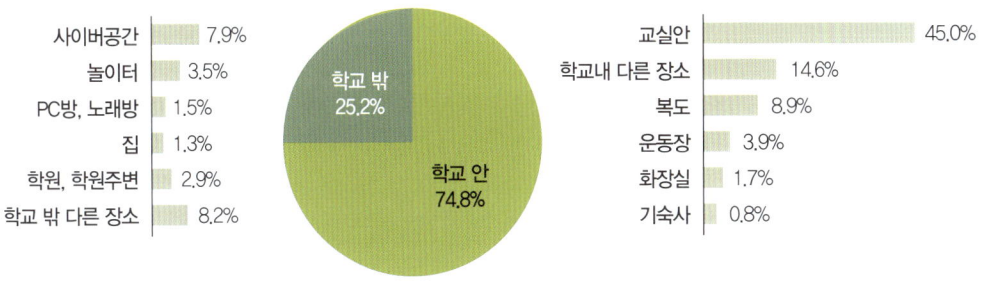

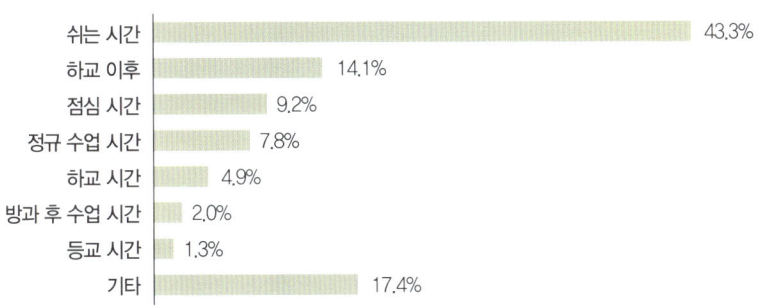

특히 가해 이유는 '장난으로', '피해학생이 마음에 안 들어서'의 순으로 나타났으며, 남학생은 '장난으로'의 응답 비중이, 여학생은 '마음에 안 들어서'의 응답비중이 높았다.

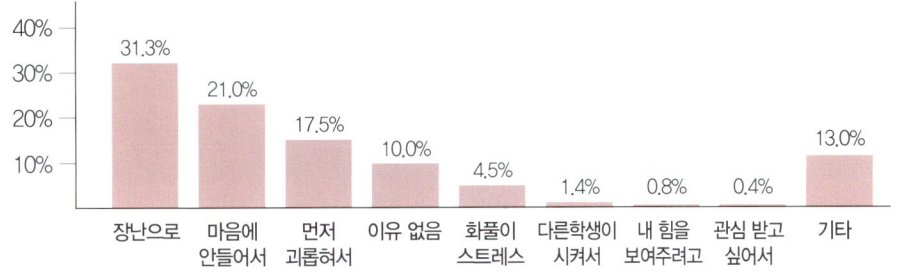

이러한 학교폭력은 학교, 가정 및 사회가 모두 나서는 범사회적 협력체계에서 지속적으로 감소시켜야 하나 학교폭력에 1차 피해자가 될 수 있는 아이들부터 당당하게 맞설 수 있는 능력을 키워야 한다. 위 통계 중 학교폭력 가

해 이유는 '장난으로' 혹은 '마음에 안 들어서'가 큰 비중을 차지하는데 이와 같은 통계에서는 가해 학생이 왜 상대를 괴롭히는지에 대한 논리적 설명이 불가능하다. 그냥 '상대가 만만하게 보이고 마음에 안 들어서'인 거다. 이러한 가해자를 상대로 피해자는 정상적인 방법으로는 해결이 불가능하며 상대가 자기를 건드리지 못하게 하는 '까칠함'과 '단호함'이 필요하다. 못난 모습이지만 사람의 심리가 '강자에게는 약하고 약자에게는 강한게' 일반적이며 가해학생들은 피해를 입어도 대항하지 못할 것 같은 약한 학생들을 가해대상으로 삼는 게 일반적이다.

그렇다면 최소한 가해 학생들이 대상으로 삼지 못하게 하는 방법은 무엇이 있는가? 우선 언어적으로 상대가 자신을 정신적으로 침범할 때 단호하게 말할 수 있는 '언어적' 표현 능력과 신체적으로 침범할 때 '물리적'으로 자신을 지킬 수 있는 신체 능력이 필요하다. 이러한 능력은 특정 상황을 가정하여 반복적인 연습을 통해서만 이루어질 수 있으며, '올바른 건강에 올바른 정신이 깃든다'는 격언과 같이 물리적 신체 능력 기반 하에 언어적 표현 능력을 향상시켜야 한다.

학교폭력의 유형별 정의

1) 신체적 폭력
 - 고의적으로 건드리거나 치는 등 시비를 거는 행동
 - 장난을 빙자해서 때리거나 힘껏 밀치는 행동
 - 물건, 흉기 등을 이용해 신체적인 상해를 가하는 행동
 - 돈이나 물건을 감추거나 빼앗는 행동

2) 정신적 폭력
 - 의도적으로 집단에서 소외시키는 행동
 - 다른 학생들과 어울리지 못하게 하는 행동

- 하고 싶지 않은 일을 강요하는 행동
- 말을 걸어도 무시하고 면박을 주는 행동
- 메일, 문자, 쪽지 등으로 협박, 비난하는 행동
- 다른 친구들의 접근과 도움을 막는 행동

3) 언어적 폭력
- 별명을 부르며 놀리는 행동
- 말로 위협하거나 협박하는 행동
- 개인적인 약점을 들춰서 괴롭히는 행동
- 빈정거리거나 조롱하는 행동
- 거짓말로 소문내거나 나쁜 내용을 퍼뜨리는 행동
- 상스럽고 불쾌한 말을 하거나 욕하는 행동

1차 언어폭력 상황에서 극복 방안

학교폭력의 가해자는 일반적으로 여러 가지 규칙과 질서를 잘 지키려 하지 않고, 부모나 어른들에게 저항과 분노를 품고 있는 경우가 많다. 특히 힘으로 다른 친구들을 지배하려는 경우가 많고 인내심이 부족하고 화를 잘 내며 충동적이기에 이들에 의해 괴롭힘을 당하는 피해자는 대부분 약해 보이거나 피해를 입더라도 저항 혹은 피해사실을 주변에 알리지 못할거 같은 아이들에게 집중된다.

학교폭력의 초반 상황인 언어폭력 상황에 잘 대처할 경우 물리적 가해 상황을 미연에 예방할 수 있다. 특히 주짓수를 수련한 아이는 물리적으로 상대를 제압할 수 있다는 자신감을 바탕으로 이러한 상황에서 자신있게 대응할 수 있다.

- 학교폭력 상황에 처했을 때 가해 학생에게 전달할 대화를 미리 숙지한다.

예) 단호한 목소리로 '하지매' 혹은 '나 지금 너 때문에 기분이 안좋아!' 등 이러한 상황에 대한 대처는 '주짓수를 이용한 호신술' 수업에서 사전에 연습한다.
- 상대가 욕을 쓰더라도 같이 욕을 하지 않는다.
- 상대의 눈을 보며 흥분하지 않는 목소리 톤으로 대화하는 연습을 한다.
- 상대에게 1차 · 2차 · 3차 경고의 메시지를 미리 준비한다.
예) 단호한 목소리로 상대방과 시선을 맞추며 '이게 마지막 경고야!' 등 사전에 상대의 기세에 밀리지 않게 대화할 수 있는 연습을 한다. 시선을 맞추며 대화하는게 처음에 익숙치 않은 경우 상대방의 인중을 바라보며 대화하는 연습을 한다.

2차 물리적 충돌 상황에서 주짓수를 이용한 극복 방안

위와 같이 경고의 메세지를 전달 하였음에도 언어폭력 상황이 해결이 잘 되지 않고 물리적 충돌 상황이 발생할 수 있다. 이러한 경우 평소에 수련한 '주짓수를 이용한 호신술'을 통해 상대를 안전하게 제압 혹은 선생님이나 주변 어른들의 도움을 받을 수 있을 때까지 방어가 가능하다. 특히 아이들에게 주짓수 기술 사용이 '공격'을 위함이 아닌 '방어'를 위한 것임을 사전에 주지시켜야 한다.

- 절대 상대를 손이나 발로 가격해서는 안 된다.
- 상대의 등뒤를 잡고 유지하거나 상대를 안전하게 눕힌 후 움지이지 못하도록 한다.(사이드 마운트 혹은 프론트 마운트 자세)
- 최악의 상황에서는 상대를 바닥으로 끌고 들어가 등을 바닥에 대고 상대 허리를 다리로 감싼 다음(클로즈드 가드 자세) 선생님이나 어른들의 도움을 받을 때까지 방어한다.
- 자세한 행동 사항은 '주짓수를 이용한 호신술' 수업을 통해 연습한다.

03 | 아빠와 함께하는 주짓수

몸으로 놀며 배우는 '아빠와 주짓수'

아빠와 주짓수는 어렵지 않다. 아이들이 체육관 매트 위에서 마음껏 뛰놀게 하여 자연스럽게 몸을 풀게 하고, 뛰놀던 아이들이 적당히 땀이 날 때 즈음에 준비된 프로그램을 진행하는데 프로그램 내용도 간단명료하다. 아빠와 아이들이 할 수 있는 구르기와 주짓수 드릴을 응용한 동작으로 진행된다. 물론 이런 동작도 아빠와 함께 는 것이다.

특히 유아(5~7세) 아이들은 혼자 혹은 다른 아이들과 연습하기에는 안전사고의 위험이 높은데 아빠의 보호 하에 함께하는 동작은 안전하게 주짓수 동작을 배우며 아빠와 스킨십을 통해 친밀감을 증가시키는 효과가 있다.

여기서 주의할 점은 성인 대상의 지도처럼 아이들에게 주짓수를 가르치는 데에 집중하다 보면 아이들이 흥미를 잃을 수 있기에 게임처럼 아이들의 흥미를 유발할 수 있는 내용을 반영하는 것이 매우 중요하다.

자녀별 개인차를 염두에 둔다

외형적으로나 정신적으로나 아이들은 서로 다른 것을 충분히 인지하여 특정 동작을 수행치 못하였다고 자녀를 다그치거나 훈계하는 것은 자제하여야 한다. 타 아동과 비교는 절대 금지이다.

실시시간

아이들의 경우는 언제가 활동시간인지, 휴식시간인지 확실히 구별이 되지 않으며 잠깐 쉬다가 또 활동을 한다. 따라서 아이들과 놀아 줄 시에는 한가지 운동을 5분 이상 지속하는 것은 옳지 않으며 중간 중간 간식과 음료수로 아이들 휴식을 보장하는 것이 중요합니다.

시범

아이들의 경우는 일방적인 말의 지시보다는 아빠가 직접 행동으로 표현해 주는 것이 이해가 빠르다. "이렇게 해" 보다는 "아빠를 따라 해보렴" "아빠랑 누가 더 잘 할 수 있는지 해볼까?" 라는 식으로 지도하는 것이 좋다.

집중력 강요 금지

아이들의 경우는 원래 변덕이 심해서 동일한 일을 반복시키면 활동에 싫증을 느낀다. 이러한 부분은 특정 기술에 대한 반복 연습을 중요시하는 주짓수 수련과 대치되는 덕목이지만 자녀들이 주짓수에 대한 흥미를 잃지 않기 위해서 정해진 커리큘럼에 아이들이 따라오지 못하더라도 '아빠와 주짓수' 수련이 재밌었다는 느낌을 계속 심어주어야 향후 주짓수 수련에 대한 관심을 꾸준히 가질 수 있다.

또래 친구들이 모여 있는 시간을 통한 의욕 고취

아이들이 혼자 집에 있을 때 '아빠와 주짓수' 동작을 따라하기가 쉽지 않다. 또래 친구들이 모여 있는 시간을 최대한 활용하시어 주짓수 동작에 재미를 붙일 수 있게 하는 것이 바람직하다.

실제 거친 동작은 하지 않는다. 색다른 스킨십으로 아이들은 주짓수의 기본기를 익히게 되며 부모와 정도 쌓는다.

드릴(Drill)

운동 진 주짓수 기본동작을 응용한 가벼운 운동으로 아이들의 몸풀기를 진행한다.

곰걸음(Bear Walking)

> **주의!!**
> 무릎과 팔꿈치는 곧게 펴기 어려울 경우 굽혀서 걸어가게 한다.

악어걸음(Crocodile Walking)

> **주의!!**
> 근력이 부족한 유아·초등부는 배를 바닥에 닿게 한다.

거미걸음(Spider Walking)

> **주의!!**
> 팔·다리 힘이 부족한 유아·초등부는 엉덩이를 바닥에 닿게 한다.

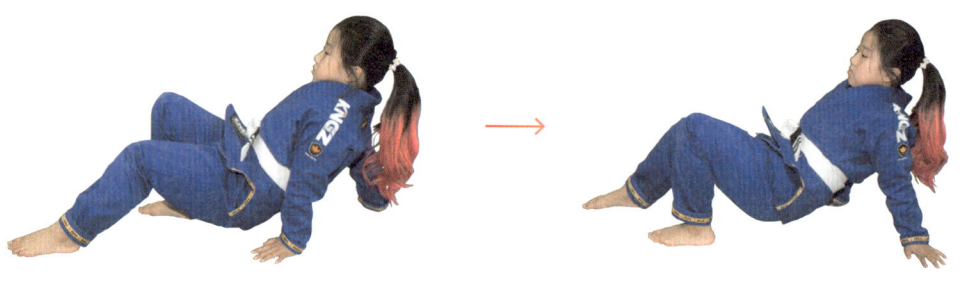

개구리뛰기

바닥에 무릎을 꿇고 앉았다 팔을 앞뒤로 크게 움직여 한순간에 일어난다.

윗몸일으켜서 벽치기
벽에 발을 대고 누워 있다가 윗몸 일으켜서 벽을 손바닥으로 친다.

누워서 다리들어 벽치기
벽을 등지고 누워 있다가 발을 들어 벽을 발끝으로 친다.

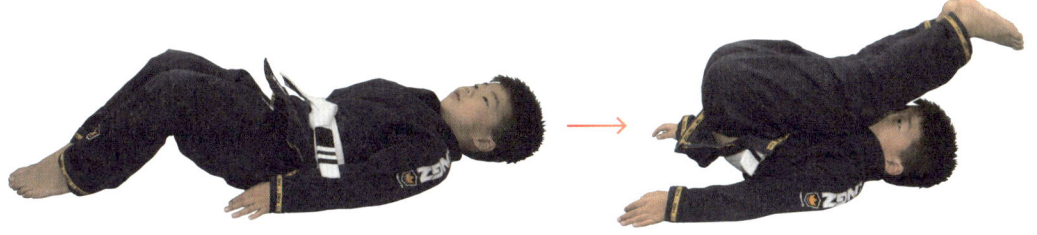

앞뒤로 몸 돌리기
엉덩이를 땅에 붙인 상태 → 몸을 돌려 엎드림 → 다시 엉덩이를 땅에 붙인 상태로 전환

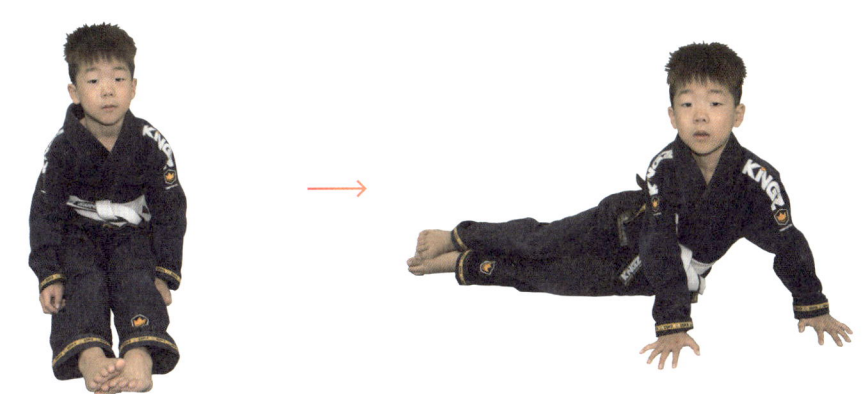

누워서 자전거 타기
바닥에 누워 허리를 굽히고 엉덩이를 들면서 자전거 페달 밟는 동작을 취한다.

흔들의자
바닥에 엎드리고 양손으로 양 발의 발목을 잡고 앞뒤로 흔든다.

전방 낙법

몸을 바닥에서 45도 비스듬하게 누운 후 바깥쪽 다리의 발바닥으로 바탕을 지탱 후 상체를 접으면서 엉덩이를 앞으로 움직인다.

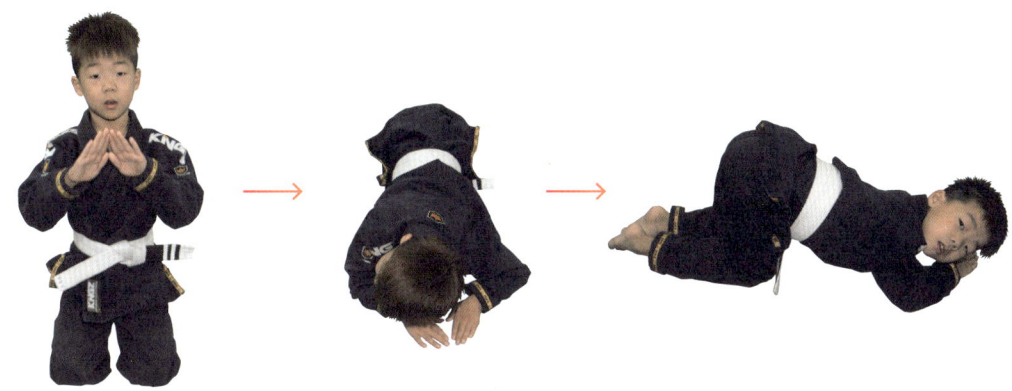

측방 낙법(성인부와 동일)

무릎을 꿇고 앉아 누울 방향의 손은 가슴에 대고 다른 쪽 손은 벨트를 잡는다. 이후 누울 방향의 다리를 옆으로 뻗으며 자신의 중심을 무너뜨리면서 눕는다. 이때 머리는 들고 누운 방향 쪽 팔은 겨드랑이와 45도 각도로 바닥을 치며 충격을 완화한다.

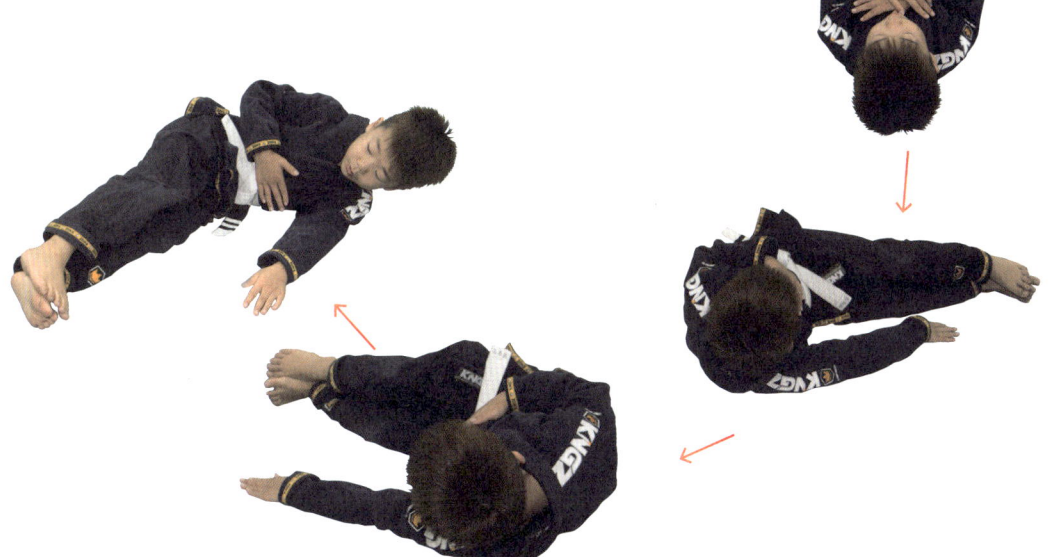

후방 낙법(성인부와 동일)

무릎을 꿇고 두 손으로 가슴을 감싼 후 뒤로 눕는다. 이때 머리는 들고 양팔은 겨드랑이와 45도 각도로 바닥을 치며 충격을 완화한다.

전방 회전낙법(성인부와 동일)

어깨 넓이로 발을 벌리고 서 있는 상태에서 한 쪽 다리를 앞으로 내밀고 같은 쪽 팔은 최대한 몸 쪽으로 넣는다. 다른 쪽 팔은 바닥을 짚으며 머리는 몸 쪽으로 최대한 숙인다. 이후 몸 쪽으로 집어넣은 팔 쪽 어깨를 이용하여 앞으로 구른다. 구른 후 머리는 들고 누운 방향쪽 팔은 겨드랑이와 45도 각도로 바닥을 치며 충격을 완화한다.

테크닉(Technic)

기술 중 특히 관절기나 조르기는 고등부의 경우 성인과 지도에 차이는 없고 유아·초·중등부의 경우 금지기술 항목을 잘 확인한 후 기술 지도를 한다. 허용되는 관절기와 조르기는 아래와 같다.

- 암바
- 키락
- 삼각조르기
- 리어네이키드 초크

또한 가드의 경우 초등학교까지 신체적 특징(짧은 팔, 다리)으로 인해 클로즈 가드, 하프 가드외에 다른 가드가 어려울 수 있기에 어린이들 발달 특성에 맞게 지도한다.

아빠와 함께하는 주짓수 프로그램

스파이더 키드(Spider Kid)

아이가 마운트 자세를 취한 후 몸을 낮춰 자세를 유지한다. 아빠는 아이 몸을 위로 밀치고 몸을 잡고 양 옆으로 흔들며 팔도 감으면 풀어낸다.

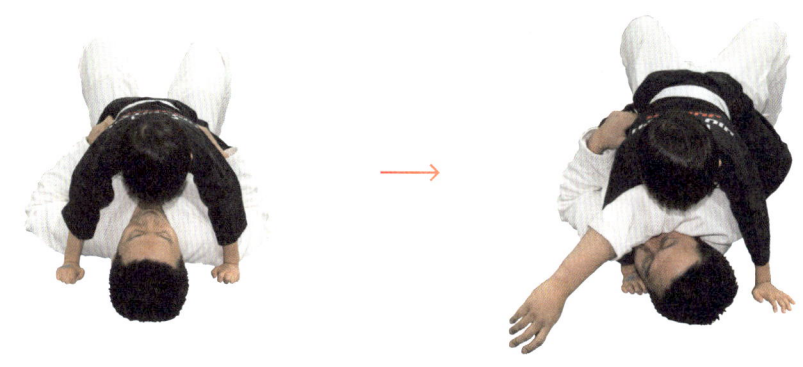

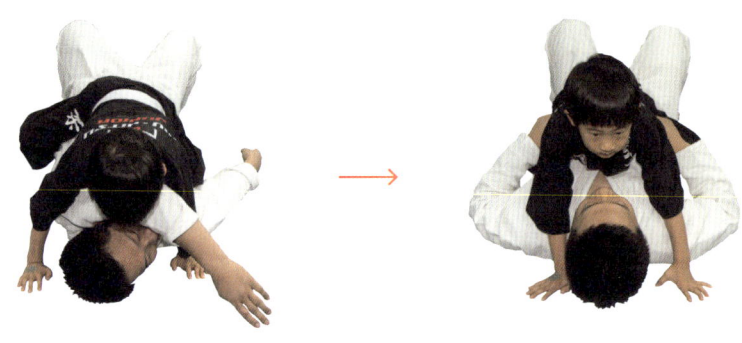

슬리핑 크로코다일(Sleeping Crocodile)
아빠가 자고 있는 것처럼 누워 있다가 아이가 아빠를 깨우면서 사이드 마운트를 잡으면 아빠는 계속 적당하게 탈출시도를 한다.

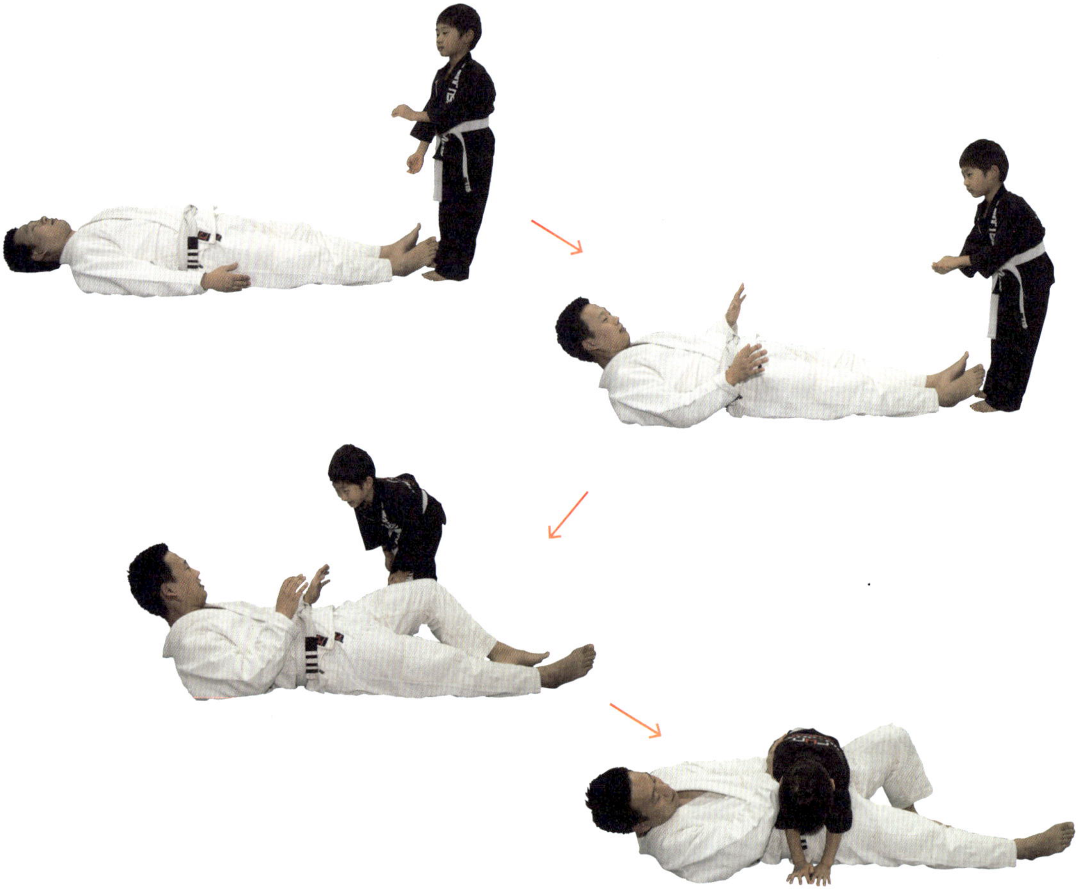

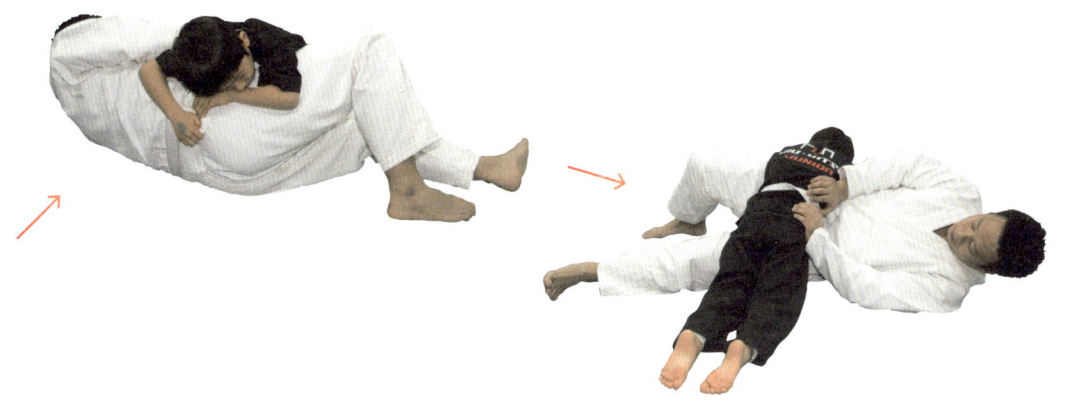

불도저(Bulldozer)
아이가 마운트를 잡고 있으면 아빠는 계속 양 옆으로 구르고 아이는 중심을 잡는다.

스네이크 바이트 (Snake Bite)

아빠가 아이 몸 위에 마운트 자세를 잡고 목을 조르는 자세를 취할 때 한 손을 잡고 다리에 훅을 건 후 마운트 이스케이프를 실시한 후 이 사이드 마운트 자세로 전환한다.

PART 4 유소년을 위한 주짓수

태클 자이언트 I(Tackle the Giant I)
아빠가 주먹을 살짝 휘두르면 몸을 숙이고 허벅지 잡아 밀어 넘기기를 한다.

태클 자이언트 II(Tackle the Giant II)
아빠 얼굴에 박수를 쳐서 주의를 뺏은 후 허벅지 잡아 밀어 넘기기를 한다.

PART 4 유소년을 위한 주짓수

크레이지 렉 (Crazy Legs)

아이는 누워 있는 아빠 다리를 옆으로 제친 후 사이드 마운트 유지하며 아빠는 계속 다리를 흔들어주며 잡힐 듯 말듯 하다가 다리가 제쳐져서 사이드 마운트를 뺏기면 앞뒤로 빠져(이스케이프) 나오는 척 흔들어준다.

PART 4 유소년을 위한 주짓수

크레이지 호스 (Crazy Horse)

아빠가 거북이처럼 엎드린 자세를 취하며 아이가 등을 잡을 수 있게 적당히 움직이다 등에 올라탈 수 있게 잡혀준다.

위에 올라가기 (Get on Top)

2인 1조로 서로 반대 방향으로 누워 있다가 (등을 깔고 눕기 또는 배 깔고 눕기) 상대보다 먼저 일어나 곁누르거나 올라탄다.

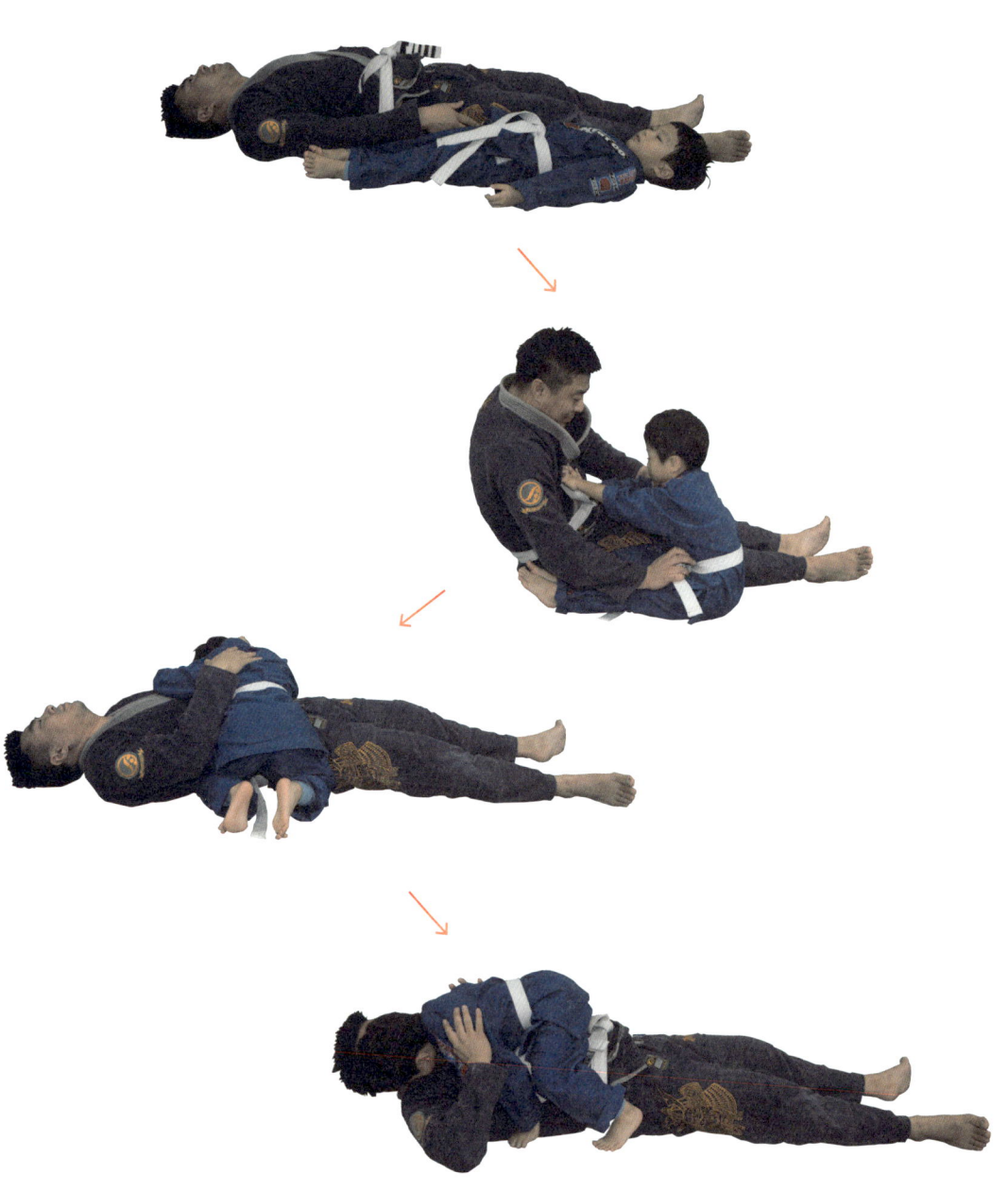

가드 몬스터 (Guard Monster)

아이가 아빠를 상대로 클로즈 가드 상태로 떨어지지 않고 유지하는 훈련이다.

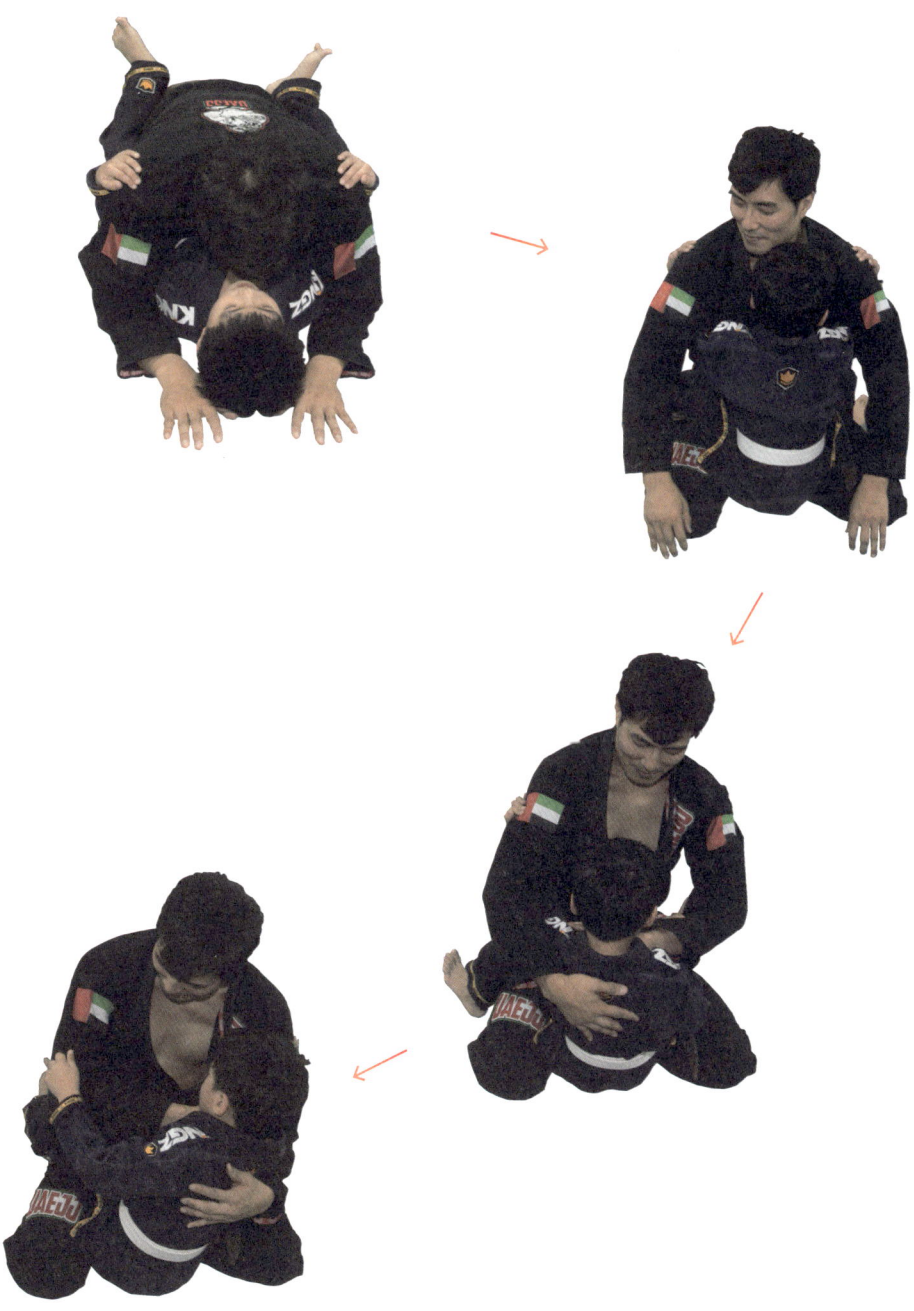

캣 온 트리 (Cat On Tree)

아빠 몸을 나무라 생각하고 다리와 팔, 목깃을 잡고 타고 올라갔다 내려온다.

PART 4 유소년을 위한 주짓수

주짓수를 응용한 게임

어린이들에게 주짓수 기술 수련만을 지도하다보면 자칫 흥미를 잃어버리기 쉽다. 주짓수 동작을 응용한 게임을 통해 어린이들에게 흥미 유발과 정정당당한 경쟁의식을 함양하는 효과를 노릴 수 있다. 주짓수 게임은 성인들이 개입하지 않고 게임 내용을 가르친 후 어린이들끼리 진행토록 지도한다.

- **손바닥 밀기 게임**(Push Hands Balance Game): 상대를 마주보고 손바닥을 밀어서 넘어트리기 게임
- **한 손 당기기 게임**(Pull Hand Balance Game): 한 손씩 맞잡고 밀고 당겨서 넘어트리기 게임
- **뜀띠기**(Mad Hoppers): 상대 다리 서로 하나씩 붙잡고 오래 버티기 놀이
- **등에 붙어 있는 풍선 터트리기 게임**(Fight For Double Underhooks): 등에 붙어 있는 풍선 터트리기
- **발목 풍선 터트리기 게임**(Pop the balloon on their ankle!): 발목에 붙어있는 풍선 터트리기 게임
- **태클놀이**: 매트 위에서 서로 다리만을 잡아 넘어트리게 게임
- **스모 놀이**: 띠로 4면의 가상 공간을 만든 후 상대를 밀어서 밖으로 내보내는 게임(안전을 위하여 서로 팔을 감싸고 다른 데는 밀지 않도록 한다)
- **게걸음 싸움**(클로즈드 가드 잡기): 게걸음 상태로 상대 허리를 다리로 감기 (안전을 위하여 팔은 사용하지 않게)
- **2인1조로 등으로 공 운반하기**: 등과 등 사이에 공을 끼우고 선다. 두사람이 발을 맞춰서 이동하여 반환점을 돈다.
- **2인1조로 배로 공 운반하기**: 배와 배 사이에 공을 끼우고 한다. 서로 발을 맞춰서 이동, 반환점을 돌아온다
- **눈덩이 굴리기**: 서로 끌어안고 누워서 뒹굴며 일정한 거리를 이동하는 게임
- **띠 당기기**: 양쪽에서 띠를 허리에 감고 당겨 상대를 넘어뜨리는 게임
- **매트 위에서 등으로 밀어내기**: 매트 위에 두 명이 올라가 팔짱을 끼고 등을 대고 선 후에 호루라기 소리에 맞추어 등과 엉덩이로 매트 밖으로 밀어낸다.